〈シリーズ監修〉二村 健

ベーシック司書講座・図書館の基礎と展望 2

# 図書館情報技術論

齋藤ひとみ〈編著〉
二村 健

学文社

# 〈ベーシック司書講座・図書館の基礎と展望〉 緒　言

　本シリーズは，新しい司書課程に照準を合わせて編纂した。周知のように，平成20年6月11日，図書館法が改正，ただちに施行された。そのなかで，第5条だけが平成22年4月1日の施行となった。当然，22年から新しい司書課程を出発させなければならないと考え，諸準備に没頭した。しかし，実際に蓋を開けてみると，さらに2年先送りされ，全国的な実施は平成24年からとされたのである。私の所属する大学では，すでにさまざまな準備に着手していたので，旧法の下で，新しいカリキュラムを実施することを選んだ。つまり，全国より2年先駆けて司書課程を改訂したのである。

　もちろん，そのためのテキストはどこにもなく，最初の授業は板書とプリントでおこなった。このシリーズの各巻には，実際に授業をおこなった試行錯誤が反映されている。授業の羅針盤は，図書館界に入った多くの卒業生の存在である。この実績が私たちの支えである。

　この間，これからの図書館の在り方検討協力者会議では，議論の末，司書課程の位置づけが変わった。これまでの司書課程は，現職の図書館員に資格を与えることを目的に，司書講習で講述される内容と相当な科目を開設している大学で，司書資格を与えることができるとされていた。新しい司書課程の位置づけは，図書館員としての長い職業人生（キャリア・パス）の入り口を形成するというものである。大学生は社会人未満である。社会人である現職図書館員との違いをどこにおくか，これが新しい司書課程の核心である。

　その違いをシリーズ名に表したつもりである。これからの司書課程では，キャリア・パスの入り口を形成するための基礎・基本の講述が重要である。何よりも図書館の意義を理解し，図書館を好きになってもらわなければならない。その後に，図書館員としての長い職業人生が待っている。そして，それに向けての展望がなければならない。以下に本シリーズの特徴を記す。

- ●**内容の厳選**：これまでの司書課程の教科書は，現職者向けという性格上仕方がなかったが，とにかく内容が高度であり，詰め込みすぎた観がある。それを，3月まで高校生であった新入生にもわかりやすい内容にまとめることをめざした。そのため，できるかぎり，内容を厳選する必要があった。どれも大事に思えたなかで，何を削ぎ落とすかで非常に悩んだ。新しい研究成果を取り込むのは当然としても，これに振り回されて総花的になることは避けたかった。普遍性のあるものは，古いものでも残すことにし，温故知新を大事に考えた。
- ●**1回の授業＝1章**：最近の大学では授業を15回きちんとおこなうことが徹底されている。そこで，本シリーズも15章立てにし，1回の授業で取り上げる内容を1章に記すことにした。実際の授業は，受講者の反応をみては重要なポイントを繰り返して説明したり，ときには冗談を言ったりしながら進む。90分間で講述できることは思った以上に少ない。参考になったのが，放送大学のビデオ教材を制作したことである。本シリーズでは，放送大学の教科書よりは，

さらに文字数を少なめに設定した。その分，担当教員の工夫次第で，確認小テストをしたり，ビデオや写真などを利用して授業が進められるよう，余裕をもたせた。
- **将来を見据えた展望**：多くの大学では，15回目の授業を試験に当てることがおこなわれている。そこで，各巻の最後の章は，その分野の展望を記すことにした。展望とは，今後どうなっていくかの見通しである。あるいは，未来予測に属することが含まれ，予測ははずれることもあるかもしれないが，できるだけ新しい話題を盛り込んだつもりである。シリーズ名の意図をはっきりさせるためでもある。
- **わかりやすい図表**：直感的にわかるように，図表を豊富にいれることを各執筆者にお願いした。図表も大きく見やすく掲載できるように，判型も通常の教科書に多いA5判ではなくB5判を採用した。
- **豊富な資料**：実際の授業では，教科書のほかに，教員がプリントを配布したり，パワーポイントのスライドで補足したりと，さまざまである。教科書といいながら，『図書館法』の全文すら資料として掲載していないものがあるのは，どこか違うと思っていた。そこで，できるだけ，教員がプリントを作らなくてもすむように，資料集を充実させることに努めた。
- **参考文献**：これからの司書課程は，図書館員としてのキャリア・パスの入り口を形成するものである。平成20年の図書館法改正で明記されたが，図書館員になっても，研修会に参加するなど，各自の務めとして研鑽を積む必要がある。内容を精選した分を，参考文献を読んでいただくことによって，補えるように配慮した。参考文献は入手可能という点を第一に考えた。
- **自宅学習のための設問**：90分の授業に30分の自宅学習，併せて2時間が1コマの学習である。そのため，各章ごとに設問を2問程度用意した。このことにより，通信教育の学生にも利用していただけると思う。

本シリーズは，文部科学省令に規定された全ての科目を網羅するものではない。不足の部分は，他の専門家の学識に委ねたい。不完全ながらも，本シリーズが日の目を見ることができ，シリーズ各巻の執筆者に深甚なる謝意を表する。このシリーズがわが国の司書養成に役立つことを願うのみである。

　　　　　平成23年6月6日

　　　　　　　　　　　　　　　　　　　　　　　　　　　　　　　　二村　健

## 第2巻　『図書館情報技術論』　巻頭言

　2008（平成20）年の図書館法改正を受け，翌2009年の文部科学省令第21号において，新しい司書課程科目が規定された。そのなかでも，本書で扱う『図書館情報技術論』は，従来の科目の修正や継承ではなく新設科目として位置づけられている。これは，社会全体におけるICT（情報通信技術）の普及を受け，図書館においてもICT技術を活用した業務・サービスが重要になりつつあることを反映している。

　図書館員には，単に情報技術を活用する能力だけでなく，その仕組みをある程度理解し，図書館でそれらの技術を利用してくうえでの留意点をふまえておくことが求められている。そのためには，情報技術やネットワークに関する内容について，歴史的背景から，仕組み，現在の動向といった幅広い内容を把握する必要がある。

　学生にとっては，とくに仕組みの部分において専門用語が多く，むずかしさを感じるかもしれないが，本書ではなるべく具体例をあげ，わかりやすい記述を心がけた。この点で，専門家からすると一部厳密さを欠く部分があるかもしれないが，詳細にわたって煩雑になるよりも大枠のイメージをつかみやすくすることを優先させた。情報技術は日々変化し，私たちはその変化に対応していかなければならない。本書が学生にとって，変化に対応する力を身につける手助けになれば幸いである。

　最後に，本書の第9章と第13章を分担してくださった石井大輔先生，共同執筆に加え，助言，激励をいただいた明星大学の二村健先生，本書の制作にあたりご尽力いただいた学文社の二村和樹さんに，この場を借りて深くお礼を述べさせていただく。

平成24年3月5日

齋藤ひとみ

# 目　次

シリーズ緒言　1
第2巻『図書館情報技術論』巻頭言　3

## 第1章　コンピュータとネットワークの基礎 …………………………………6
1.コンピュータでの情報の表現　(6)　2.コンピュータの仕様　(6)　3.コンピュータの構成要素　(10)　4.ネットワークの基礎　(11)

## 第2章　館内LANの構成,サブネットワーク,プロトコル ………………14
1.情報を送る仕組み　(14)　2.通信の決まりごと（プロトコル）　(14)　3.ネットワーク機器の構成　(16)　4.館内LANへの機器の接続　(17)　5.サービスの共有　(18)　6.館内ネットワークの構築　(19)

## 第3章　コンピュータシステムの管理 ………………………………………20
1.コンピュータシステムの管理とは　(20)　2.どこで何が使われているかを把握する：構成管理　(20)　3.コンピュータシステムを守る：セキュリティ管理　(21)　4.コンピュータシステムの動きを監視する：性能・障害管理　(24)

## 第4章　データベースの仕組み ………………………………………………26
1.データベースとは何か　(26)　2.データベースの構成要素　(27)　3.データベースの構造　(27)　4.索引ファイルと検索　(29)　5.データベースの分類　(30)　6.データベースの流通　(30)

## 第5章　図書館業務システムの仕組み ………………………………………32
1.貸出返却システム　(32)　2.蔵書データベースの構築　(33)　3.図書館業務システムとその周辺　(34)　4.図書館による情報発信　(35)

## 第6章　館内ネットワークの仕様,仕様書 …………………………………38
1.LANの設計と要求仕様およびネットワークの5項目　(38)　2.ネットワークの5項目　(39)

## 第7章　図書館における情報技術活用の現状 ………………………………44
1.テクノロジーの発達と図書館　(44)　2.書誌コントロールと図書館情報技術　(45)　3.書誌ユーティリティ　(46)　4.総合目録ネットワーク　(47)　5.図書館をめぐるさまざまな情報技術　(48)

## 第8章　電子資料の管理技術 …………………………………………………50
1.図書館と電子資料（電子資料の類型）　(50)　2.図書館情報資源としての電子資料の特徴　(51)　3.電子資料の特性　(51)　4.電子資料の管理技術　(53)

## 第9章　電子図書館とデジタルアーカイブ …………………………………56
1.電子図書館とは　(56)　2.デジタルアーカイブ　(59)　3.資料の電子化と技術　(60)　4.地域資料の電子化　(61)

## 第10章　最新の情報技術と図書館 …………………………………………64
1.図書館と情報技術　(64)　2.図書館の新しい「三種の神器」　(64)　3.ネットワーク情報資源へのアクセス　(66)　4.次世代の図書館サービス　(68)

第 11 章　情報技術と社会 ………………………………………………………… 70
　1．情報社会論の系譜　(70)　2．パーソナルコンピュータの誕生　(71)　3．インターネットの誕生と発展　(73)

第 12 章　インターネットと図書館 ……………………………………………… 76
　1．インターネットの大衆化　(76)　2．インターネットの基礎知識　(77)　3．インターネットと図書館　(80)

第 13 章　サーチエンジンの仕組み ……………………………………………… 82
　1．検索と探索　(82)　2．サーチエンジンの仕組み　(83)　3．サーチエンジンの登場　(84)
　4．次世代サーチエンジン　(85)

第 14 章　Web2.0 と Library2.0 …………………………………………………… 88
　1．「超」大衆化するインターネット（Web2.0 の意味）　(88)　2．Library2.0 の衝撃　(90)

第 15 章　展　望 …………………………………………………………………… 94
　1．図書館をめぐる新しい技術動向　(94)　2．電子書籍の動向　(96)　3．電子書籍と図書館（不変の図書館サービス）　(100)

巻末資料 ………………………………………………………………………………104
　1　10 進数・2 進数・16 進数対照表　(104)
　2　文字コード表　(105)
　3　数値表現　(106)
　4　画像表現　(106)
　5　音声サンプリングのイメージ　(106)
　6　パソコン仕様書の例　(107)
　7　情報セキュリティ基本方針　(108)
　8　国立国会図書館 JAPAN/MARC2009 年フォーマット　(110)
　9　図書館システム要求仕様書例　(111)
　10　記録メディアの種類と特徴　(121)
　11　電磁的複製にかかわる法律の抜粋　(123)
　12　パスファインダーの例　(124)
　13　図書館における RFID 導入のためのガイドライン　(126)
　14　国立国会図書館ダブリンコア・メタデータ記述例　(128)

　索　引 ……………………………………………………………………………129

# コンピュータとネットワークの基礎

　この章では，図書館業務に必要な情報技術を学んでいくうえで前提となるコンピュータとネットワークに関する基礎的な事柄について学ぶ。目標は，図書館システムや情報機器の導入において，よりよい処理環境がつくれるようになることである。パーソナルコンピュータ（以下，パソコン）に詳しい人，自分で購入した経験のある人は，ただちに第4節に進んで構わない。

## 第1節　コンピュータでの情報の表現

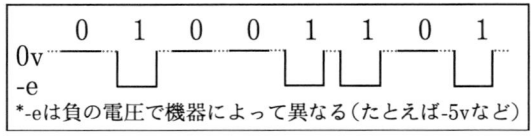

図1-1　ビット列

　コンピュータで扱うデータは，図1-1に示したような2進数の0と1の並び（ビット列）で表現される。ビットとは2進数の1桁を表す binary digit の略語であり，コンピュータで扱う情報の最小単位である。たとえば，「原発政策に対する意見を記録したい」とき，「賛成」か「反対」で記録すればよいので，このときの情報量は1bitということになる。2進数の1桁は0か1のどちらかでしかないので，理屈の上では，2つの状態をとることのできる物体には何にでも記録できる（たとえば「磁気がある」「磁気がない」など）。コンピュータを構成する電子回路は，「電流がある」「電流がない」や「＋から－に切り替わる」「－から＋に切り替わる」などで2値的状態をつくることができるので，コンピュータで2進数を扱うのは自然な流れであったといえる。

　図1-1の例[1]は，半角文字なら"M"，整数なら"77"を表している（巻末資料1・2参照）。私たちは，このbit列のかたちでUSBメモリに情報を保存したり，メールで通信したりする。しかし，bitは人間にとってあまりにも細かすぎるので，8つまとめて1つ上の大きな単位を考える。これがバイト（byte）である。私たちの日常では1000集めてKB（キロバイト），100万集めてMB（メガバイト）のように用いる（表1-1）。

表1-1　情報量の単位

| |
|---|
| 8bit＝1byte |
| 1000byte＝1KB（キロバイト）＊ |
| 1000KB＝1MB（メガバイト） |
| 1000MB＝1GB（ギガバイト） |
| 1000GB＝1TB（テラバイト） |
| 1000TB＝1PB（ペタバイト） |
| 1GB＝80億bit |
| 1PB＝8000兆bit |

＊厳密には1KBを2の10乗すなわち1024byteとする。

　数値や文字のほか，画像や音声などのあらゆるデータは2進数で近似的に表現できる（巻末資料4・5）。このことを情報のデジタル化という。

## 第2節　コンピュータの仕様

　表1-2は，現在（2012年初頭），5万円程度（オプションにより価格が上積みされる）で購入できる国内メーカーの標準的なデスクトップパソコンのカタログ仕様である（巻末資料6）。仕様とは，

表 1-2 標準的なデスクトップパソコンの仕様例（一部）

| OS | Windows® 7 Home Premium 64bit 正規版 (SP1) |
|---|---|
| CPU | インテル® Core™ i7-2600 プロセッサ (3.4GHz, 8MB キャッシュ, 4コア, 64bit) |
| メインメモリ/スロット | 2.0GB〜8.0GB (PC3-10600 DDR3 1333MHz SDRAM) から選択, DIMM スロット (240 ピン)×2 |
| HDD/SSD | 3.5型 HDD 250GB〜1TB (シリアル ATA 300MB/s, 2基内蔵可能), Standby Rescue Multi 4.0 キット, SSD (MLC):80GB・160GB (シリアル ATA 300MB/s) インテル製から選択 |
| 光ディスクドライブ | なし, DVD-ROM ドライブ, スーパーマルチドライブ (DVD±R 2層書込) から選択 |
| ネットワーク機能 | 1000Base-T/100Base-TX/10Base-T (インテル®製 82579V コントローラ) |
| インターフェース | USB | 2.0×6 (前面×2, 背面×4) |
| | IEEE1394 | ― |
| | LAN | RJ-45×1 |
| | サウンド | 前面：ヘッドホン出力×1, マイク入力×1　　背面：ライン入力×1, ライン出力×1 |
| | ディスプレー出力 | VGA：ミニ D-SUB 15 ピン, デジタル：DVI-D 24 ピン |
| | キーボード | PS/2 互換 ミニ DIN×1 |
| | マウス | PS/2 互換 ミニ DIN×1 |
| | シリアル | D-SUB 9 ピン×1 ポート |
| | パラレル | D-SUB 25 ピン×1 ポート |

スペック（英語の specification からきている）ともいい，工業製品などで，ユーザが参考にできるよう性能や拡張性や採用した規格などを一覧形式にまとめたものである（この表を性能諸元表ということがある）。以下，外形寸法・質量・消費電力・動作環境といった自明な項目を除いて，パソコンを選定する際，これだけ知っておけば困らないというものを選んで説明する（なお，ここで取り上げなかったもののいくつかは巻末資料6に補足している）。

### a. OS (Operating System, 基本ソフトウェア)

コンピュータの動作手順をあらかじめ記述しておくものを（コンピュータ）プログラムという。このうち，たとえば，天体の軌道を計算する，文書を編集するといった，特定の仕事をこなすことを目的につくられたソフトウェアをアプリケーション（応用）プログラム（以下 AP）という。コンピュータの誕生当初は，AP ごとにハードウェアを直接操作する命令を1つひとつ記述していた（図1-1）。しかし，画面に文字を表示する，キーボードから文字を受け取る，ディスクにデータを書き出すといった動作は，AP が異なってもコンピュータにとって手順は同じである。そこで，どの AP にも共通する手順をあらかじめひとまとめにしておき，適宜 AP 内から呼び出し，データのみ渡して処理させ，終わったらまた AP に戻ってくるようにすれば，

```
アプリケーションプログラム A
開始処理
画面の座標 x1 と y1 に「2つの数を足し算します。」と表示
画面の座標 x2 と y2 に「第1の数を入力して下さい：」と表示
画面の座標 x3 と y3 に移動
入力促進記号を表示して1番目の数が入力されるまで待機
　1番目の数を記憶領域のアドレス 0000zzzz に転送
　1番目の数を画面の座標 x4 と y4 に表示
画面の座標 x5 と y5 に「第2の数を入力して下さい：」と表示
画面の座標 x6 と y6 に移動
入力促進記号を表示して2番目の数が入力されるまで待機
　2番目の数を画面の座標 x7 と y7 に表示
　1番目の数を記憶領域のアドレス 0000zzzz から呼び戻す
　1番目の数を演算装置に転送
　2番目の数を演算装置に転送
　1番目の数と2番目の数を足し算
答えを演算装置から受け取る
画面の座標 x8 と y8 に「答えは」と表示
足し算の答えを画面の座標 x9 と y9 に出力
画面の座標 x10 と y10 に「です。」と表示
終了処理
```

図 1-1　OS のない時代
*処理はかなり単純化してある

AP の開発効率がよくなる（図1-2）。

このように，共通部分を独立させ，ハードウェアと AP の間に位置するソフトウェアを OS という。OS は，また，AP のための環境を整えたり，起動と終了を司ったりする。私たちは，メーカーや機種が異なっても，OS さえ同じなら，そのちがいを意識することなくコンピュータを操作できる。

OS には，Microsoft 社の Windows 7[2]のほか，アップル社の MacOSX，オープンソース系の Unix や Linux，グーグル社が開発し無償で公開した Android などがある。

### b. CPU（Central Processing Unit，中央処理装置）

人間の頭脳にあたるのが CPU である。表1-2のインテルとは CPU のメーカーで，Core i7-2600 は製品名である（写真1-1）。同製品のスペックは動作周波数3.4GHz，キャッシュ[3] 8MB，コア[4]数 4，命令セット64-bit[5]である。CPU の性能がパソコン全体の性能を左右するので，比較検討の際には，そのスペックを第一に見るようにする。

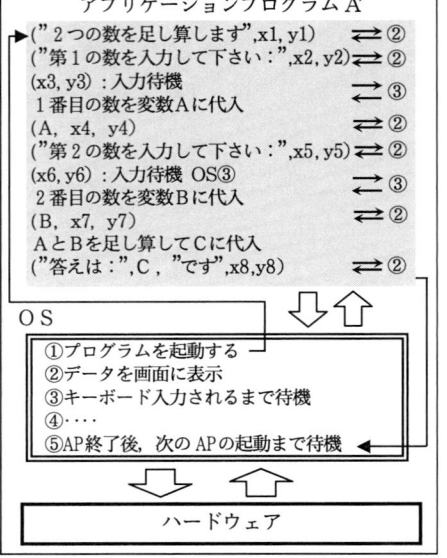

図1-2 OS のイメージ

写真1-1 CPU
出典：インテル社ホームページ

さて，コンピュータ内部には，それぞれの役割をもったいくつかの回路がある。回路同士は相互に結ばれ，2進数に表現されたデータが行き来する。第1節でみたように，2進数は物理的には電圧の高低で表され，回路間を行き来するのは電流，すなわち，パルスである。しかし，このパルスのテンポが合っていないと回路間のデータのやり取りができなくなる。図1-3②では，回路 A と回路 C はそのままスムースにデータのやり取りができるが，①では回路 A が回路 B に速度を合わせることになる。このテンポを合わせるときの周波数を動作周波数（またはクロック周波数）という。動作周波数は1秒間におこなう作業の数に影響するので，当然，回路 B に合わせる①は，全体として処理速度が遅くなる。

表1-2の CPU は1秒間に34億回というテンポで仕事をこなすことを意味している。一般に，動作周波数の値が大きいほど処理速度が速い（ただし，注4を参照）。

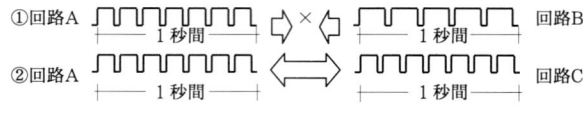

図1-3 動作周波数

### c. メインメモリ（main memory，主記憶装置）／スロット

メインメモリ（後述）の主たる目的は，データ処理の事前事後の一時的な記憶で，人間の短期記憶に相当する（長期記憶はハードディスクなど）。表1-2には，240ピンの DIMM スロットが2つあるので，オプションで，最少2GB から最大で1枚4GB の基盤を2枚8GB まで増設できる。

DIMM（Dual Inline Memory Module）は，複数のDRAM（後述）を1枚の基盤に搭載したもの（写真1-2）で，櫛の歯のようなピン（写真下側）を差し込み口（スロット）に差し込んで用いる。メインメモリは容量が大きいほど作業がスムースにおこなえる。

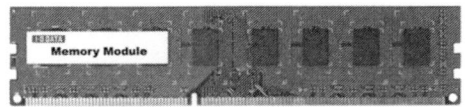

写真1-2　メインメモリ（DIMM 4GB 基盤）
写真はI・O DATA 社のPC3-10600（DDR3-1333）
相当品　出典：I・O DATA 社ホームページ

### d. HDD（Hard Disc Drive）／SSD（Solid State Drive）

HDDやSDDのDriveとは駆動装置のことである。表1-2は，HDの容量を250GBから1TBの範囲で選べるようになっている。シリアルATA[6]はパソコンとHDをつなぐインターフェース[7]の1つで，300MB/Sは1秒間に300MBの転送速度をもつという意味。HDDは，容量が大きいほどより多くのデータを長期記憶できる。

SSDは，ディスクの代わりにICメモリを用い，HDと同じ使い方ができるようにしたもので，インターフェースもHDとまったく同じである（フラッシュメモリ[8]を用いるのでフラッシュメモリドライブともいう）。ディスクを回転させるモーターが不要なので消費電力が少ない，立ち上がりが速い，衝撃に強いなどの利点があるが，メモリが高価で書き込み回数に制限がある[9]。

Standby Rescue Multi 4.0 キット[10]は，HDの自動バックアップのためのソフトウェアである。オプションで同一のHDを2基搭載したときのみ有効となる。

### e. 光ディスクドライブ

表1-2の光ディスクとはDVD（digital versatile Disc）などをさす。オプションとして，DVD-ROM（CD-ROMと同じようにコンピュータが読めるデータをDVDに記録したもの）ドライブかスーパーマルチドライブを選択できる。前者は読み込み専用である。後者は，-R，-RW，-RAM，+R，+RWに加え，+R DL，-R DLへの書き込みも可能である。

写真1-3　RJ-45 プラグ

### f. ネットワーク機能

1000Base-T，100Base TX，10Base Tは，インターネットに接続するための物理的な規格であるイーサネット（第11章も参照）の種別。Baseは伝送方式がベースバンド方式（電圧のあるなしをそのまま流す方式）であることを表し，その前の数字は通信速度（1秒間に送れるMega bit 数）を表す。最も早いのが1000MB/sで，これをギガビットイーサネットということがある。最後のTはケーブルの規格で，ツイストペアケーブル[11]を使用することを示す。このケーブルは両端がRJ-45プラグになっている（写真1-3）。コントローラはコンピュータとLAN（後述）とのインターフェースを司るハードウェア。

写真1-4
ミニ D-Sub15 ピン

写真1-5
DVI-D 24 ピン

### g. インターフェース

USB（Universal Serial Bus）は，現在，パソコンと周辺機器をつなぐ最も普及した規格であ

る。USBは低速な1.0と高速な2.0があり，表の1-2は，USB2.0の差込み口（ポート）[12]が合計6つあることを示している。

　LANとの接続に，RJ-45というプラグとソケットを用いることを示している。前述のツイストペアケーブルで，パソコンをHUB（集線装置）などに簡単に接続することができる。

　ディスプレー出力のVGA（Video Graphics Array）は，以前からあるディスプレーへ信号を送る規格の1つ。アナログ信号で，光の3原色（Red, Green, Blue）を組み合わせることによりカラー画像を表現するのでRGB信号ともいう。接続には，一般に，3列15ピンのミニD-Sub 15（写真1-4）と呼ばれるコネクタを用いる。表1-2は，DVI（Digital Visual Interface）というデジタル信号を直接送る規格も利用可能である。DVIは家庭に見られるデジタルTVのHDMIと部分的に互換性があり，DVI－HDMIの変換ケーブルも市販されている。

　キーボードとマウスの接続には，古くからある一般的なPS/2規格[13]が利用できる。6ピンの同じ形状をしているが，マウスを緑，キーボードを紫のポートに接続する。

　D-SUB 9ピン，D-SUB 25ピンは，共に周辺装置との接続のためのポートで，前者は，現在ほとんど使われなくなったRS-232C規格の機器と，後者は，RS-232C機器，または，古いタイプのプリンタとの接続用（現在はUSB接続またはLAN接続が主流である）である。

## 第3節　コンピュータの構成要素

　現在のコンピュータは，制御装置，演算装置，記憶装置，入力装置，出力装置の5つから構成され，これらはコンピュータの5大装置と呼ばれる（図1-4）。

　制御装置はコンピュータ全体のデータの流れと命令の実行，周辺装置などの制御をおこなう。演算装置は加減乗除や論理演算などをおこなう。この2つを合わせて中央処理装置（CPU）と呼ぶ。

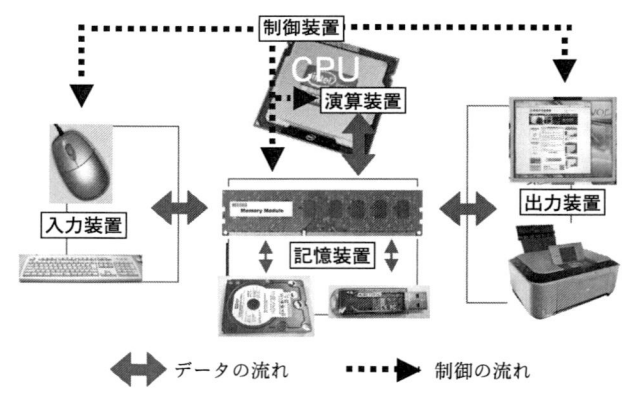

図1-4　コンピュータの5大装置

　CPUには，昔は真空管やトランジスタが使われたが，半導体技術の進展により小型化高性能化が進んだ。現在では，集積回路(IC, Integrated Circuit)を用いCPUといくつかの部品を1つの半導体チップ上に合成する。これをマイクロプロセッサ(Micro-processor)と呼ぶ（写真1-1）。

　記憶装置は，コンピュータ内部に組み込まれた主記憶装置とコンピュータから取り外し可能な補助記憶装置に分けられる。また，アクセス速度（情報を読み書きする速さ），記憶容量，価格，揮発性／不揮発性などで分類される。揮発性／不揮発性とは記憶の保持に電源が必要かどうかを

示し，電源が必要なものを揮発性メモリ，電源が不要なものを不揮発性メモリと呼ぶ。主記憶装置はCPUで処理する命令やデータを一時記憶するための装置である。CPUの処理速度は非常に高速なため，主記憶装置のアクセス速度も高速なものが求められる。そのため，メモリモジュールには，揮発性だがアクセス速度が速いDRAM（Dynamic Random Access Memory）[14]が使われる（写真1-2）。主記憶装置は電源を切ると記憶を保持できないので，これを補う補助記憶装置が併せて用いられる。補助記憶装置には，ハードディスクやDVDがある。また，フラッシュメモリを用いたSDメモリカード（Secure Digital memory card）やUSBメモリが一般的になっている。

入力装置は，コンピュータに情報を入力するための装置で，キーボードやマウスが代表である。昔は，パンチカードやパンチテープなどが使われていた。ノートパソコンのトラックパッドやATMなどで使われているタッチパネル，ゲーム端末などで使われるペン入力，カーナビなどで使われる音声入力などが開発されてきたが，今後も，新しい入力装置が試みられていくだろう。

出力装置は，処理結果を人間に対して提示する装置である。ディスプレーやプリンタなど。

## 第4節　ネットワークの基礎

### a. ネットワークの定義[15]

ネットワークとは，網構造をもち，その構造のなかを何らかのものが流れ，全体としてある目的をもって作動するものをいう。網の結び目にあたるノード（node，結節点）が存在し，これには，流れを中継する機能がもたされる。網構造のなかを流れるものは何でもよい。文字どおり「物」が流れる「物流ネットワーク」もあれば，人と人との結びつきによって，思想や感情やあるいは何らかの便宜や情実の流れる「人的ネットワーク」もある。

ネットワークは，必ずその目的に応じた適正な規模がある。また，自然発生的に所与のものもあるが（たとえば，動物の神経網），人為的に構築するのが一般である。ネットワークには，必ず流されるものが投入され，したがって入力（装置）があり，何らかの作動をし，結果を返すので，出力（装置）をともなう大きなシステムと考えることができる。システムであれば，当然，部分に分割できるサブシステムも考えられ，また，システムとシステムは相互に連結されることもある。ネットワークは，ほかのネットワークの一部（サブネットワーク）となることも，ほかのネットワークと相互接続することも可能である。

図書館では，図書館情報が流れる情報通信ネットワークもあれば，ILLに不可欠な物流ネットワークも，図書館協力における人的ネットワークもある。また，1館内のネットワークから，「図書館システム」といわれる自治体内ネットワーク，自治体を越えてつながるネットワークもある。さらには，水平ネットワークもあれば，垂直ネットワークも異業種間ネットワークもある。

### b. 館内LAN

1館内のコンピュータネットワークを館内ネットワークという。この内実はLAN（Local Area

Network，構内ネットワーク）である。LAN は，一般に，範囲が 1〜1.5km といわれている[16]。LAN は，また，NTT などの一般回線を経由してほかの LAN と接続され WAN（Wide Area Network，広域通信網）を形成する。LAN をインターネットの標準技術で構成すると，館内からインターネットにシームレスに出て行くことができる。これをイントラネット（intranet）ということがある。現在，intranet が一般的である。

LAN では，構内のコンピュータやネットワーク機器，プリンタなどの周辺機器を物理的にどう接続するかが問題となる。接続形態はさまざまあり，それをネットワークトポロジという。トポロジ（topology）とは，本来，地勢（形）学を意味する言葉で，ネットワークトポロジとは，簡単にいうと，空間におけるノードの配置とリンクの張り方のことである。図 1-5 に示すようにいくつかの形態があり，コストや目的に応じて選択される。

| （形態） | （特徴） | （A：長所 D：短所） |
|---|---|---|
| バス型 | ・バックボーン1本に各ノードを接続<br>・ノードを並列に接続<br>・信号がすべてのノードに到達<br>・初期のネットワークの形態 | A：構造がシンプル<br>A：ケーブル量が少なくてすむ<br>A：ノードの障害による影響が小さい<br>D：無駄な信号による衝突が多く発生<br>D：バックボーンの障害で全体がダウン |
| リング型 | ・複数のノードを環状に接続<br>・ノードを直列に接続<br>・信号は環状につながるノードを中継<br>・信号の流れは一方向 | A：ケーブル量が最も少ない<br>A：信号の衝突が起こらない<br>D：ノードやリンクの障害が全体に反映<br>　（リンクを2重にすることで回避） |
| スター型 | ・伝送制御をおこなう集線ノードを他に接続<br>・ノード間の通信は集線ノードを中継<br>・集線ノードがすべての信号の伝送を制御<br>・もっとも一般的な接続形態 | A：信号衝突の可能性が最小<br>A：ネットワークの拡張が容易<br>A：末端ノードの障害による影響がない<br>D：集線ノードの障害で全体がダウン |
| メッシュ型 | ・すべてのノード同士を接続<br>・冗長性が高くもっとも理想的な接続形態<br>○ノード ──リンク | A：相手ノードとの通信が最短距離<br>A：ノードやリンクの障害による影響が小<br>D：リンク数が膨大<br>D：ノード数が増えると実現は困難 |

図 1-5　ネットワークトポロジ

### 設問

(1) 10 進数を 2 進数に直す方法，また，2 進数を 10 進数に直す方法を覚えなさい。また，2 進数を 16 進数になおす方法を覚えなさい。
(2) 身の回りにあるコンピュータのスペックをできるだけ詳しく調べ，巻末資料 6 のような表にしなさい。

#### 参考文献
1. 浦昭二・市川照久共編『情報処理システム入門』（第 3 版）サイエンス社，2006 年
2. 堀桂太郎『図解コンピュータアーキテクチャ入門』（第 2 版）森北出版，2011 年

注)
1) 図 1-1 はむずかしくいうと「単流 RZ」（0，1 を表す方式はほかにもいくつもある）という方式で，いったん，0 に戻る(return zero)。なお，プラスの電圧を"1"にする方が人間にとっては感覚的に理解しやすいが，実際の機器は，図のようにマイナスの電圧を"1"としているもののほうが多い。

2) Windows 7 は，現在，Ultimate 32bit，Professional 32bit，Home Premium 32bit，Ultimate 64bit，Professional 64bit の各版が頒布されている。いずれも正規版の SP 1（Service Pack 1）と呼ばれるパッケージである。32bit，64bit が CPU の命令セットで，搭載している CPU に合わせた OS を選ぶことになる。
3) ハードウェアの仕組みによってデータの読み書きの速度に差がある。たとえば，ハードディスク（HD）はメインメモリに比べ読み書きの速度が格段に遅い。この差を解消するため，頻繁に書き換えられるデータは，メモリ上においたまま読み書きし，最後に HD に格納するようにした記憶装置または記憶されたデータをキャッシュ（cache）という。キャッシュが大きければシステム全体の速度が落ちる機会が少なくなる。
4) CPU の中心部をコア（core）という。より高速な動作周波数をめざして技術開発が進められてきたが，3.4GHz あたりから発熱の問題が立ち塞がり，限界が見えてきた。そのため，動作周波数を下げて発熱を抑えつつ，コアを複数設けて，全体として処理速度を上げる工夫がなされるようになった。これがマルチコアである。マルチコアは，複数の CPU（頭脳）をもつことになるので，並列処理ができるが，相互の連携をはかる技術がむずかしい。また，コアごとのキャッシュ（1次キャッシュ）と共通のキャッシュ（2次キャッシュ）を設ける必要がある。表 1-2 の CPU は，頭が 4 つあることを意味している。
5) この 64bit というのが，また，CPU の処理能力の高さを表している。ある回路から別の回路にデータが行き来する通り道をバス（bus）という。道路にたとえると，片道 1 車線よりは 2 車線，3 車線のほうが，一度に大量の車が通ることができ，全体として輸送能力が向上する。64bitCPU は片道 64 車線あるようなもので，データバス（データの通り道）やアドレスバス（アドレス指定専用に用いる），および，レジスタ（CPU 内の一時的にデータを保持しておく記憶装置。容量は小さいがコンピュータの全メモリのなかで最も高速に読み書きできる）が，一度に 64bit ずつ処理できることを意味する。64bit パソコンは，かつての 8bit パソコンが 8 回繰り返した処理を 1 回で済ませてしまう能力を有しているといえる。また，1 度に指定できるアドレスの範囲（アドレス空間）は，このアドレスバスに規定され，8bit では 255 まで，16 bit では 65,535 までである。一方，64bit では 18,446,744,073,709,551,615 という膨大なアドレス空間を一度に扱うことができる。ちなみに世界初のマイクロプロセッサであるインテル i4004（1971 年）はわずか 4bit であった。
6) ATA（Advanced Technology Attachment）がパラレル（並行線）であったものをシリアル（単線）にして，高速化したもの。この規格により，外付けハードディスクを USB 接続するのが一般的になった。
7) interface は，文字どおり，顔と顔とが"インターする"ことで，2 者の間を取り持つ機能や規格をさす。ハードウェアインターフェース（ハードウェア間），ソフトウェアインターフェース（ソフトウェア間），ユーザインターフェース（ハードウェアとユーザ）の 3 つの場面がある。
8) フラッシュメモリは，不揮発性メモリの 1 つで，絶縁体の間に電荷を貯めておくことにより，電源を切っても情報を記憶しておくことができる。情報を書き換えるときは，高い電圧をかけて絶縁体を透過させて電子を送り込むため，絶縁体の経年的な劣化は避けられない。
9) SSD の規格に SLC（Single Level Cell）と MLC（Multi Level Cell）がある。前者は，高速，高価，寿命は 10 万回書込み可能という特徴があり，速度を重視する起動用に向いている。後者は，低速，安価，寿命 1 万回で，データ保存用に向いている。
10) 同一の HDD 2 基が必要。1 基を通常用いる HDD に，もう 1 基をバックアップ専用にし，ユーザが意識することなく，ソフトウェアが HDD の内容を自動バックアップする。いわゆるミラーリングの手法といえる。障害が発生した際，バックアップ用 HDD を起動用に切り替えることでただちに復旧可能。特別な装置を必要とせず，安価にバックアップ環境を構築できる。2009（平成 21）年発売，パソコン用としては初。
11) Twisted pair cable，撚り対線のこと。電線 2 本を対にして撚り合わせると単なる平行線よりノイズの影響を受けにくいことが昔から知られていた。
12) port とは，一般には，入出国がおこなわれる港や空港のことで，転じて，コンピュータの内と外との情報のやり取りをするインターフェースをさすようになった。
13) マウスやキーボードの接続は，PS/2 から USB へ，徐々に置き換えが進んでいる。
14) 静電気の量を電荷という。DRAM はこの電荷を蓄えることができるコンデンサとトランジスタとを組み合わせた半導体メモリ。電荷によって 0 と 1 を記憶するが，電荷は時間が経つと減少するため，一定時間毎に記憶保持動作（リフレッシュ＝再書き込み）が必要になる。当然，電源を切ると記憶内容は失われる。
15) 山本順一，気谷陽子，『情報メディアの活用』，放送大学教育振興会，2010 年，p.58.
16) 専用の機器（リピータなど）を用いることにより，範囲を広げることができる。また，一般回線を経由しながら遠方と閉じられたネットワークを形成する技術（Virtual Private Network）もある。

# 2 館内LANの構成，サブネットワーク，プロトコル

　インターネットが身近なものとなった現在，図書館においてもネットワーク環境は業務・利用者サービスの双方において必須である。本章では，館内LANを構成・管理するために必要なネットワークに関する事柄について学ぶ。ネットワークの構成や運営・管理などは専門の業者が担当するのが一般的だが，業者とのやり取りや，トラブルが発生した際にその原因を究明するためには，本章の内容を十分に理解しておくことが重要である。

## 第1節　情報を送る仕組み

　コンピュータネットワークでは，データをそのまままるごと送るのではなく，少量ずつ小分けにして送信する。これをパケット交換方式という（パケットとは小包という意味）。

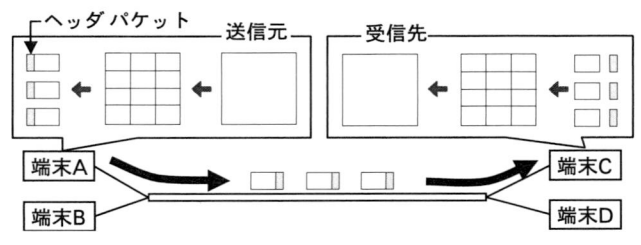

図2-1　パケット交換方式

画像やテキストなどのデータは，図2-1に示すように，パケットに分割され，送信元・受信先の情報やパケットを元に戻すための情報がヘッダとして付与され，回線に送り出される。受信先ではヘッダの情報をもとにパケットから元のデータに組み上げる。インターネットのような開放型ネットワークでは，1つの回線を多くの端末で共用するため，パケット交換方式が望ましい[1]。

　パケット交換でデータの送受信をするには，送信元と受信先のコンピュータ間で，ヘッダの構造や定義に関する情報を共有している必要がある。この決まりのことをプロトコル（protocol，通信規約）と呼ぶ。

## 第2節　通信の決まりごと（プロトコル）

　当初，通信の技術はメーカーごとに独自の方法で実現されていたため，メーカーが異なる機器間では通信ができなかった。しかし，ネットワークが普及するにつれ，機器のちがいにかかわらず通信できる仕組みが必要となった。そこで，国際標準化機構（ISO, International Organization for Standardization）により，異機種間でのデータ通信を実現するためのネットワーク構造の設計方針（OSI, Open Systems Interconnection）が設定された。OSIによって定められた各機能を階層的に整理したものがOSI基本参照モデルである（図2-2）。このOSIに対して，インターネットの元となったARPA-net（第12章参照）から発展したプロトコルがTCP/IP（Transmission Control Protocol/Internet Protocol）である。実装のしやすさなどがあまり考慮されていないOSI

| | 層 | 機能 | 具体的なイメージ（メール転送の場合） | TCP/IPの階層 |
|---|---|---|---|---|
| 7 | アプリケーション | 特定のアプリケーションについて規定 | SMTPプロトコルにより送信　メールソフト⇔メールソフト | アプリケーション<br><br>DNS, HTML, HTTP, SMTP, POP, TELNET, SSH, FTP |
| 6 | プレゼンテーション | データ形式の変換や処理について規定 | EUC→標準的なコード→シフトJIS | |
| 5 | セッション | 通信の開始から終了までの手順を規定 | メールサーバ／WWWサーバ⇔アプリケーションごとにセッション確立 | |
| 4 | トランスポート | データ転送の信頼性を規定 | ①メールを送りたいのですが？／②OKです／③では、データを送ります | トランスポート<br><br>TCP, UDP, SCTP, DCCP |
| 3 | ネットワーク | コンピュータ間のネットワークの接続方法を規定 | どの経路を通るべきか | インターネット<br><br>IP, ARP, ICMP |
| 2 | データリンク | 通信媒体で直接接続された機器同士での通信方式を規定 | フレームとビット列の変換　01001001 | ネットワークインターフェース |
| 1 | 物理 | 物理的な信号や接続方式を規定 | | （ハードウェア） |

図 2-2　OSI 参照モデルと TCP/IP

に比べ，TCP/IP は実装を最優先としたことから，実質的な業界標準として広く普及している。OSI に対応する TCP/IP の階層を図 2-2 の右端に加える。

　TCP/IP の情報送信は，各層ごとにデータ交換に必要な情報をヘッダとして重層的に付与することが特長である。例えば，インターネットを通じて電子メールを送信する場合を考えてみる（図 2-3）。ユーザはメールソフトの編集機能を用いて通信文を完成する。件名（タイトル）を付け，宛先アドレスを入力して送信ボタンを押す。メールソフトは SMTP (Simple Mail Transfer Protocol)[2) ]に則って通信文を符号化し，トランスポート層へ渡す。トランスポート層では規約

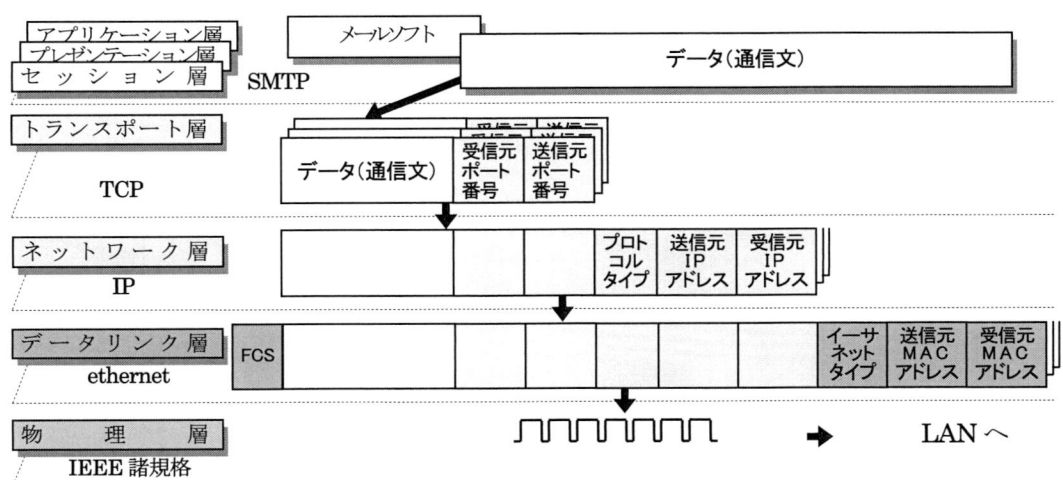

図 2-3　パケットの構成

TCP（Transmission Control Protocol）に則って処理される。すなわち，元の通信文はパケットに分割され，アプリケーションを区別するためのポート番号，パケットの位置を示すシーケンス番号，データの信頼性を確認するための情報がTCPヘッダとして付与される。TCPヘッダが付与されたデータは，その下のネットワーク層にわたされ，規約IP（Internet Protocol）で処理される。IPでは，宛先や送信元のIPアドレスの情報などを含むIPヘッダが新たに付与され，データリンク層に送られる。データリンク層では，さらに，MACアドレス[3]などの情報がイーサネットヘッダとして付与され，また，送信中のパケットがノイズによって壊されたかどうかを調べる情報（FCS, Frame Check Sequence）がパケットの末尾に付加される。なお，第2層では，このひとまとまりをパケットとはいわずにフレームと呼ぶ。最下層の物理層では，フレームが0と1の何らかの電気信号（たとえば，第1章図1-1のような信号など）に変えられ，相手先に伝送される。

受信側では，伝送路を流れてきた信号を受け取り，逆のプロセスをたどって復元する。

## 第3節　ネットワーク機器の構成

ここでは，館内ネットワークの構築に必要な機器構成を考える（図2-4）。ネットワーク用の機器には，リピータ，ブリッジ，ルータ，ゲートウェイなどがあり，それぞれOSI参照モデルのどのレベルで中継をおこなうかが異なる。館内LANをほかのLANやWANと相互接続するためには，これらの機器を用途に応じて使い分ける必要がある。

### a. リピータ（repeater）

リピータは，OSI参照モデルの物理層で接続する機器である。ケーブルでつながった物理的にひとつづきの範囲をセグメント（segment）という。ケー

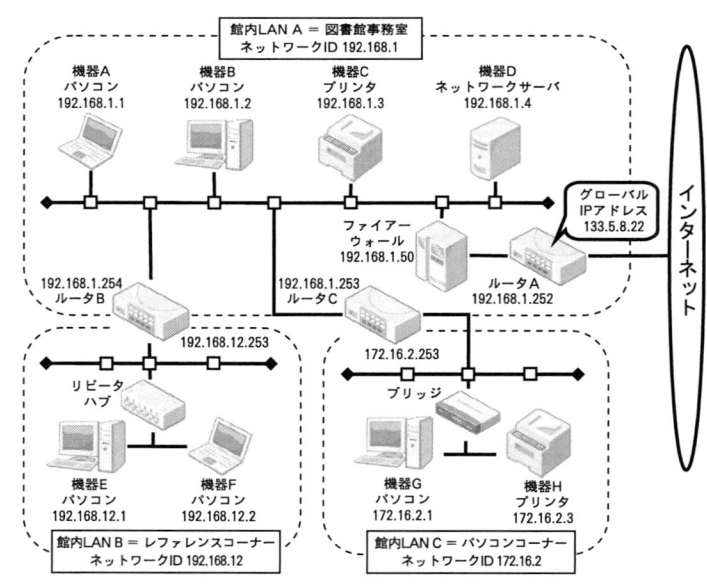

図2-4　館内LANの構成イメージ

ブルの長さには限度があり，長すぎると信号が減衰して伝送不能になってしまう。減衰した信号を増幅し，セグメントの範囲を伸ばすのがリピータである。リピータが多ポート化したリピータハブも同様（HUBとは集線装置のこと）である。

### b．ブリッジ（bridge）

リピータでは，接続されたすべての機器に同時に同じ信号が送信される。そのため，機器の数が増えると信号の衝突が増えて伝送がうまくいかなる。このような場合，ブリッジを用いて衝突が起こらないように領域を分け，その領域間を橋渡しする。ブリッジは OSI 参照モデルのデータリンク層で接続する装置であり，MAC アドレスで領域間の転送を判断する。規模が小さな LAN ではリピータを，大きな LAN ではブリッジを用いるという選択が原則である。ブリッジが多ポート化したのが，スイッチングハブとか L2 スイッチと呼ばれる。

### c．ルータ（router）

ブリッジで接続された端末は，データ送信時に MAC アドレスを問合せる信号を全機器に送信（これをブロードキャストという）する。そのため，接続機器が増えると，ブロードキャストも増加し，やはり，データ通信の効率が悪くなる。そこで，ブロードキャストの領域を区切って別々の LAN を構成し，その間をルータで接続する方法がとられる。ルータはネットワーク層[4]での接続をおこない，付与された IP アドレスに従って経路を選択し，データを送信する。

### d．ゲートウェイ（gate way）

トランスポート層からアプリケーション層までの階層でデータを中継するのがゲートウェイである。たとえば，携帯電話とインターネットの電子メールのようなプロトコルが異なるネットワーク同士の接続などにゲートウェイが用いられる。

### e．ファイアーウォール（fire wall）

直訳すれば「防火壁」のこと。インターネットから，組織内のネットワークへの不正な侵入を防ぐために設置される。外と内との境界を越えて流れるデータを監視し，不正なアクセスを検出・遮断する。この機能をもつソフトウェアをいうこともある。ハードウェアでは，ネットワーク層とトランスポート層にまたがってパケットを監視するのが標準的。

## 第4節　館内 LAN への機器の接続

館内 LAN を実動させるためには，接続した機器が LAN 内で固有に識別できるようにいくつかの設定しなければならない。図 2-5 はパソコンで一般に見られる設定画面である。

### a．IP アドレス

IP アドレス（以下，IPA）は，簡単にいうと，データリンク層で機器の識別用に用いる MAC アドレスに対し，ネットワーク層で機器を識別するための番号。インターネットに接続されたコンピュータ間では，IPA で相手を指定する（詳しくは第 12 章）。しかし，つながったすべてのコンピュータが固有の IPA をもつわけではない。

通常，会社や学校，家庭では，"内" と "外" という考え方をする。各機器はプライベートネットワークに所属すると考える。また，いくつかの "まとまり"（サブネットワーク）をつくって（分割して）管理することもある。プライベートネットワークは，ルータを介して外部のパブリッ

クネットワークへ接続される。外部との"出入口"に相当するルータにのみ，世界に1つの固有のグローバルIPAがつけられる。一方，そのルータのもとに展開されるプライベートネットワークでは，内部でのみ通用するプライベートIPA[5]が使用される。図2-4の館内LANはすべてプライベートネットワークであり，事務室／パソコンコーナー／レファレンスコーナーがサブネットワークを構成している。この方式をNATという[6]。

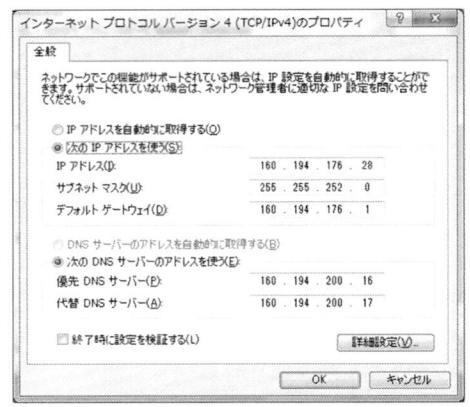

図2-5　ネットワーク接続の情報

**b. サブネットマスク**

　IPAは，どのネットワーク（サブネットワークを含む）なのかを特定するネットワークIDとネットワーク内のどの機器なのかを特定するホストIDから構成される。たとえば，図2-4の機器Aの場合，192.168.1というネットワークに属し，その1番目の機器という意味になる。IPAの32ビットの並びのうち，どこまでがネットワークIDで，どこからがホストIDなのか，その区切りを示すのがサブネットマスクである[7]。

**c. そのほかの設定**

　デフォルトゲートウェイは，サブネットワークの出入口にあたるルータのアドレスを指定する。

　私たちがWebサーバなどの外部のコンピュータにアクセスする場合，IPAを用いることはあまりなく，通常は，たとえばwww.meisei-u.ac.jpのようなドメイン名でアクセスする（詳しくは第12章）。DNSサーバは，ドメイン名をIPアドレスに変換するためのコンピュータのこと。

## 第5節　サービスの共有

　ネットワークに接続することによって，私たちはさまざまなサービスを共有して利用することができる。ネット上のサービスの多くは，図2-6のサーバ／クライアント方式で実現される。この方式は，サービスを提供するコンピュータをサーバ，サービスを受けるコンピュータをクライアントと呼び，クライアントの要求に応じてサーバが応答する仕組みである。ネット上にはさまざまなサーバが動いている。Webページの閲覧などのサービスを提供するWWWサーバ，電子メールの送信や受信を管理するメールサーバ，プリンタへの接続を管理するプリントサーバ，IPアドレスとドメイン名の変換をするDNSサーバ，ネットワークの自動設定をおこなうDHCPサーバ，ルータやブリッジなどのネットワーク機器を管理するネットワークサーバなどである。

　近年，コンピュータ同士が1対1の対等な立場で通信しあい，サービスを実現するPeer to Peer（P2P）方式がインターネット

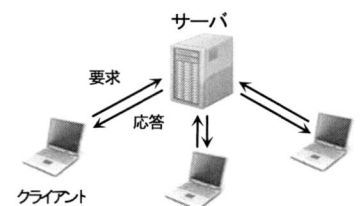

図2-6　サーバ／クライアント

電話（skype など）やファイル共有ソフトなどで採用されている。

### 第6節　館内ネットワークの構築

　館内ネットワークを構築する際には，館内レイアウトなどの物理的な要因や，ネットワークの用途や利用者などの機能的な要因に応じて，方針を策定し，仕様を決定する必要がある（第6章参照）。ネットワークの構成によって使用する機器も変わってくるため，図書館の希望を仕様にまとめ，依頼する業者に正確に伝えることが重要である。総務省では，地方公共団体が地域公共ネットワークを構築する際の指針として，標準仕様を策定[8]しているので，参考にするとよい。

### 設問

(1) いくつかの図書館のシステム構成が Web で公開されている（例：大阪府立中央図書館 http://www.library.pref.osaka.jp/central/yoran/2009/yoranC_net.html）。それらのシステムのサーバ構成を比較しよう。
(2) 自治体などで運営されている PeertoPeer（P2P）方式を採用したシステムを調べてみよう。

**参考文献**
1. 竹下隆史［ほか］『マスタリング TCP/IP　入門編』（第4版）オーム社，2007年
2. 井戸伸彦著，法雲俊邑監修『新しい情報ネットワーク教科書』2007年

**注）**
1) これに対し，加入電話網のように，通信の前に端末同士で排他的な回線を確立し，データを送受信する方式を回線交換方式と呼ぶ。
2) インターネットで，クライアントがメールサーバにメールを送信したり，サーバ間でメールのやり取りをしたりするためのプロトコル。通常 TCP の25番ポートを利用する。
3) Media Access Control address. LAN の物理的な企画であるイーサネットでは，ネットワークカードなど接続される機器すべてが世界中で一意に識別できる固有の ID をもっている。MAC アドレスは48bit で構成され，00-04-D5-AC-4C-BC のように，8bit ずつ区切り16進数の2桁で表現する。最初の24bit がベンダー（発売者）を表し，IEEE (Institute of Electrical and Electronic Engineers, 電子電気技術学会）が一元管理している。先の例の 00-04-D5 は日立製作所である。残りの24bit は製品ごとの固有の番号になるが，その管理はベンダーに任されている。どことなく，ISBN に似ている。
4) ルータと似た動作をする機器に L3（レイヤー3）スイッチと呼ばれる機器がある。L3 とは OSI の第3層，すなわち，ネットワーク層のことである。
5) プライベート IP アドレスが用いられるようになった背景には，IPv4 のアドレス枯渇問題がある。この問題に対応するため，128ビットでアドレスを表現する IPv6 の準備が進められている（第12章注5を参照）。
6) インターネットから，内部の Web サーバなどにアクセスする場合は，ルータのグローバル IP アドレスでアクセスし，ポート番号によってプライベートアドレスに変換する NAT (Network Address Translation) という処理をおこなっている。NAT も IP アドレス枯渇問題に対応する1つの便宜的な方策にすぎない。
7) 機器 A の場合，サブネットマスクは 255.255.255.0 である。これを2進数の並びで表すと，11111111. 11111111. 11111111. 00000000 で，1に対応する最初の24ビットまでがネットワーク ID，0に対応する残りの8ビットがホスト ID であることを示す。
8) 総務省「地域公共ネットワークに係る標準仕様」平成21年7月改定版，http://www.soumu.go.jp/main_sosiki/joho_tsusin/manual/ck_network/pdf/01.pdf ('12. 1.15 現在参照可)。

# 3 コンピュータシステムの管理

　図書館を利用するためには，その図書館の利用者としての登録が必要になる。図書館のサービスを受けるためには，利用者は図書館が定めたルールを守ることが求められる。これはネットワークのサービスを受ける際にも同様である。本章では，図書館内のコンピュータやネットワークの管理に必要な事柄について学ぶ。インターネットの普及した現代，システム管理について基礎的な知識をもち，さまざまな利用者に対応できる図書館員が求められている。

## 第1節　コンピュータシステムの管理とは

　複雑な機能をもったシステムには，必ずそれを管理していくためのルールや方法がある。コンピュータシステムの管理は，一般に，以下の5つの要素に分けられる。

①構成管理：コンピュータシステムを構成するにあたって，どのようなハードウェアやソフトウェアを使用し，それらをどう組み合わせ，それらにどのような設定するのかを管理する。

②セキュリティ管理：ネットワークの利用条件や運用条件を定めるネットワークポリシー（network policy）などの各種規則の制定や，コンピュータの利用者情報の管理などをおこなう。

③障害管理：コンピュータシステムの状況を監視・記録し，機器の故障やトラブルの検出，障害発生時の復旧などをおこなう。

④性能管理：コンピュータシステムやネットワーク，サーバの状況を監視し，利用に対して性能が十分かを測定する。

⑤課金管理：システムの利用に伴う時間，頻度，量などの統計情報の収集や，課金処理などをおこなう。

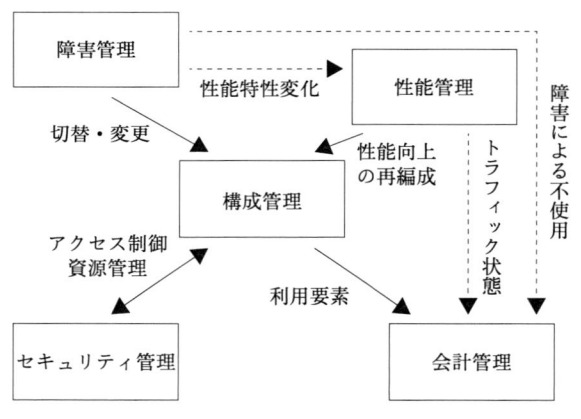

図3-1　各機能の関係

　これらの管理要素は，図3-1のように相互に関係している。近年では，保安保全の観点から，システム全体を統括するルールとして，セキュリティポリシー（security policy）の制定が求められている（後述）。

## 第2節　どこで何が使われているかを把握する：構成管理

　皆さんは，自分の家，または，勤務先のコンピュータ機器やソフトウェアのリスト，また，そ

れらの設定情報，マニュアルなどをすぐに取り出すことができるだろうか。たとえば，パソコンにソフトを再インストールしなければならないとき，そのソフトが入ったメディアやライセンス番号[1]が見つからず慌てた経験をもつ人も多いだろう。こうした情報は，トラブル発生時に緊急に必要になるにもかかわらず，一度設定されると日常では意識する必要がないため，きちんと管理されていないことが多い。コンピュータシステムでは，構成品目の配置や所在を管理する構成管理は非常に重要である。日ごろから，館内の品目を正確に記録しておくことが求められる。

構成品目は，ハードウェア，ソフトウェア，ネットワーク，ドキュメントに分けられる。表3-1は，各構成品目についてどのような情報を記録すべきかをまとめたものである。小規模な組織では，これらの管理はExcelなどの表計算ソフトで充分である。大規模な組織では，市販の管理運用ツールに同包される構成管理データベース（Configuration Management Database）を用いて管理することが多い。

構成管理をおこなう留意点として，「構成品目として扱う単位」と「管理外の物品への対応」があげられる。

前者は，たとえばパソコンのディスプレイと本体，キーボードやマウスなどをすべて個別に扱うのか，1式（セット）として扱うのかといった問題である。すべてを個別に記録してしまうと，記録した情報の利用が煩雑になることがあるので，ある程度大まかな単位で記録するのがよい。

表3-1 各機能の関係

| 管理要素 | 管理対象 | 管理内容 |
|---|---|---|
| ハードウェア | コンピュータ本体<br>メモリ<br>補助記憶装置<br>入出力装置<br>周辺機器<br>通信ネットワーク装置 | 製品名、型番、製造番号<br>機器の仕様<br>設置場所<br>管理部署、管理責任者<br>導入日、導入形態<br>価格 |
| ソフトウェア | OS<br>パッケージソフト<br>デバイスドライバ | 製品名、バージョン<br>動作環境<br>ライセンスキー<br>ライセンス形態<br>配布先 |
| ネットワーク | コンピュータ名<br>IPアドレス<br>メールアドレス | ネットワークの倫理構成<br>IPアドレスの割り振り<br>サーバの設定情報<br>クライアントの設定情報<br>変更手続き |
| ドキュメント（文書類） | 構成管理台帳<br>マニュアル<br>運用日誌 | 文書の付番規則<br>管理責任者<br>保管場所、保存期間<br>廃棄手続き |

後者は，個人所有のパソコンやハードディスクなど，組織の管理の外におかれるものである。個人所有の物品管理が不十分であると，機密情報や個人情報の漏えいを引き起こす可能性も生じる。この場合，ラベルなどで管理内と管理外の区別を明確にするなどの対処が重要である。

## 第3節　コンピュータシステムを守る：セキュリティ管理

セキュリティ管理は，コンピュータシステム管理のなかでも非常に重要な要素である。近年，さまざまな業種で情報流出が問題になっており[2]，図書館でも事件が発生している[3]。とくに図書館では，利用者の氏名，住所に加え，貸出履歴のような個人のプライバシーにかかわる情報を

扱っているため，外部からの不正アクセスや内部からの情報流出を防ぐ対策が必要とされる。

セキュリティ管理をおこなうためには，まず，方針，体制，対策をセキュリティポリシーとして整備することが必要となる。セキュリティポリシーとは，コンピュータシステムを安全に運営していくための組織やシステムの構造，設定，データの管理などの具体的な対策を定めたものである。地方公共団体では，「行政手続等における情報通信の技術の利用に関する法律（平成14年12月13日法律第151号）」第9条第1項[4]が根拠となり，セキュリティポリシーの整備が求められる。また，国は，同第2項を根拠に「地方公共団体における情報セキュリティポリシーに関するガイドライン」を策定している[5]。これによれば，情報セキュリティ対策は1度のポリシー策定で済むものではなく，Plan（計画）・Do（運用）・Check（評価）・Action（見直し）のPDCAサイクルに乗せて繰り返し，年々変化するコンピュータネットワーク技術に応じて，ポリシーの改定が必要であるとしている。なお，総務省が示すセキュリティポリシーの体系は，図3-2に示すような階層構造になっている[6]。以下，この順に説明する。

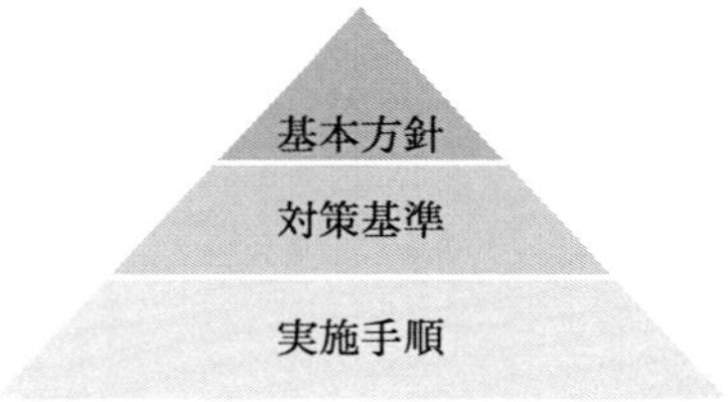

図3-2 セキュリティポリシーの階層

#### a. 基本方針

基本方針（巻末資料7に例文を掲記）では，セキュリティ対策の基本的事項として，「対策の目的」「用語の定義」「対象とする脅威」「ポリシーの適用範囲」「職員等の義務」「必要な情報セキュリティ対策の実施」「対策基準や実施基準の策定」などを定める。とくに「対象とする脅威」は，組織のコンピュータシステムに対する脅威にどのようなものが考えられるかを，さまざまな観点から分析して記述する必要がある。これには，次の3点があげられる。

① 意図的な要因による脅威：この脅威は，サービス不能攻撃（Denial of Service Attack, Dos攻撃）などのサイバー犯罪（表3-2）により，データ流出や個人情報の漏えい，情報を不正に書きかえる改ざん，システムが動作不能状態になるシステムダウンなどが発生する脅威である。

② 非意図的な要因による脅威：この脅威は，システムの欠陥やシステムの開発・運用組織の不備，過失，機器故障などによって問題が発生する脅威である。

③ やむを得ない事情による脅威：災害などの避けられない要因による業務の停止や機能不全による問題の発生による脅威である。

基本方針では，どのような脅威に対して対策を講じるのかを定める。対策の範囲は，コンピュータシステムの役割によって異なる。システムダウンが人命にまでかかわるようなインフラ（たとえば，原子力発電所など）の場合は，幅広い脅威に対応する必要がある。

#### b. 対策基準

基本方針を具体的な遵守事項としてまとめたのが対策基準である。一般に，以下のようなものが含まれる。

① 組織体制と適用範囲：セキュリティ対策を推進する委員会や，その委員，また各部局での担当などを定めたもの。また，ポリシーが適用される組織や，情報資産の定義・分類なども定める。

表 3-2　サイバー犯罪の種類

| サイバー犯罪 | 概要・具体例 |
|---|---|
| 不正アクセス | 他人の識別符号（ユーザ ID・パスワードなど）を不正に利用したり，プログラムの不備などのセキュリティホールを悪用したりして，正規の識別情報を利用せずにコンピュータシステムにアクセスする行為。不正アクセス禁止法によって罰則規定が定められており，管理者の防御措置も義務づけられている。 |
| Dos 攻撃 | 大量のデータやスパムメールや不正なパケットをシステムに送信することで，コンピュータに過剰な負荷をかけ，サービスの妨害や，システムダウンを狙う行為。とくにインターネットサービスのサーバが標的にされることが多い。 |
| コンピュータウィルス | 第3者のプログラムやデータベースに対して意図的に何らかの被害を及ぼすようにつくられたプログラムであり，自己伝染機能，潜伏機能，発病機能のうち1つ以上の機能をもつもの。Web ページ閲覧，電子メール，最近では USB メモリ経由などさまざまな感染経路がある。 |
| サイバー攻撃 | 国家や企業に対して，不正アクセスや Dos 攻撃などを仕掛ける行為。とくに政治的な意味合いが強いものに対してサイバー攻撃という言葉が使われる。 |

②物理的な対策：コンピュータシステムを物理的に保護するための対策。具体的には，サーバなどの機器の取り付け，バックアップシステムの設置による冗長化[7]，予備電源の確保，サーバ室の入室管理，通信回線の取り付け，職員のパソコン管理などにかかわる遵守事項を定める。

③人的な対策：利用者からコンピュータシステムを保護するための対策。具体的には，職員や非常勤職員，臨時職員，外部委託事業者が守るべき事項や，研修・訓練の実施，事故・欠陥時の報告，アカウント[8]の管理にかかわる遵守事項などを定める。アカウントが流出すると不正アクセスなどに悪用されることがある。そのため，共有しない，メモをしない，推定しやすいパスワードを設定しないなどが重要になる。

④技術的な対策：さまざまな技術を使って不正アクセスなどの脅威からコンピュータシステムを守るための対策であり，具体的には次の2つがある。

(1)コンピュータやネットワークの管理：不正プログラムや不正アクセスを防止するため，ファイアーウォールの設置やルータの設定をおこない，外部ネットワークとの接続制限をおこなう。また，セキュリティに関する情報の収集やシステム更新の実施，Web サーバなどに対するアクセスログの記録なども必要になる。

(2)アクセス制御：データベースや電子ファイルの閲覧や書き込みにアクセス権限を設定することで，アクセス制限をおこなう。たとえば，図書館利用者の住所・連絡先の情報は，その管理を担当する職員だけにアクセスを許可し，そのほかの職員には許可を与えないなどアクセス制御によってその情報を必要としない担当者への情報の流出を防ぐことができる。

c.　実施手順

実施手順では，管理者，職員，利用者といった立場に分け，対策基準で決めた遵守事項をどのような方法・手順で実施するのかをガイドラインとして定めることになる。

d.　情報セキュリティポリシーの公開

さて，以上のセキュリティポリシーのうち，「基本方針」は組織の内外に公開されるが，「対策基準」には攻撃に有利な情報が含まれるため，原則公開されない。「実施手順」については，ガ

イドラインというかたちで公開しても問題ない情報のみ公開されることがある。
　図書館の場合，前二者については上位組織である自治体や大学が策定し，それに従って，職員（非常勤や臨時職員，外部委託業者を含む）や利用者へのガイドラインを整備することになる。

**e．利用者への被害拡大の阻止**

　自ら被害にあわないように対策を講ずるばかりではなく，利用者への配慮も考えておかなければならない。図書館では，パソコンを利用者に開放し，インターネットへのアクセスを比較的自由におこなわせている。図書館員が知らないところで，利用者が被害を受けることもあり得る。
　コンピュータウィルスは，気がつかないうちにシステムに進入する。不逞の輩は，たとえば，身元のしっかりした企業のHPであるかのように装い，既存の有名企業に模してページをつくり，獲物が罠にかかるのを待っている。これらを閲覧し，身に覚えのない請求書が送られてきたという事件が起きている。また，誰ともわからぬメールを不用意に開くと，途端にウィルスに感染してしまうこともある。どのようなページを閲覧しているかを監視したり，ディスクのなかを覗き回ったりする不正プログラムもある。これらをスパイウェア（spyware）という。そのなかで最も悪質なのがキーロガー（keylogger）と呼ばれるもので，人が入力したキー操作の順番を覚え，それを密かに送信するものである。クレジットカードの情報がこうして盗み出されたりする。
　利用者への開放端末は，勝手にソフトをインストールできない設定にする。また，電源を入れる都度，ハードディスク上の不要な情報を消去するソフトもあるので，導入を検討するとよい。

## 第4節　コンピュータシステムの動きを監視する：性能・障害管理

　性能管理と障害管理は一連のものとなる。当初の想定よりも利用者が増えた場合や，利用者が負荷の高い作業をした場合，コンピュータシステム全体の性能が落ち，スムーズな利用ができなくなる場合がある。システムを立ち上げたら，CPUへの負荷，アクセスログ，エラーログなどの統計をとり，分析しつつ，性能管理をおこなう。そのプロセスなかで，機器の故障やトラブルが検出される。これを定期点検のサイクルに乗せることが重要である。
　どんなに万全にセキュリティ対策をしたとしても，コンピュータシステムには障害が発生する。重要なことは，状況に応じた対応方法をあらかじめ考えておくことである。万一の場合に備えて，システムとデータをバックアップ（図3-3）[9]しておくことは必須である。
　これらを，図書館員が日常の業務として実施するのはむずかしい。業者と保守契約を結ぶことを考えるべきである（第6章参照）。

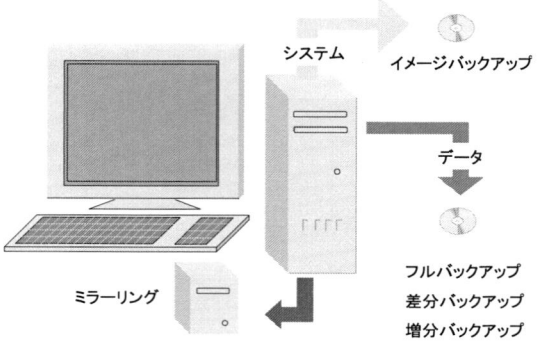

図3-3　バックアップの方法

## 設問

(1) 自分の周りにあるコンピュータ機器やソフトウェアについての構成管理台帳を作成しなさい。
(2) 岡崎中央図書館事件について調べ，事件が起こった背景，このような事件を防ぐためにはどのような対策をすることが必要かを考察し900字程度で論じなさい。

## 参考文献

1. 会田和弘著，佐々木良一監修『情報セキュリティ入門:情報倫理を学ぶ人のために』共立出版，2009年
2. 田中眞由美［ほか］『その時どうする？ 最新ネット犯罪のすべて』新星出版，2006年

## 注

1) たとえば，複数のパソコンで同じソフトウェアを利用できるようにするときは，基本的に，台数分のソフトウェアパッケージを購入しなければならない。でなければ，不正コピーをするほかなく，犯罪になってしまう。こうしたとき，パッケージを複数購入するよりも，必要台数分を複製してインストールできるように，権利だけを購入する場合がある。このことをライセンスという。
2) 日本ネットワークセキュリティ協会，情報セキュリティインシデントに関する調査報告書 http://www.jnsa.org/result/incident/2009.html（'12.1.15現在参照可）。
3) たとえば，次を参照。三菱電機インフォメーションシステムズ「弊社図書館システムに生じた問題について（お詫び）」http://www.mdis.co.jp/news/press/2010/1130.html（'12.1.15現在参照可）。
4) 「第九条 地方公共団体は，地方公共団体に係る申請，届出その他の手続における情報通信の技術の利用の推進を図るため，この法律の趣旨にのっとり，当該手続に係る情報システムの整備及び条例又は規則に基づく手続について必要な措置を講ずることその他の必要な施策の実施に努めなければならない。 2 国は，地方公共団体が実施する前項の施策を支援するため，情報の提供その他の必要な措置を講ずるよう努めなければならない。」行政手続等における情報通信の技術の利用に関する法律（平成14年12月13日）。
5) 総務省「地方公共団体における情報セキュリティポリシーに関するガイドライン」http://www.soumu.go.jp/denshijiti/jyouhou_policy/pdf/100712_1.pdf（'12.1.15現在参照可）。このガイドラインは，2001（平成13）年3月策定後，2006（平成18）年9月に一度全面改訂され，直近の改訂は（平成22）年11月。
6) 前掲，p.6。
7) 冗長化とは，インターネットの世界でよく用いられる言葉である。一般に，冗長とは，「文章や話などがくどくて長ったらしいこと」（『国語辞典』小学館）をさす。バックアップの場合，その手段を何重にも用意しておけば安全・安心度が高まる。インターネットの世界では，こうしたことを「冗長」と表現する。
8) アカウントとは，コンピュータシステムを利用できる権利のこと。特定のシステムのアカウントをもつ利用者にはユーザIDやパスワードが与えられ，利用者はそれらの認証情報を使ってシステムにログインする。
9) システムのバックアップとデータのバックアップがある。システムはイメージデータにしてDVD-ROMなどの媒体に保存するのが一般である。データバックアップには全体をそのまま複製するフルバックアップがある。フルバックアップは時間がかかるので月1回程度にし，更新した分だけファイルに蓄積する方法がある。前回のフルバックアップからの更新部分全体をファイルにする差分バックアップと，更新の都度こまめにファイルに蓄積する増分バックアップがある。また，本体の記憶装置とは別に補助記憶装置をもう1台用意し，本体の更新をおこなうと同時にその記憶装置のファイルも書き換える方法をミラーリングという。

なお，2011（平成23）年3月11日の東日本大震災を契機に，自然災害に対するデータのバックアップが話題となっている。データをバックアップしたメディアをシステムと同一の場所においておくと，結局，火災や水害でだめになってしまう。そこで，メディアだけを遠隔地に送付して管理を委託するとか，そもそも，データ自体を，ネットワークを通じて遠隔地のシステムに定期的に送信保存するなどの対策が現実味を帯びてきた。こうしたデータのバックアップを専門におこなう業者もあるので，その利用を考慮するとよい。

 ## データベースの仕組み

　図書館では，本や雑誌の所蔵情報，インターネット上の情報資源，図書館の利用者の情報などさまざまなデータを扱う。それらはデータベース（Database，以下 DB）に蓄積されており，DB 管理システム（Data Base Management System，以下 DBMS）によってデータの管理や検索をおこなう。この章では図書館で主に扱われる文献 DB を中心に，DB の基本について学ぶ。

### 第1節　データベースとは何か

#### a．DB の定義

　Database を直訳すると「データの基地」となる。1950 年代，米国国防総省が点在する資料や資材の情報を一か所に集め，効率よく管理しはじめたことに由来する。DB の定義を次に掲げる。

- 日本工業規格（JIS X 0017）：適用業務分野で使用するデータの集まりであって，データの特性とそれに対応する実体の間の関係とを記述した概念的な構造によって編成されたもの
- 日本工業規格（JIS X 0807）：特定の規則に従って電子的な形式で，一か所に蓄積されたデータの集合であって，コンピュータでアクセス可能なもの
- 著作権法（第 2 条 1 項 10 号の 3）：論文，数値，図形そのほかの情報の集合物であって，それらの情報を電子計算機を用いて検索することができるように体系的に構成したもの

これらの定義から日本の DB の特徴は次のように整理できる。
①一定のテーマにもとづいて，データが体系的に整理された状態で保存されている。
②データの集まりのなかから必要な情報だけを指定し，部分として取り出すことができる。
③コンピュータ機能を備えている情報端末機器で検索可能な形態になっている。
　一方，ヨーロッパの定義では"電子的"だけでなく，そのほかの手段も含まれるのが特徴である[1]。

#### b．DB の発展

　DB は，1950 年代の米国で生まれた。1960 年代では，まだ，ユーザが直接扱うことができず，組織内の情報センターなどに検索を依頼していた（これをバッチ検索という）。1970 年代には，米国で，いち早くオンライン商用 DB のサービスが開始された。1980 年代は，CD-ROM が普及したことにより，ユーザの手元でオフライン検索ができるようになった。1990 年代半ば，インターネットが大衆化し，DB もインターネット経由で提供されるものが増えていった。2000 年代，DB はますます多様化し，多用途化している。図書館では，Web OPAC が一般化した。

## 第2節　データベースの構成要素

DBは，論理的にいえば，ファイル，レコード，フィールドから構成される（それぞれの関係は図4-1のとおり）。データの入力や修正，削除，検索などの処理はレコード単位でおこなわれる。

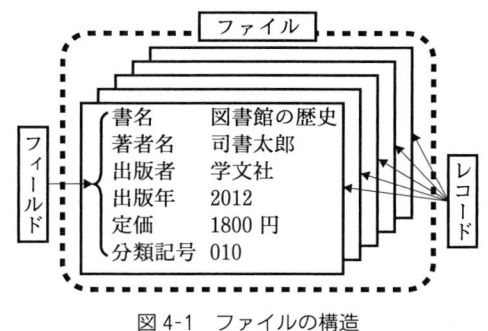

図4-1　ファイルの構造

レコードとは，1冊の本とか1人の社員など，現実世界の対象物を"記録"したもので，このレコード数がすなわちDBの収録件数となる。レコードは，複数のフィールドから構成される。

フィールドとは，記録される対象がもつ属性を列挙したもので，レコード間で共通の構造になっている。文献DBの場合，図書や雑誌の書誌事項などが，社員DBの場合，姓名，所属部署，役職，勤続年数，入社年月日などがフィールドになる。

レコードが複数集まったものがファイルである。ファイルは，収録期間などの単位で複数に分割されることもある。また，検索用のファイル（索引ファイル）が別につくられることもある。ファイルだけではDBとは呼べない。編集機能や検索機能が不可欠である。

## 第3節　データベースの構造

DBの中心は多数のレコードが集積されたファイル（主ファイル）であり，データの編集・追加・削除・問合わせなどをおこなうDBMSというソフトウェアと組み合わせてはじめて利用可能になる。主ファイルといくつかの補助的なファイル群，DBMS，ファ

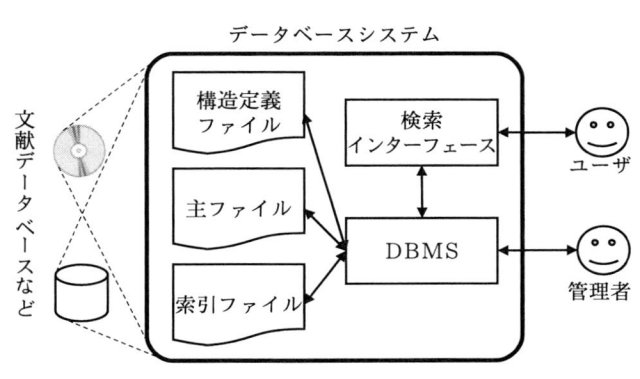

図4-2　データベースシステムの構造

イルを加工したりするほかのソフトウェア群をまとめてDBシステムという（図4-2）。

通常，DB作成機関（第5節参照）がDBを作成する。作成されたDB（または主ファイル）は，提供機関に渡され，提供機関のもつDBシステムに合わせて検索可能な形式に変換する。

作成機関と提供機関との間でDBをやり取りするには，フィールドやレコード，ファイルの構成を定めた情報交換用フォーマットが必要になる。提供機関では，まず，このフォーマットをベースに，DBの名称やフィールドの名称，長さなどの属性が定義され，構造定義ファイルが作成される。次に，構造定義ファイルを参照しながら，DB作成機関で作成されたDBからレコードが抽出され，主ファイルとして蓄積される。最後に，検索を効率的におこなうため，主ファイルか

ら索引ファイルが作成される。

　国立国会図書館（以下，NDL）では JAPAN/MARC フォーマットを作成し，これに準拠してデータの入力作業をおこっている。他機関では，このフォーマットにもとづいて，NDL が作成した書誌データを流用し，個別に DB を構築することができる。表 4-1 は JAPAN/MARC MARC21 フォーマット[2]の例である（巻末資料に以前のフォーマットを収録）。

表 4-1　JAPAN/MARC（M）（S）MARC21 フォーマットの例

| フィールド | フィールド名 | 第1インディケータ | 第2インディケータ | サブフィールド識別文字または開始位置 | サブフィールドの名称 | 値 |
|---|---|---|---|---|---|---|
| 001 | レコード管理番号 | － | － | | | 000010663931 |
| 003 | レコード管理番号識別子 | － | － | | | JTNDL |
| 005 | レコード最終更新年月日 | － | － | | | 20110903111448.0 |
| 007 | 物理的属性コード化情報（文字資料） | － | － | 00 | 資料カテゴリー | t |
| | | | | 01 | 資料種別 | a |
| 008 | 一般コード化情報（共通） | － | － | 00 | レコード新規作成年月日 | 110829 |
| | | | | 06 | 刊行種別コード | s |
| | | | | 07 | 西暦年1 | 2009 |
| | | | | 11 | 西暦年2 | ＃＃＃＃ |
| | | | | 15 | 出版国コード | ja＃ |
| | | | | 18 | 挿図等 | ｜｜｜｜（固定） |
| | | | | 22 | 対象利用者コード | g |
| | | | | 23 | 物理歴属性 | ＃ |
| | | | | 24 | 資料形式 | ｜｜｜｜（固定） |
| | 一般コード化情報（図書） | | | 28 | 政府刊行物 | ＃ |
| | | | | 29 | 会議録 | ｜（固定） |
| | | | | 30 | 記念論文集 | ｜（固定） |
| | | | | 31 | 索引 | ｜（固定） |
| | | | | 32 | 未定義 | ｜（固定） |
| | | | | 33 | 文学形式 | ｜（固定） |
| | | | | 34 | 伝記 | ｜（固定） |
| | 一般コード化情報（共通） | | | 35 | 言語コード | jpn |
| | | | | 38 | 改変レコードコード | ＃ |
| | | | | 39 | 目録作成機関 | ＃ |
| 015 | 全国書誌番号 | ＃ | ＃ | $a | 全国書誌番号 | 21702130 |
| | | | | $2 | 全国書誌作成機関 | jnb（固定） |
| 020 | 国際標準図書番号 | ＃ | ＃ | $a | ISBN | 978-4-89694-938-4 |
| | | | | $c | 入手条件・定価 | 2200円 |
| 040 | レコード作成機関 | ＃ | ＃ | $a | レコード作成機関 | JTNDL |
| | | | | $b | 目録用言語 | jpn |
| | | | | $c | レコード変換機関 | JTNDL |
| | | | | $e | 目録規則 | ncr/1987 |
| 041 | 書誌コード | 1 | ＃ | $a | 本文の言語 | jpn |
| | | | | $h | 原文の言語 | eng |
| 084 | 分類記号（NDLC, NDC など） | ＃ | ＃ | $a | 分類記号 | KC57 |
| | | | | $2 | 分類法 | kktb |
| | | ＃ | ＃ | $a | 分類記号 | 723.05 |
| | | | | $2 | 分類法 | njb/09 |
| 090 | 請求記号 | ＃ | ＃ | $a | 請求記号 | KC57-J6 |
| 245 | タイトルと責任表示に関する事項 | 0 | 0 | $a | 本タイトル | 19世紀の画家たち： |
| | | | | $b | タイトル関連情報 | ゴヤ，ブレイクからゴッホ，ムンクまで：画家自身の言葉で綴る画文集； |
| | | | | $c | 責任表示 | エリック・プロッター編；藤田尊潮 訳. |
| | | | | $6 | 読みの対応関係 | 880-01 |

| 260 | 出版・頒布等に関する事項 | # | # | $a | 出版地・頒布地等 | 東京： |
| --- | --- | --- | --- | --- | --- | --- |
| | | | | $b | 出版者・頒布者等 | 八坂書房, |
| | | | | $c | 出版年月・頒布年月 | 2009.7. |
| | | | | $6 | 読みの対応関係 | 880-02 |
| 300 | 形態に関する事項 | # | # | $a | 特定資料種別と資料の数量 | 134p； |
| | | | | $c | 大きさ | 22cm. |
| 500 | 一般注記 | # | # | $a | 一般注記 | 原タイトル：Painters on painting. |
| 740 | その他のタイトル標目 | 0 | # | $a | その他のタイトル標目 | Painters on painting. |
| 880 | 他の字形による表現に関する事項 | 0 | 0 | $6 | 読みの対応関係 | 245-01/$1 |
| | | | | $a | | 19 セイキ ノ ガカタチ： |
| | | | | $b | | ゴヤ ブレイク カラ ゴッホ ムンク マデ；ガカ ジシン ノ コトバ デ ツヅル ガブンシュウ． |
| | | 0 | 0 | $6 | | 245-01/（B |
| | | | | $a | | 19seiki no gakatachi： |
| | | | | $b | | Goya bureiku kara gohho munku made；Gaka jishin no kotoba de tsuzuru gabunshu. |
| | | # | # | $6 | | 260-02/$1 |
| | | | | $a | | トウキョウ： |
| | | | | $b | | ヤサカ ショボウ． |
| | | | | $c | | 2009.7. |
| | | # | # | $6 | | 260-02/（B |
| | | | | $a | | Tokyo： |
| | | | | $b | | Yasaka shobo. |
| | | | | $c | | 2009.7. |

出典：国立国会図書館「書誌データ作成ツール」サンプルデータより作成。http://www.ndl.go.jp/jp/library/data/jm.html（'12.1.25 現在参照可）

## 第4節　索引ファイルと検索

　DBの検索には，索引ファイルが重要な位置をしめる（索引ファイルと主ファイルとの関係を図4-3に示す）。索引ファイルとは，レコード中に出現する検索に使用できる語をまとめたものである。辞書ファイルと転置ファイルを合わせて索引ファイルと呼ぶ。辞書ファイルには，検索で使用される索引語と，その索引語を含むレコード数，転置ファイル内での記憶位置を示す値（ポインタ）が格納されている。また転置ファイルには，該当の索引語を含むレコード番号が格納されている。索引語には，件名標目（シソーラスではディスクリプタ—詳しくは第3巻参照）として付与された語や参照語（同非ディスクリプタ）だけでなく，著者名や出版社名なども含む。

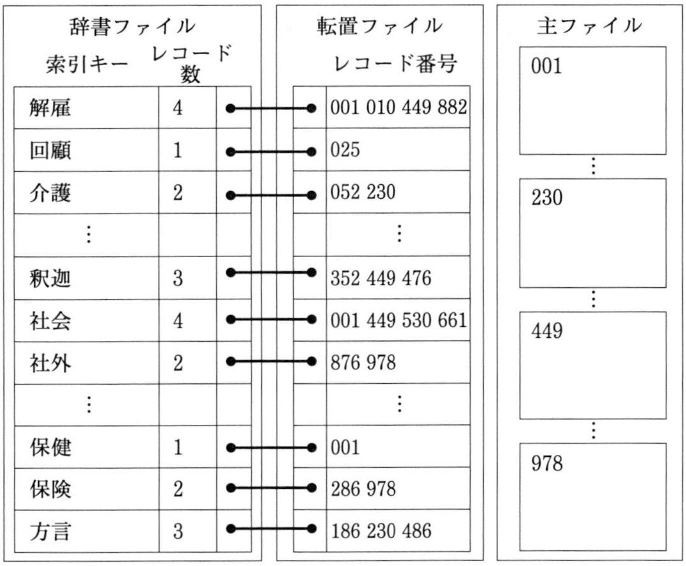

　たとえば，「解雇」という索引語で検索した場合，辞書ファ

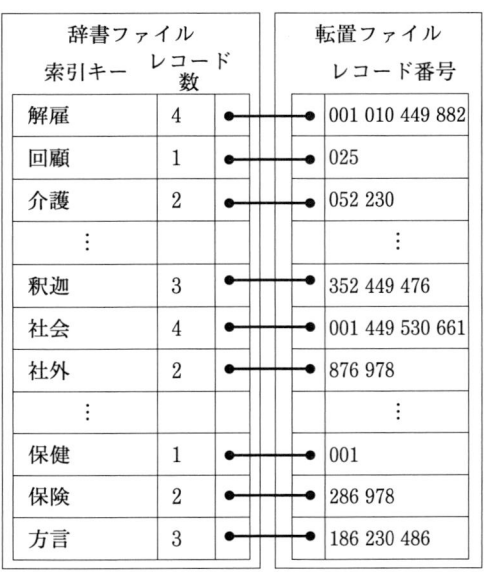

図4-3　索引ファイルと主ファイル

イルから該当するレコード数が4つあることがわかり，ポインタをたどって転置ファイルからレコード番号を取り出す。それから主ファイルの該当するレコード番号を検索してそのレコードを表示する。索引ファイルは，新しいレコードが追加されるたびに更新される。

## 第5節　データベースの分類

現在，有償無償を問わず，さまざまなDBが提供されている。DBの分類には，図4-4のようにいくつかの観点がある[3]。①は，一次情報を提供するファクトDBか，書誌事項や抄録といった二次情報を提供するリファレンスDBかによる分類である。②は，収録された情報の主題による分類である。③には，利用に応じて料金がかかる商用DB，利用者が社内や業界内などに限定されるインハウスDB，個人が自

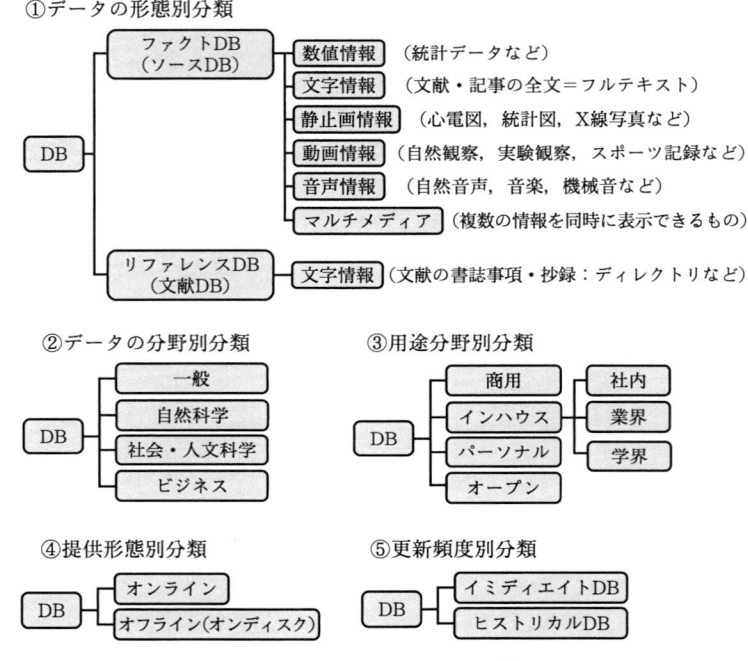

図4-4　データベースの分類

分用に作成するパーソナルDB，利用者を制限せず広く公開するオープンDBがある。④は，ネットワーク経由で検索をおこなうオンラインと，CD-ROMやDVDを使用しネットワークを介さないオフライン（オンディスク）という分け方である。⑤には，即時的にデータが更新されるイミディエイトDBと定期的に一括して更新されるヒストリカルDBがある。

DBの分野別の分布では，特許など専門家向けのDBが多い自然科学・技術の割合が最も高く，教育学や人口統計などを含む社会・人文科学は最も低い割合となっている[4]。

## 第6節　データベースの流通

DBの流通は，図4-5のような流れになる。まずDB作成機関（プロデューサ）が情報源からDBを作成する。文献DBの場合，NDLや科学技術振興機構（JST）などが作成機関にあたる。

作成されたDBは，DB提供機関（ディストリビュータ，またはベンダー）によってオンライン

またはオフラインで提供される。作成機関が提供機関を兼ねる場合もある（たとえば，NDLでは，JAPAN/MARCを検索するシステムとしてNDL-OPACを提供している）。代表的な提供機関としてDIALOG社がある。

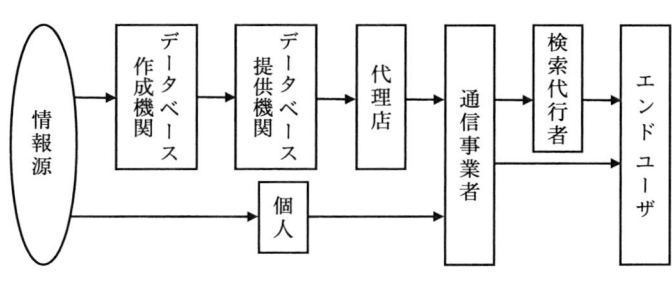

図4-5　データベースの構造

　有償で提供される商用DBの場合，契約手続き，講習会やセミナーなどをおこなう代理店（エージェント）を通してDBを利用する。日本ではジー・サーチなどがある。

　オンラインDBの場合，通信事業者（プロバイダ）と契約してネットワークに接続する必要がある。インターネットの普及により，エンドユーザ（最終的にソフトウェアを使う人の意味）が直接DBを利用する機会は増えたが，特許のような，特殊なDBを用いた検索をおこなう場合は，検索代行者（サーチャー）に検索を依頼することがある。サーチャーはDBや検索の専門家である。

### 設問

(1) 商用DBの料金体系について調べなさい。また，公立図書館での商用DBの提供について調べなさい。
(2) 右の5つのレコードを検索するための索引ファイルを作成しなさい。

| レコード番号 | タイトル |
| --- | --- |
| 001 | インターネット時代の学校図書館 |
| 002 | 小学校の図書館教育 |
| 003 | 学校教育と図書館 |
| 004 | 小学校におけるインターネットの活用 |
| 005 | 学術情報と図書館 |

### 参考文献
1. 経済産業省商務情報政策局監修，データベース振興センター編『データベース白書』2005年
2. 国立国会図書館『JAPAN/MARCマニュアル　単行・逐次刊行資料編　第3版』2009年
3. 緑川信之『情報検索演習』（現代図書館学講座）東京書籍，2004年
4. 大本幸子『図書館で使える情報源と情報サービス』日外アソシエーツ，2010年

### 注）
1) 『ECデータベース指令（Directive 96/9/EC, 11 March 1996）』第1条2では，「体系的又は方法論的な方法で配列され，かつ，電子的その他の手段で個別にアクセス可能な，独立の作品，データ又はその他の資料のコレクションを意味する」と定義している。"Directive 96/9/EC of the European Parliament and of the Council of 11 March 1996 on the legal protection of databases", Official Journal L077, 27 March 1996, pp.20-28.（'12.1.19参照可）
2) NDLでは，2012（平成24）年1月より，事実上の世界標準であるMARC21フォーマットに切り替えた。
3) 経済産業省商務情報政策局監修，データベース振興センター編『データベース白書』2005年，p.44。
4) 前掲。

# 5 図書館業務システムの仕組み

　現代の図書館では，コンピュータを用いて効率よく図書館情報資源（以下，図書で代表させる）の貸出返却を処理するとともに，わざわざ来館せずとも，どのような図書を所蔵しているか，現在貸出中か，などがインターネットで確認できる。このような業務システムはどのように構成されるのだろうか。一方で，これからの図書館は，電子図書館機能を獲得してハイブリッド化をめざすべきことが主張されている。本章では，業務システムとしてこれらの機能を取り扱う。

## 第1節　貸出返却システム

表5-1　図書館の自由

| | |
|---|---|
| 第1 | 図書館は資料収集の自由を有する |
| 第2 | 図書館は資料提供の自由を有する |
| 第3 | 図書館は利用者の秘密を守る |
| 第4 | 図書館はすべての検閲に反対する |
| 第5 | 図書館の自由が侵されるとき，われわれは団結して，あくまで自由を守る |

　図書館の業務システムの核となるのが貸出返却システムである。どの利用者にどの図書を貸し出しているのか，返却予定はいつか，また，返却後は，その図書を再び貸出可能な状態に戻すことなどを管理するのが貸出返却システムである。このシステムの重要なポイントは，「図書館の自由」（表5-1）の理念にしたがって，利用者の貸出記録を残さないようにすることである。

　貸出返却システムには少なくとも2つのファイル[1]が必要である。1つは蔵書ファイル，もう1つが利用者ファイルである。これをDBMS（データベース管理システム）に載せて，図書の貸出返却をおこなう。蔵書ファイルの部分だけをさして，とくに蔵書データベース（以下，DB）ということがある。貸出中の図書のデータには，現在貸出中であることを示すフラグ[2]を立て，借り出した利用者には，どの図書（一般に資料番号で一元管理をする）をいつからいつまで借り出しているかという情報をファイルの中に一時的に保存する。いわば図書と利用者を一時的にリンクする。返却の際には，この貸出フラグを元に戻し，利用者については図書とのリンクを解除する。

　蔵書ファイルは，その図書館の所蔵している図書の記録を必要十分に列挙したものとなる。簡単に考えれば蔵書目録の書誌的事項（本シリーズ第3巻『情報資源組織論』参照）を思い出せばよいのだが，第4章で扱ったように，たとえば，書名のヨミ，著者名のヨミなどが必要になるなど，カード目録や冊子目録に「記入」するデータより幅広い。そればかりではなく，所在記号（請求記号ともいう）や

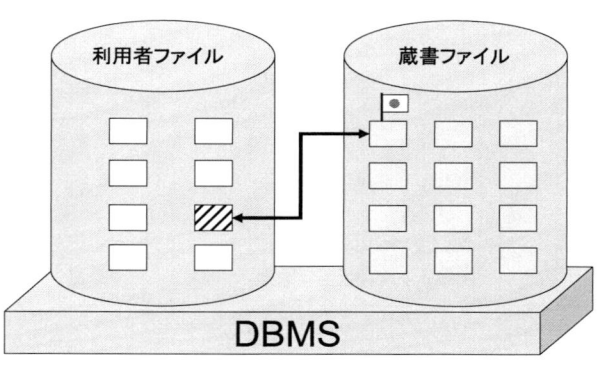

図5-1　貸出返却システムの概念図

購入年月日などのローカルデータも必要である。蔵書ファイルは，図書原簿または図書台帳としての利用を含めて考える必要がある。この場合，万が一のデータの損壊に備え，定期的なバックアップはもちろん，紙に印刷して保存しておくような配慮も重要である。

## 第2節　蔵書データベースの構築

### a. 公共図書館の場合

　こうした蔵書に関するデータは，図書館員が入力するのではなく，通常，マーク（Machine Readable Catalog, MARC, 機械可読目録）[3]データを購入したり，コピーしたりして準備する。とくにコピーして自館の目録DB（すなわち蔵書DB）を作成することをコピーカタロギングという。

　1966年，米国議会図書館（LC, Library of Congress）が試験的に作成・頒布を始めたMARC Iが最初期の例である[4]。日本には，1981（昭和56）年4月より国立国会図書館が頒布を開始したJAPAN/MARCがある。当初，磁気テープで頒布されたが，1988（昭和53）年以降，CD-ROMでも頒布されるようになり，J-BISCと呼ばれた（図5-2にそのデータ例を示す）。しかしながら，これらは有償で配布されたため[5]，図書館の機械化[6]をビジネスチャンスとらえた民間マーク（商用マークともいう）が林立する要因ともなった。代表的なものに書籍・雑誌の取次会社の日本出版販売株式会社が作成する日販マーク，同図書館流通センターのTRCマーク，同じく大阪屋の大阪屋マーク（OPL MARC）がある。

　一般に，わが国の公共図書館では，これらの商用マークを購入し，蔵書DBに繰り入れるコピーカタロギングをおこなっている。最近では，選書から発注までを自動的におこない，さらに，マークデータを連動して取り込むシステムもある。

　一方，利用者ファイルは利用者登録によって作成される。公共図書館では，初めての利用者に氏名・住所がわかる郵便物などの提示を求めることがあるが，これを元に図書館員が入力作業をおこなうのが一般である。このファイルは個人情報の集合なので厳密に管理しなければならない。

　業務システムの蔵書DBを，そのまま，インターネットに公開することはできない。費用をかけて収集したマークデータが壊されたり，利用者の情報が流出・改ざんされたりするような事態は極力避けなければならないためである。そこで，サーバ上に，利用者向けの蔵書検索だけができるシステムが別途用意される。これをOPAC（Online Public Access Catalog，オンライン利用者目録）という。通常，蔵書ファイルを複製するなどして上の危険性を回避している。

```
00193001525
010$A4-7620-0424-3
020$AJP$B93001525
100$A19921222 1992          JPN 1312
251$A生活のなかの図書館$F関口礼子‖編著
270$A東京$B学文社$D1992.3
275$A188p$B21cm
360$B2000円
551$Aセイカツ ノ ナカ ノ トショカン$XSeikatu no naka no tosyokan$B251
658$Aトショカン$XTosyokan$B図書館
677$A010
685$AUL11
751$Aセキグチ,レイコ$XSekiguti,Reiko$B関口‖礼子
905$AUL11-E46
```

図5-2　JAPAN/MARC（J-BISC）のデータ構造例

### b. 大学図書館の場合

公共図書館では，一般に商用マークを購入するが，大学図書館などでは別な方法がとられる。図書の取次会社や国立国会図書館などが1カ所で集中的にマークを作成する方法を集中目録作業という。これに対し，いくつかの組織が協力してマークを作る共同目録作業がある。大学共同利用機関として発足した学術情報センター（現国立情報学研究所）[7]が，国立大学を中心に始めた事業がNACSIS-CAT（目録所在情報サービス）である。全国的な総合目録を形成・維持するため，各館が国立情報学研究所の書誌DBにアクセスし，書誌同定[8]をおこない，所蔵を登録する。書誌データのないものについては，オリジナルカタロギングをおこない，新たに書誌データをアップロードする。こうして形成された巨大な目録所在DBから，自館に必要なマークデータをダウンロードし，蔵書DBに繰り入れることができる。このようにして複数の図書館が共同で目録データを作成する方法を分担目録作業ということがある。

### 第3節　図書館業務システムとその周辺

図書館業務システムは，コンピュータの応用プログラムの束（パッケージプログラム）として開発メーカーから提供される。基本構成は，プログラムを動かすコンピュータとその周辺装置からなる。小規模な図書館では，1台のコンピュータだけで済む場合もあるが，複数のカウンターで貸出返却処理を同時におこなう場合は，館内LANのサーバ上に実装する。さらに，館内で利用者が蔵書検索できるようにするため，パソコンなどをクライアントコンピュータとして必要台数LANに接続する。インターネット上にOPACを公開する場合は（これをweb OPACということがある），WWWサーバをLANの上に設置する。

貸出返却システムの基本は，バーコードリーダー，または，OCR[9]で，図書や利用者カードの情報を読み取り，パッケージプログラムが，瞬時に，貸出または返却の手続きを完了する。利用者が自ら貸出手続きをおこなえるように自動貸出装置を用いる図書館もある。バーコードラベルの代わりに，ICタグ（第10章で詳述）を図書に装備し，貸出返却手続きを簡素化するシステムもある。とくにICタグを導入すると，蔵書検索と同時に必要な図書を自動書庫から自動的に出納するシステムと連動させることができる。

写真5-1　バーコードによる貸出返却システム

写真5-2　自動貸出装置の例

また，利用者カードに IC タグを装備すると入退館システムと連動させることができる。入館者数の統計が自動的に取れるので便利である。入退館システムは，また，盗難防止用の BDS（Book Detection System）を兼ねているものもある（表紙のカラー写真を参照）。

いくつかの図書館の OPAC を見ると，画面構成，検索項目，項目の並び順，設定できる検索条件，検索結果の表示順など，それぞれにちがいがあることがわかる。これは OPAC の中心となる蔵書検索システムが，各メーカーによって個別に設計され，開発されていることによる。このように，システムごとに異なりがあるため，地元と勤務先近くの図書館など，複数の図書館を利用している者にとって，混乱を招く問題ともなっている[10]。

## 第4節　図書館による情報発信

オンラインとは，厳密にいえば，入出力装置が CPU に直結されている状態をいう言葉であったが，現代では，まさにインターネットにつながっていることをさすようになった。利用者は，オンラインで図書館の蔵書や休刊日などが確認できれば大変便利である。そればかりではなく，「知の源泉である図書館資料を提供して，住民の読書を推進し，基礎学力や知的水準の向上を図るために欠かせない重要な知的基盤であり，ひいては地域の文化や経済社会の発展を支える施設」[11]とされる公共図書館は，地域住民の自己発展のために必要な情報をオンラインで発信することによって，この目的を効率よく達することができる。それが図書館のホームページ（web page という人もいる。以下，HP）の役割である。

図書館が HP をもつことが当たり前になった現在，発信すべき情報の制作と編集が図書館業務の重要な要素となってきた。HP には，当然，OPAC が実装されなければならない。最近の OPAC は，その図書の館内（分館も含む）での配架位置や，貸出中の図書の場合は現在の予約件数や，図書の内容を示す簡単な紹介文なども併せて表示したり，関連するインターネット上の情報群へ自動的にリンクが張られたり（たとえばリンクリゾルバ。詳しくは第10章），オンラインリクエストができたりする。

HP では，図書館への交通アクセスや利用案内はいうまでもなく，利用規程，選書基準といった基本文書のほか，図書館報や図書館協議会の議事録，年間貸出冊数やレファレンス件数などの統計を含む年間活動記録，たとえば『これからの○○市立図書館の在り方』などと題された図書館計画などが PDF ファイル[12]などで直接配信される。最近，わが国でも増えてきたが，欧米の図書館ではトップページに必ずといってよいほど図書館のミッションステートメントが掲げられる（写真5-3）。また，郷土史や郷土の産業など，それぞれの図書館のおかれた特有の情報が載せられ，地元の小中学校でおこなわれる地域学習に役立つような地域情報が提供される。さらに進めて，地域のことならなんでもわかる地域のポータルサイト[13]としての機能が望まれる。そのほか，自らの情報探索能力を高めたいと欲する利用者のため，パスファインダー[14]（巻末資料12に例示）がつくられたり，OPAC の使い方などの学習プログラムを e-learning の手法で提供する

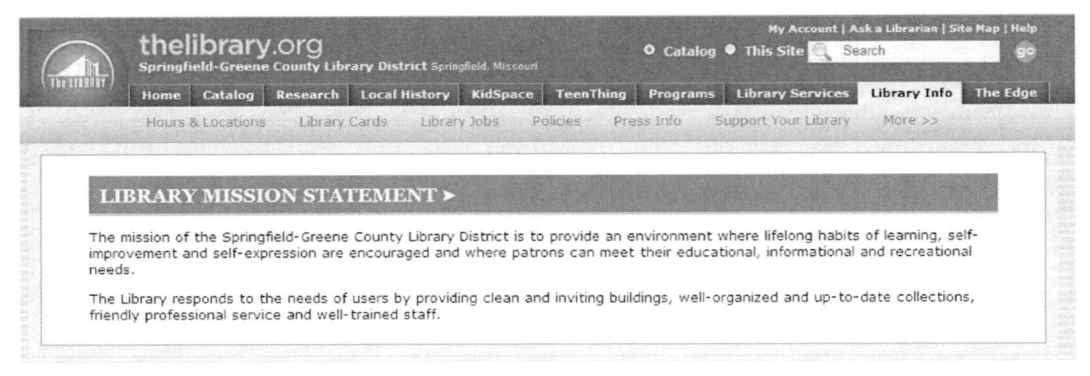

写真5-3 スプリングフィールド・グリーン郡図書館のミッションステートメント（米国ミズーリ州）

オンラインチュートリアルが提供されたりする。

### 設 問

(1) どこか図書館のOPACを見て，どのような項目で検索できるか，たとえば，件名で検索できるか，在架情報はあるか，オンラインでリクエストは可能かをチェックしなさい。
(2) 公共図書館と大学図書館とは奉仕目的や奉仕対象が異なる。しかしながら，技術的な面では，大学図書館で先行して用いられたものが公共図書館へ降りてくる場合が多いことも事実である。そこで，参考文献2.は，大学図書館のシステムの今後についての予見が述べられているが，これを読んで今後の公共図書館に適用できる事柄を考え900字程度にまとめなさい。

**参考文献**
1. 志保田務・高鷲忠美『資料組織法』（第6版），第一法規，2007年
2. 国立大学図書館協会学術情報委員会図書館システム検討ワーキンググループ『今後の図書館システムの方向性について』平成19年3月，http://wwwsoc.nii.ac.jp/anul/j/projects/si/systemwg_report.pdf ('12.1.31現在参照可)

**注)**
1) ほかにも，パラメータを管理する初期設定ファイル，エラーや接続状況を記録するログファイル，中間処理のためのトランザクションファイルといったシステム関連ファイルはもちろんのこと，検索を高速におこなうための索引ファイル（転置ファイルや辞書ファイル）など，メーカーの設計思想によって必要なファイルが数多く準備される。
2) フラグとは，まだ，郵便ポストが街角のあちらこちらになかった時代の米国で，郵便物を発送したいときに，郵便配達人に示す合図をいった（自宅の郵便受けに郵便物を入れ，旗＜フラグ＞状のものを立てると，それを見た郵便配達人が郵便物をもっていってくれた）。転じて，コンピュータシステムで，複数の状態（たとえば，製本中，貸出中，所在不明中など）があることを示す内部的な目印をいう。
3) MARCとは，本来，Machine Readable Catalogingの略であった。catalogingが日本語になりにくく，「機械可読目録」と訳されたため，まれに意味の混乱をもたらすことがある。そこで本シリーズでは，①機械可読目録（すなわちコンピュータ目録）自体，または，書誌データの記録形式を定めたMARCフォーマットを意味するときはMARCと表記し，②蔵書データベース（以下，DB）やコンピュータ目録の作成に利用するデータを意味するときは，カタカナで「マーク」と表記することにする。後者の場合は「マークデータ」の意味である。

4) 米国議会図書館では，実験的に始めた MARC I の後，1969 年から本格的に MARC II を頒布，LC/ MARC と改称した。その後，1983 年に US/MARC と改称，1997 年にはカナダの MARC と統合して MARC21 と称する。
5) 国立国会図書館では，2010（平成 22）年，新着情報提供プロジェクトを発足させ，納本から「4 日以内」の書誌情報の「無償提供」が模索された。2012（平成 24）年 1 月のシステム更改にあわせて，提供する書誌データのフォーマットを MARC21 に変更し，文字コードを Unicode にすることが発表された。http://www.ndl.go.jp/jp/library/data/bib_newsletter/2010_1/article_01.html（'12. 1 .31 現在参照可）
6) かつて，コンピュータによる貸出返却などの蔵書管理を Library Automation という言葉で表現していたが，この日本語訳が「図書館機械化」である。
7) 1986（昭和 61）年 4 月設立。2000（平成 12）年 4 月国立情報学研究所（NII）と改称。
8) ほかの図書館などに登録されている書誌と同一かそうでないかをいくつかの項目を照らし合わせて判断すること。とくに総合目録を作成するときなどに必要となる。
9) Optical Character Reader. 光学式文字読取装置のこと。バーコードとはちがって，人間にとって何が書いてあるか判読できる利点がある。文字は OCR フォントという専用の書体で表記される。図書の裏表紙に ISBN が OCR フォントで印刷されている。
10) こうした図書館システムの検索に関する仕様を標準化しようとする動きが 1970 年代からみられ，ANSI（米国規格協会）規格として Z39.50 が制定された。これは，図書館ばかりではなく，オンライン DB など，とくにサーバとクライアント間の通信でおこなわれる情報検索のための標準化プロトコルである。従来，個々の DB ごとに検索インターフェースが異なり，ある DB では検索できる項目が別な DB では検索できないなどの問題が生じていた。検索に関して標準化することで，たとえば，複数の DB を同一のインターフェースで横断検索できることが期待された。2000 年ごろまで盛んに研究されたが，具体的に実装する例も少なく，標準化を待たずに OPAC を横断検索するようなシステムが広まったこともあり，現在は，あまり動きが見られない。ちなみに，国内では，北海道教育大学附属図書館など，いくつかの大学が Z39.50 に準拠した OPAC を公開している。「Z39.50 による OPAC 横断検索」http://s-opac.sap.hokkyodai.ac.jp/library/3950.html（'12. 1 .31 現在参照可）。WWW 以降は，Z39.50 とは別に HTTP プロトコルにもとづく検索機能（たとえば URL のなかに組み込むなど）を推奨しようとする提案もなされている。
11) 『これからの図書館像〜地域を支える情報拠点をめざして〜（報告）』これからの図書館の在り方検討協力者会議，平成 18 年 3 月，p.3
12) Portable Document Format でつくられたファイルのこと。PDF とは Adobe Systems 社が開発した電子文書のためのフォーマット。ワープロなどで作成した文書を，1 ページのレイアウト，フォントや文字の大きさ，文字飾り，埋め込んだ画像などで表現された印刷イメージそのままに，先方のコンピュータ環境や機種に依存することなく正確に再現できる（こうしたことをウィジウィグ＝WYSIWYG, What You See Is What You Get ということがある）。
13) portal とは，本来，入り口とか表玄関という意味である。ブラウザを立ち上げたときに最初に表示するページを自由に設定できるが，そうして表示されるサイトを「入り口」という意味でポータルサイトと呼ぶようになった。米国では，1998 年頃より yahoo や AOL などによるポータルサイトの熾烈な主導権争いが展開された。その後，意味が拡張され，何かを知りたければ，まずそこにつなげば何でもわかるようにつくられたサイトをポータルサイトと呼ぶようになった。わが国では，「クジラのことなら何でも分かる！鯨ポータル」や「法律情報のポータルサイト」から「花粉ポータルサイト」までつくられている。地域のポータルサイトとは，たとえば，休日夜間にも診察してくれる病院のリスト，地域の就職情報，地域の娯楽施設の一覧など，地域のことなら何でもわかるようにつくられたサイトをいう。このサイトづくりには地域の情報拠点としての機能が求められる公共図書館が最も適している。
14) pathfinder. 特定の題目，あるいは，ある主題について，代表的な文献を例示することで文献探索のヒントを例示するもの。既存の分野または学問領域における自明の主題を選び，初学の研究者が自ら文献探索できるように導くよう設計された主題書誌。通常，系統的かつ段階的な方法で，図書館が提供すべき最もよい探索ツールを利用できるように例示する。印刷物またはオンラインで利用される。トピカル・ガイドともいう。

# 6 館内ネットワークの仕様，仕様書

　この章では，実際に，複数の大学図書館の館内LANや学内LANを設計・稼働させた筆者の経験を元に，館内ネットワークを構築するための実務的な事柄を概括する。図書館員自らが実際にネットワークの敷設作業をすることはない。ほとんどを業者に任せることになるが，ネットワークに関する十分な知識がないと，業者と折衝もできないことになる。

## 第1節　LANの設計と要求仕様およびネットワークの5項目

　ある組織がネットワークを構築するときには，必ず，その目的・目標があり，また，運用・管理の仕方がある。後者をとくにポリシーまたはネットワークポリシー[1]という。このポリシーは，個々の組織のあり方によって規定されるから，どこにでも適した汎用的なネットワークシステムというものは存在しないといわれる[2]。

　ネットワークの目的・目標やポリシーのように，まず，館内で事前に検討し結論を出しておくべき事柄に加え，業者に対して，こういうことができるようにしたいという計画を提示する必要がある。これを要求仕様という。要求仕様を逐条的にまとめたものが要求仕様書である（巻末資料9に筆者が実際に用いた要求仕様書の例を掲げる）。この要求仕様書では，LANに必要とする性能，マシンのスペック，信頼性，経済性，安全性，耐久性などについて定義する。また，インストールやメンテナンスの方法，サーバ管理，データのバックアップ，保守契約，職員研修，次期システムへ向けての更新方法までをも規定する。

　この要求仕様をしっかりとしておかないと，問題が起こったとき，"後の祭り"ということもあり得る。たとえば，リース期間が終了し，異なるメーカーの次期システムに乗り換えようとするとき，突然，それまで用いていた蔵書データなどを，そのまま移行できないといわれることがある。業者側は，内部的なデータ構造（多くは企業秘密）を明らかにしたくないので，データ変換を他の業者に任せようとはしない。この事例では，契約時に，データ変換を有償でやるのか無償にするのか，といった交渉が実務的には必要だったことを後で思い知る例である。

表6-1 ネットワークの5項目

| |
|---|
| a. 目的を確認し， |
| b. そこに何を流すかを着想し， |
| c. ノードを認識し， |
| d. 空間的配置をレイアウトし， |
| e. 実際につなぐ。 |

　ネットワークを考えるときに必要な5項目を掲げる（表6-1）。上のネットワークポリシーはこのb.とかかわる議論となる。要求仕様書はa．b．c．の検討を済ませた後，d．の段階で作成する。さて，この5項目にしたがって，次に館内LANの設計から運用までの流れを見てみよう。

## 第2節　ネットワークの5項目

### a. 目的を確認する

　LANを構築する第一義的な目的は，会社や大学や図書館といった組織における分散処理環境の実現にある。その組織自体の目的・目標を検討すれば，そこから導き出されるLANの目的・目標がより具体的に定まる。大学や学校などの教育機関であれば，分散処理環境に加えて，情報教育などが目標や目的に付加されるし，さらに加えてe-learningを実現したいということであれば，e-learning自体の目標の明確化が必要になる。大学の事務組織であれば業務の効率化，情報の共有管理・一元管理などがLANに課せられる目的となる。

　図書館の館内LANの目的を考える場合，まず，業務レベルと利用者レベルに分ける必要がある（図6-1）。業務レベルでは，図書の貸出返却処理の維持と管理が主たる目的となろう。加えて，発注・受入業務における館員同士のデータの共有環境の実現と，マークデータの取り込みなどがあげられる。後者の場合，直接，インターネットにつなぐ必要がある。たとえば，大学図書館なら，国立情報学研究所のNACSIS-CATのデータを取り込むなどの業務がある。NACSIS-ILLを利用して文献や複写物を取り寄せることも業務のうちに入る。また，機関リポジトリ（第10章参照）に関する業務も新たに加わり，メタデータの付与などの作業がこうした環境のもとでおこなわれる。

　利用者レベルではOPACとインターネット環境の提供である。前者は業務用の貸出返却処理で用いる蔵書DBから一般公開用のOPACを構成するものとなる。もちろん，データの安全確保がおろそかにならないよう，セキュリティレベルを考える必要がある。OPACは館内利用に必要な端末台数を配置して来館者が蔵書検索できるようにするとともに，インターネット上にも公開する。当然，ホームページ（以下，HP）を作成し，図書館からの情報発信の一環とする。このように，目的をはっきりさせると，自然に流すものが見えてくる。それらは，貸出返却システムのデータであり，OPACのデータであり，日常の業務データ（たとえば選書情報だとか統計データなど）であり，HPを通じて発信する情報である。まずは，システム選定委員会を立ち上げ，事前に十分議論しておくことが望まれる。

### b. そこに何を流すかを着想する

　b. はまさに冒頭に述べたポリシーの問題に立脚して考察される。ポリシーには，LANの利用者集団の認識と規定（たとえば，大学であれば，学生・教職員に加え卒業生まで含めるかといったこと），利用者集団に与えるアクセス権限の範囲（同様に，学生の成績データには一部の職員にしかアクセスを許さないとか，学生が持ち込んだアプリケーションプログラムのインストールを自由に許すかどうかといったこと），

| 業務レベル | 利用者レベル |
|---|---|
| マークデータの一元管理 | OPACの検索 |
| 利用者データの一元管理 | インターネットの利用 |
| 選書情報の共同管理 | 図書館HPの参照 |
| 発注・受入の分散処理 | オンラインDBの利用 |
| 延滞の分散処理 | オンラインリクエスト |
| レファレンスの分散処理 | オンラインレファレンス |
| 統計データの分散処理 | アプリケーションの利用 |
| 各種文書の分散処理 | ………… |
| ………… | |

図6-1　図書館館内LANの目的・目標

アカウントの管理（初回の発行方法だけでなく再発行のルールや管理の仕方）などがある。また，LANからインターネットへのアクセス（プロクシサーバの導入やフィルタリングが必要かといったこと），外部からの不正な侵入に対する防衛策などが含まれる。これらのポリシーは，費用対効果，運用管理体制，確保できる要員の数によって左右される。また，将来の拡張やシステム更新を念頭に現在の技術動向や社会の趨勢などを視野に入れなければならない。ポリシーは明文化し，LANの利用者全員に徹底しておくことが望ましい。

たとえば，公共図書館の場合は，職員と利用者という括りでよいかを考える。職員も正規職員と嘱託職員，派遣職員がいる場合，セキュリティレベルが同一であることはない。

職員全員が蔵書検索できるようにするとか，利用者ファイルには正規職員しかアクセスできないようにするといったポリシーが定まって初めて，そこにどういう情報を流すべきか，かつ，どこからどこまで流すべきかが見えてくる。

c. ノードを認識する

これは，誰がどこで使うのかといった，具体的なシステム設計に入る前の段階の検討である。すべての職員の机上にパソコンを配置するのか，それとも何台かを共同で使うのか，会議室にも導入してプレゼンテーションに利用できるようにするのか，といった判断をおこなう。この段階で，クライアントパソコンやプリンタ，その他の機器の導入台数（端末台数）が決定される。最近は，プリンタの性能が向上しており，LANに直接接続して，複数のパソコンで共有するのが普通になっている。事務レベルの検討の次に，利用者レベルの検討であるが，著作権法からの検討と課金処理の問題がある。後者の場合，大学図書館や学校図書館と，公共図書館とでは，若干政策的な検討が異なる。利用者開放のプリンタは図書館員から見える位置に配置されるのが一般である。

また，イントラネット（intranet）関連の機器もノードとして認識する。サーバとかルータとかファイアーウォールである。HPを運用するときにはいくつかの方法があるが，自前でHP用のサーバを運用するなら，このためのハードウェアもノードとなる。

写真6-1 情報コンセント

ノートパソコンを貸出し，自在に接続できる情報コンセントを敷設している図書館もある。情報コンセントとは，ツイストペアケーブルのソケットと電源コンセントを組み合わせたものである（写真6-1）。無線LAN用のカードを貸し出すサービスをおこなっている図書館もある。こうしたものがすべてノードとなり，その配置を考察しなければならない。

重要なのはデータのバックアップの方法（第3章

写真6-2 図書館システム一式
図書館とは別の建物に設置。4段のうち最下段がバックアップシステム。容量1TBのHD2基でミラーリングをおこなう（楕円の部分）。
提供：明星大学図書館。

注9参照）で，このために別個の設備やコンピュータを用意するかどうかも考える（写真6-2）。忘れがちなのは，すべての機器を接続したときの電源容量の計算である。容量が足りないとLANは動かない。

　a．b．c．の検討と決定を経て，この段階でようやく業者と相対することになる。このとき，第1節で述べた要求仕様書の提示が必要になる。

d．空間的配置をレイアウトする

　空間レイアウトとは実際には図面を引く作業となる。とりあえず自分たち組織の考え方を絵にすることで，はじめは簡単なラフなもので構わない。部署ごとに，俗に"島"と呼ばれるサブネットワークをつくるべきかどうか，といった検討も絵を描くことでより現実味を帯びる。具体的には，まず，ルータとサーバをどこに設置するかから考える。これはネットワーク全体を司るものだから，一般の利用者が触れられない場所に置く。場合によっては，個別の部屋を確保し，空調や防塵や振動対策などについても考える（最近のコンピュータはかなり頑丈につくられているので普通の部屋でもよいだろう）。一方，クライアント用のパソコンをどこに何台設置するか，それらに対してプリンタをどこに置くかを考える。そして，個々の端末をつなぐケーブルばかりではなく，ケーブルを束ねるハブ（Hub，集線装置）の配置を考える。

　この時点で，業者に実際に現場を見てもらう。実見することにより，たとえば，建物の構造上の問題で回線を通せないことに気づくこともある。その場合はリピータやブリッジなどの機器が新たに必要になることもある。床上げをしてOAフロア風にするのか，既存の床に簡便に線を這わせるだけにするのかといったことも見えてくる。前者は大掛かりな工事が必要になる。電源計画も併せて立案する。必要な電力量がまかなえなければ別途電源専門の業者に工事を依頼して容量を確保せざるをえない。

　ここまできて，業者側が推奨する図書館システムの提案書を受け取ることになる。その後，適正なものができあがるまで繰り返し折衝し，最後の図面引きは業者の責任においておこなってもらえばよい。

　d．までの段階で，ようやく業者から見積りを得ることができるようになる。コスト面から設計の見直しが起こるかもしれない。したがって，この段階では予算当局者にも加わってもらう必要がある。その後，システム選定委員会において事前選考し，最終的に2～3社の業者にプレゼンテーションを依頼する。予算的な見通しがついて権限をもつ者からゴーサインが出たら，最後のe．である。

e．実際につなぐ

　この最後のプロセスは，館内ネットワーク敷設のステップであり，注意深く段階的に進める必要がある。それは表6-2のように4段階となる。

① スケジュール作成

　これは，続く②③④全体にわたる工程表・日程表を作成するものである。会計年度内に実現できるのか会計年度を越えるのかによって調整が必要になる。また，業者側の機器の手配と在庫，

調達・納期の見通しなどによっても制約を受ける。加えて、実際の工期にどれくらい必要か、その間に停止しなければならない日常業務をどう埋め合わせるかといったことも検討しなければならない重要なポイントである。場合によっては、事業所全体が一時引っ越ししなければならないこともある。スケジュールは業者に提案してもらい、これをもとに担当部署と業者との間で煮詰めていくとよい。

表 6-2　LAN 付設のステップ

①スケジュール作成
②設置工事・試験運用
③引き渡し・実運用
④点検・評価

② 設置工事・試験運用

　まず、LAN の設置場所の整理・清掃から始まる。一時的な引っ越しをともなうことも、壁や床に穴あけするなど事前に大規模な工事が必要な場合もある。その後、実際に機器を搬入し組み立てる。このあたりは業者が粛々とやってくれる。システムが組みあがると、実際に稼動するか、仕様書どおりの性能を発揮できるか、どこかに支障はないかをテストする。この段階で、ユーザー登録はもちろんのこと、各種プログラムや機器類の初期値や各種パラメータ[3)]の設定が必要になるので、大規模な LAN や大人数で利用する LAN では、前もって一覧表をつくって、計画的に進める必要がある。そのひな型は業者が用意してくれるが、値を決めるのは発注者（図書館）側である。業者任せには決してできない部分である。図書館側は、システム稼動後（実運用時）のイメージをきちんともったうえで、責任をもってパラメータを決めていかなければならない。実際の機器への値の設定は業者の責任においてやってもらう。この間、工事やテストにはできるだけ立会い連絡を密にする必要がある。

③ 引き渡し・実運用

　テストが滞りなく終了し問題がなければ、「引き渡し・実運用」の段階となる。この段階で、あらかじめ業者に依頼しておき、システムの操作研修などを実施する。これは組織内のできるだけ広い範囲に参加を呼びかける。さらに、業者から操作マニュアルの提供を受け（有償の場合もある）、それをもとに自ら簡易マニュアルを作成し配布したりする。あとは実運用を開始するだけである。

　サーバの運用は結構専門的な知識を必要とする。ここは業者とよく折衝して、サーバ管理の業務に、直接、館員がかかわらずに済む手立てを講じることがよいだろう。保守契約のなかに、なんらかの故障や障害が生じた場合、即座に出張メンテナンスを実施してもらえるような内容を盛り込むとよい。

④ 点検・評価

　実運用後にシステム上の、あるいは、運用上の問題が見つかる場合もある。日常業務のなかで定期的に点検・評価を実施することが必要である。また、次期システムのために、改善点を見つけ、意見を蓄積しておくことが望まれる。そのため、組織内に自己点検評価委員会をおくとよい。この委員会は運用開始時点で発足させる。システム選定委員会がそのまま自己点検評価委員会になってもよい。点検・評価のためにはアクセスログなどの各種統計処理が必要になる。この統計の範囲などもこの委員会で検討して決定しておくとよい。もちろん、このように決定したものは

スタッフマニュアル（内規）の形で成文化しておく。

### 設 問

(1) 図6-1はLANだけでなく，あらゆる種類のネットワークを形成するときに適用可能な項目である。そこで，太陽電池の国際的な共同開発プロジェクト（人的ネットワーク）を形成することを例にして，それぞれの項目ごとにそのプロセスを考察し900字程度にまとめなさい。
(2) 参考文献2. を読み，自分のよく使う図書館の機器の配置が適切かどうか考え900字程度にまとめなさい。

**参考文献**
1. 神沼靖子他『情報システムのためのコンピュータと基本システム』（ISテキストシリーズ03）共立出版，2005年
2. マーク・スミス著，根本彰監訳，『インターネット・ポリシー・ハンドブック：図書館で利用者に提供するとき考えるべきこと』日本図書館協会，2003年

注）
1) 第3章で扱ったとおり，最近は，インターネット上のさまざまな脅威，自然災害への意識の高まりなどから，システムの保安保全という観点を強く打ち出したセキュリティポリシーという言葉が市民権を得ようとしている。
2) 神沼靖子［ほか］著，『情報システムのためのコンピュータと基本システム』（ISテキストシリーズ03），共立出版，2005年，p.101
3) アプリケーションプログラムや電子機器の動作をあらかじめ規定しておく値のこと。図書館システムでは，たとえば，利用者1人あたりの貸出冊数の上限（の値）とか，貸出期間（の値），利用者に延滞がある場合貸出制限をするかしないかの設定など，広範囲にわたる設定が必要になる。

# 7 図書館における情報技術活用の現状

近年の歴史を簡単に振り返ってみると，図書館は，世の中の最新のテクノロジーを積極的に取り込んできたことがわかる。たとえば，1965年までの目録の手書きの時代[1]以降，複写（コピー）機が一般社会に普及すると，目録のつくり方が基本記入方式から記述ユニット方式へと大きな変化を見せた。この章では，こうした事例のいくつかを取り上げ，図書館における情報技術活用の現状についてまとめる。

## 第1節　テクノロジーの発達と図書館

新しい時代を招来したという意味で，世界初の電子計算機は，1946年，ペンシルベニア大学で開発されたENIACとされる[2]。そのわずか5年後の1951年，MIT（マサチューセッツ工科大学）でオンライン情報検索の可能性が研究された[3]。1960年代初頭，Florida Atlantic University（以下，FAU）が，総合図書館システムを構築しようと奮闘した話は有名である[4]。書誌データの構造が必ずしも単純なものではないこと（表7-1）[5]，コンピュータの処理能力がまだ十分ではなかったことによって，これらの企図は失敗するものの，図書館は，コンピュータの発展の歴史とともに，その重要な応用フィールドの1つとして意識されてきたことがわかる。図書館とコンピュータは相性がよいのである。

挫折したとはいえ，前出のFAUは，図書館情報技術史において傑出した試みをおこなったということができる[6]。開学当初よりまったく新しい大学，すなわち，「情報時代の最初の大学[7]」をめざし，放送による授業の遠隔配信を企画し，教室には当時の最先端AV機器が備えられた。最初に建てられた建物の1つが図書館であった。技術の粋を集めたメディアセンターとして構想され，自動貸出システム，コンピュータ出力目録の開発がおこなわれた[8]。開学前の準備段階からパンチカードのための入力表を作成し，1964年の開学初年度，コンピュータで蔵書目録をプリントアウトして縮小写真製版し，製本して，館内のレファレンスデスクなど複数箇所に配布することができた[9]。目録カードはつくらなかった。用いられたコンピュータはIBM1460で[10]，トランジスタを用いた第2世代のコンピュータであった。メインメモリはわずか16KB，ディスプレーはまだなく，入力にパンチカードを用いた（写真7-1）[11]。貸出と返却はパンチカードにより毎日バッチ処理された[12]。延滞

表7-1　書誌データの特徴

1. データの長さにバラツキが大きい，いわゆる可変長である
2. 目録規則では「忠実な転記」を原則としているため，多様な文字種を再現できなければならない
3. 繰り返し現れる同種のデータがある（複数の著者名など）
4. 項目が用意されていても，必ずしも存在しないものがある（シリーズ名など）
5. 同種のデータでも書誌階層によって区別されるデータがある（各巻タイトル，収録論文のタイトルなど）

者のリストが出力されるとともに，糊付きラベルに名前と住所が打ち出され，あらかじめ延滞の知らせが印刷された葉書に貼付され投函された。貸出中の図書の予約もできた。購入希望図書のデータも，購入後は蔵書データに変換された。

考えうる限りのコンピュータを応用した業務改善のアイデアは，FAU のプロジェクトのなかにほとんど出そろっていたといってよいだろう。

1960 年代の 10 年間はコンピュータの処理能力が飛躍的に向上した時代である（表 7-2）[13]。1964 年，IBM 社は IC を併用した 360 シリーズを発表した[14]。これは第 3 世代コンピュータの先駆けとされている。FAU は，この最新の IBM360 を導入し，本格的な蔵書検索システムの開発，さらには，SDI（Selective Dissemination of Information，選定情報サービス）の実施までをも計画に入れていた[15]。ところが，この総合図書館システムは，巷間知られるように間もなく挫折するのである。その主たる原因は「情けないほど粗末[16]」といわれた書誌データの品質にあったとされている。

パンチカードリーダー（左奥），磁気ディスクユニット（左前），磁気テープユニット（中央奥），コンソール（手前），CPU 本体（右奥），プリンタ（右前）。出典：BRL Report No.1227.

写真 7-1　IBM1460 システム（1963 年）

表 7-2　素子によるコンピュータ発展の区分

| 世代 | 年代 | 素子 |
|---|---|---|
| 第 1 世代 | 1946〜1958 | 真空管 |
| 第 2 世代 | 1958〜1964 | トランジスタ |
| 第 3 世代 | 1964〜1970 | 集積回路（IC） |
| 第 3.5 世代 | 1970〜1980 | 大規模集積回路（LSI） |
| 第 4 世代 | 1980〜 | 超大規模集積回路（VLSI） |

FAU とほぼ同時期，MIT でも，総合図書館システムの取り組みがおこなわれた。

## 第 2 節　書誌コントロールと図書館情報技術

FAU の挫折は図書館界に大きな教訓をもたらした。蔵書管理のコンピュータ化，すなわち，図書館機械化（Library Automation）は，コンピュータの処理能力の向上と，より詳細な書誌データの構造解明を待たなければならなかった。改めて書誌コントロール（bibliographic control，以下 BC）[17]の議論が起こった。

図書館目録を手書きでつくっていた時代，その作成と利用は個々の図書館でのみおこなわれていた。BC は各館レベルでおこなわれ，それで済んでいたのである。ところが，コンピュータ目録の時代では，書誌データの複製は容易でほかの図書館でも利用が可能となる。コンピュータ化にかかる費用の低減策としてリソースシェアリング（resource sharing）という考え方が広まり，MARC は複数の館で流用できるような標準のフォーマットが模索されるようになった[18]。それとともに書誌データを共用しようとする地域やコンソーシアムの動きが活発となった。BC は複数の図書館間でおこなわれるようになり，やがて，ネットワークが一般的になると，国内，さらには，世界的にコントロールしようという動きへとつながっていったのである（図 7-1）。

米国議会図書館（LC）は，すでに1901年から目録の印刷カードを世界に先駆けて配布していた。1966年，LCはMARCデータについても実験的に製作

図7-1　BCの拡大

時　代：目録手書き → コンピュータ目録 → ネットワーク
作成と利用：個々の図書館　コンソーシアム・地域　国内 ⇒ 世界

表7-3　IFLAによる主な世界的書誌コントロールの動き

| | |
|---|---|
| 1961年 | 国際目録法原則会議（標目の形式と選択について国際統一規則の制定を決定） |
| 1969年 | 国際目録専門家会議（書誌記述について国際標準化に着手決定） |
| 1971年 | 単行書用国際標準書誌記述（ISBD）予備版 |
| 1973年 | 世界書誌調整（Universal Bibliographic Control）を決議 |
| 1974年 | ISBD第一標準版 |
| 1977年 | UNIMARCの発表 |

を開始し，1969年からは標準化をめざして新しいフォーマットによるMARCⅡ（第5章注4を参照）の実用的な頒布を開始した。米国内のこの動きは，世界的な書誌コントロールと連動している（表7-3）。なお，ISBDは，各国別々につくられていた目録の記述方式を世界的に統一し，書誌データの交換を容易にする目的で制定されたもので，MARCデータと対応するようになっている。また，UNIMARCは，各国のMARCデータを相互に変換する際の仲立ちをするものとして制定された（図7-2）。

図7-2　UNIMARCの役割

## 第3節　書誌ユーティリティ

図書館が世の中のテクノロジーを取り込むことによって劇的に進化した最も象徴的な事例は，1967年設立のオハイオ大学図書館センター（Ohio College Library Center，以下OCLC）による分担目録作業であろう。この年7月，オハイオ州内のいくつかの大学の学長，副学長，図書館長が会同し，図書館システムを共同で開発するための非営利法人を立ち上げる協定に署名した。背景に，コンピュータ化のコスト削減とマークの共用という考え方がある。事務所を州立大学（Ohio State University，所在Columbus）図書館内においた。コンピュータネットワークを前提に，州内の図書館の目録を電子的に統合することからはじめ，1971年，オハイオ大学（Ohio University，所在Athens）が世界で最初のオンラインによる目録作業を実施した[19]（写真7-2）。1977年，組織改革がおこなわれ，州外の図書館も参加可能になると，全米から，世界から参加館が増えていった。1981年，ローカルな名称を捨て，Online Computer Library Center, Inc. と改称した。現在，本部をオハイオ州ダブリン（Dublin）におき，世界規模で活動を継続している。

OCLCのような組織を，図書館の書誌活動を支援する公益機関という意味で，書誌ユーティリティ（bibliographic utility）という。書誌ユーティリティの本部内には巨大なデータベース（以下，DB）がおかれ，各館はネットワークを経由して本部のDBにアクセスする。オンライン

でDBが利用できるインフラストラクチャが整備されて初めて可能になった目録作業の新しい段階である。OCLCが取り入れた方式は，書誌データがまだ入力されていない図書を最初に所蔵（購入）した図書館が責任をもって書誌データを作成（オリジナルカタロギング）し，本部内のDBにアップロードする。ほかの図書館は，このデータをダウンロードし自らの蔵書DBに繰り入れて（コピーカタロギング）利用するというものである。この方式は分担目録作業と呼ばれ[20]，BCはコンソーシアムのレベルでおこなわれる。この事例は現代のオープンソースの先駆けといってもよいだろう。

各館が書誌データをダウンロードして利用するだけでは業務レベルの支援システムにすぎない。データ取得と引き換えに，各館が何らかの所蔵を示す情報，たとえば，所在記号

出典：OCLCホームページ

写真7-2 世界初の分担目録作業

（請求記号）とか図書番号を本部のDBに送信することで利用者レベルに恩恵の広がる優れたシステムとなる。すなわち総合目録DBである。資料の所在がわかることでILLや文献複写依頼が容易になる。リソースシェアリングがシステマティックにおこなわれる利用者のための図書館ネットワークの出現である。

OCLC以降，各国に同様な機関がつくられていった。たとえば，カナダではUTLASという組織がつくられた。UTLASは，のちにOCLCに吸収された。

## 第4節　総合目録ネットワーク

わが国では，1983（昭和53）年に東大文献情報センターを改組した学術情報センター（NACSIS）が書誌ユーティリティとして出発した。この学術情報センターは，わが国のインターネット普及期において，重要なインターネットバックボーンとして機能したSINET（Science Information Network）を通じて，分担目録作業を実施した。2000（平成12）年，国立情報学研究所（National Institute of Informatics, NII）と改称された。NIIの総合目録DBは現在，Nacsis Webcatとしてインターネット上に公開されている[21]。NIIは，また，学術文献のデータベースであるNII論文情報ナビゲータ（CiNii）を運営している。

各国の国立図書館は，その国のBCに一義的な責任がある。また，その国のユニオンカタログの創出も各国の国立図書館の責務である。わが国では，1981（昭和56）年4月より国立国会図書館がJPAN/MARCの頒布を開始した。JAPAN/MARCは，世界書誌調整（UBC）の動きと連動して製作されている。

1993（平成5）年から総合目録ネットワークプロジェクト第1期を開始し，2004（平成16）年，国立国会図書館総合目録ネットワーク（通称「ゆにかねっと」）を6月に公開した。これは，都道

府県立図書館，政令指定都市立図書館レベルの総合目録である。

## 第5節　図書館をめぐるさまざまな情報技術

現在，ICタグ（第5章）による自動貸出や，自動出納をおこなう図書館が増えている。ITを活用してますます便利になる一方で，ICタグについては問題点もまた指摘されるところである。

ITは，障害者サービスについても威力を発揮する。かつて，手作業でおこなっていた点字図書の製作も，現在は，ITを利用して簡便にできるようになった。専用ソフトウェアと点字プリンタを利用する。また，障害者自身が情報弱者とならないよう，さまざまな工夫もなされている。触覚ディスプレーのようなハードウェア，マルチメディアDAISY図書のようなソフトウェアがその例である。

写真7-3　触覚ディスプレー

人々はますますインターネットに依存する傾向にある。簡単な事実確認（クイックレファレンス）なら，ネットで済んでしまう。図書館に寄せられるレファレンス質問の数は相対的に減るかもしれないが，むしろ，より高度な質問に対する専門性が求められる時代になったと考えればよい。レファレンスサービスにおいても，ITを活用して，メールレファレンスやチャットレファレンスをおこなったり，さらに積極的に能動的情報サービスを展開したりする工夫が求められる。

### 設問

(1) 書誌コントロールがなぜ必要か考察し，900字程度にまとめなさい。
(2) ICタグの利点と問題点を考察し，900字程度にまとめなさい。

**参考文献**
1. M.キャンベル，ケリー・W.アスプレイ／山本菊男訳『コンピュータ200年史』海文堂，1999年（類書が多いなかで内容的にきわめて詳細である）
2. 清水隆他『図書館とICタグ』日本図書館協会，2005年，124p.

**注）**
1) 日本目録規則1965年版までは「基本記入方式」と呼ばれる手書きを前提にした方式をとっていたが，同1977年新版予備版では，複写機を用いることを前提にした「記述ユニット方式」が採用された。この間，1962（昭和37）年，富士ゼロックスが，トナーを用いたPPC（Plain Paper Copy）と呼ばれる普通紙にも複写できるコピー機を発表し，以降，この方式がわが国で主流になっていった。
2) 電子式・デジタル式をもって世界初というなら，アイオワ州立大学のアタナソフ（John Vincent Atanasoff, 1903-1995）とベリー（Clifford Edward Berry, 1918-1963）によって，1942年につくられたABC（Atanasoff-Berry Computer）という説がある。ノイマン型コンピュータこそがコンピュータであると定義する場合は1949年のEDSACが世界初ということになる。
3) 図書館情報学ハンドブック編集委員会編『図書館情報学ハンドブック』第2版，丸善，1999年，p.546

4) Robert Wedgeworth, editor, *World Encyclopedia of Library and Information Services,* Chicago, American Library Association, 1993, p.473.
5) 黒沢正彦・西村徹著『マークをうまく使うには－機械可読目録入門』三洋出版貿易，1987年，p15より作成。
6) 本文中で述べるFAUにおけるいくつかの試みは，すでに図書館界で実際に用いられていたり，試験運用がなされていたりしたものである。たとえば，パンチカードはIBMが第2次世界大戦直前にニュージャージー州モントクレアー（Montclair）公共図書館で試験運用をおこなった後，各地で用いられるようになった技術である。そのほか，謄写版，写真複写機，リソグラフ，マイクロフィルム式カードイメージシステム，テープ制御タイプライター，キーボード，写真植字，COM (Computer Output Microform)，CRT，ラインプリンタなどがあげられる (Barbara Evans Markuson, *Bibliograhic Systems, 1945-1976, LIBRARY TRENDS,* Vo.25, No.1, JULY 1976, pp.313-4.)。FAUの試みは，図書館界で巷間用いられていたこれらの技術を集大成しようとしたといえるであろう。
7) 1961年，フロリダ州ボカ・ラトーン市の米国空軍飛行場跡地に専門課程以上の大学を設立する決定が州議会によってなされた。この年をもって創立とする。1964年の開学時には学生数867人であったが，現在，2万8千人を超える有数の大学に成長した。"Explore FAU History," Florida Atlantic University, ©Copyright 2010. http://www.fau.edu/explore/history.php ('12.1.31現在参照可)
8) ibid.
9) Heiliger, Edward M., Florida Atlantic University Library, "Clinic on Library Applications of Data Processing (3rd: 1965)," Graduate School of Library Science. University of Illinois at Urbana-Champaign, 1965, p.99.
10) ibid, p.92.
11) 1460は，IBM初の"お手頃"価格の多目的コンピュータシステムといわれる1401の同型機種。1401の2倍の処理速度をもつとして1963年に発売された。Martin H. Weik, "A fourth survey of domestic electronic digital computing systems: Report No.1227," Ballistic Research Laboratories, 1964, p.150. http://ed-thelen.org/comp-hist/BRL64.html ('12.1.31現在参照可)。なお，BRLとは，ジョン・フォン・ノイマンが数学顧問をしていたことで知られる弾道研究所のことである。
12) Heiliger, op. cit., p.101.
13) 表7-2は一般的なものである。素子の内実としてはIC以降変化がなく，ただ集積の度合いが上がっていくだけなので，第3.5世代をおかないとか，第3.5世代までとして第4世代以降をおかないとか，識者の考え方で諸説がある。
14) この機種のヒットにより，IBMは巨人ともいわれるその後の30年間の地位を不動のものとした。M.キャンベル・ケリー・W.アスプレイ著／山本菊男訳『コンピュータ200年史』海文堂，1999年，p.144
15) Heiliger, op. cit., p.108-9.
16) H. Willam Axford & Lavonne Brady Axford, *The Anatomy of Failure in Library Applications of Computer Technology,* F. Wilfrid Lancaster, Editor, *Problems and Failures in Library Automation,* Illinois, University of Illinois Graduate School of Library Science Urbana-Champaign, 1978, (Proceedings of the 1978 Clinic on Library Applications of Data Processing), p.99.
17) 書誌コントロールを「近代ライブラリアンシップの組織原理を示すことばとして理解」しようとする意欲的な学説がある（根本彰『文献世界の構造－書誌コントロール論序説』勁草書房，1998年，p.ii）が，図書館情報技術を扱う本書では，技術的なレベルに限定して用いることにする。
18) Linda C. Smith, Ruth C. Carter, editors, *Technical Services Management, 1965-1990: A Quarter Century of Change and a Look to the Future: festschrift for Kathryn Luther Henderson,* New York, The Haworth Press, c1996, p.74.
19) この日1日で133冊分の目録データをオンラインで作成したといわれる。http://www.oclc.org/about/history/beginning.htm ('12.1.31現在参照可)
20) この方式を含め，複数の図書館で共同してMARCを作成することを共同目録作業という。それに対し，たとえば，LCのように，1つの代表的な機関が一手にデータを作成してしまう方式を集中目録作業と呼ぶ。商用マークは集中目録作業の一例である。
21) Webcatは，2012（平成24）年度末をもって終了し，そのサービスがCiNii Booksに引き継がれることになった。

# 8 電子資料の管理技術

電子資料は,「資料」という語を用いているとおり,何らかの物性をもった"モノ"に電子（または磁気）的手段によって情報を固着化させたもので,基本的に,コンピュータなどの電子機器とともに用いられる。書架上に配列できるパッケージ型電子資料のことで,ネットワーク型またはオンライン型といわれるネットワーク情報資源とはこの点で一線を画す。この章では,図書館で電子資料を取り扱う（保存・管理・提供）ための基本技術について学ぶ。

## 第1節　図書館と電子資料（電子資料の類型）

電子資料は,電子機器の外部記憶媒体として頒布されてきた経緯がある。それらは,時代とともに多種多様なものが産み出され廃れていった。パソコンの記憶メディアとしてカセットテープが使われた時代もあった。音楽用CD[1]はエレクトロニクス技術の象徴のようであった[2]。Floppy Disc（FD）は当初8inchもあったが,5inch,3.5inchと記憶容量が同じでも外形が小さくなった。FDはUSBメモリに完全に駆逐され,MO（Magneto-Optical,光磁気）ディスクはCD-RWに,Mini-Disc[3]は携帯音楽プレーヤー[4]に取って代わられた。JazやZip[5]を知っている若者はほとんどいない。MOすら記憶にないだろう。記録方式の多様さもさることながら,CD-ROMには8cmと12cmがあるし,同じDVDディスクでもフォーマットが何種類もある。

これらが,人間の知情意の所産であるかぎり,図書館に収蔵すべき資源であることに変わりはない。

表8-1　記録方式による電子資料の類型

| ①磁　気 | ②光磁気 | ③光 | ④半導体 | ⑤その他 |
|---|---|---|---|---|
| カセットテープ<br>FD<br>リムーバブルHD | MOディスク<br>Mini disc | LD (Laser Disc)[6]<br>CD, DVD<br>Blue Ray Disic | USBメモリ<br>SDカード | ビデオディスク[7]<br>スキャントーク<br>QRコード |

その種類を列挙することは可能だが,煩雑になるだけなので,類型の指摘にとどめる。

記録方式のちがいにより区分すれば,表8-1のようになる（それぞれの特徴は巻末資料10参照）。珍しいところでは,紙に2次元の点で情報を記録し,専用のハンディースキャナで読み取るものがあった（写真8-1）[8]。

また,出版行為との関連で,図8-1のような4つに類型化できる。図書館には,おおよそこの順序で流入してきた。①は,パソコンが趣味の世界に普及しはじめた1970年代末から80年代初めごろ,ホビー雑誌の付録として図書館に入ってきた。次いで②のように,1つの出版企画のもとに,図書本体の文字情報を音声や画像で補完するものが現れた。目録規則でいう付属

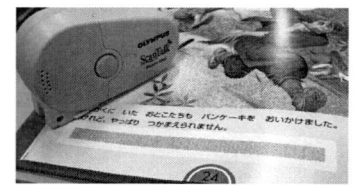

写真8-1　スキャントーク
左上がスキャナ。絵の所々に印刷されている帯状の記録面をスキャナでなぞると内蔵のスピーカーから音声が聞こえる。

資料である。これには 1982 年以降の CD の普及が大きい。③は 90 年代の初頭に現われ，紙と同じ内容を電子で製作するもので，『広辞苑』が代表であっ

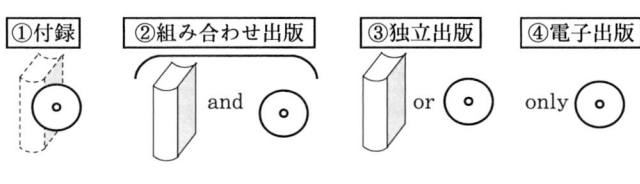

①付録　②組み合わせ出版　③独立出版　④電子出版

図8-1　図書館への電子資料の流入

た。出版社の立場は，利用者の好みに応じてどちらを選んでもらっても構わないというものである。わが国の電子書籍はこの形態から出発した。④は，電子媒体でのみ出版するもので，国立国会図書館の『雑誌記事索引』が 1995（平成 7）年から紙による頒布を停止したことが象徴的である。

## 第 2 節　図書館情報資源としての電子資料の特徴

電子資料が図書館に流入しはじめたころ（図 8-1①），公共図書館では，自らパソコンを保有している館はまだ少なく，たとえば，ビニールケースなどに入れて，本体とともに貸出すことなどがおこなわれていた。保存よりは利用に重点のある公共図書館としては自然な判断であったといえる[9]。③については，パソコンを購入するより，紙を選択するほうが合理的であった。ところが，②と④については，館内閲覧のためには，館内に再生手段をもたなければならない。こうして，資料提供の自由を保障するため，図書館内にパソコンブースを設けることが必然となった。

一般に，パッケージ型電子資料と印刷資料のちがいとして，表 8-2 の点があげられる[10]。

①は，再生手段が必要とされるゆえんである。②と③は，すべてのメディアについて再生手段を準備できない状況をもたらす。⑤は，次節で扱うメディアバックアップを考慮しなければならない問題である。⑥は，しかしながら，著作権などの法的問題が絡んでくることが予想される。

表 8-2　電子資料の特徴

①電子資料の外形（媒体）から直接内容が読めない
②保存対象が媒体だけでなく動作環境や利用システムなどの維持・管理におよぶ
③媒体や技術の陳腐化が早い
④機器やソフトのトラブル，操作ミス，故障などにより記録が消失する可能性がある
⑤媒体の物理的寿命が不確か（10〜30 年程度）で，紙（100 年単位）に比べ短い
⑥ダビングや媒体転換が容易で内容の書き換えがおこないやすい

## 第 3 節　電子資料の特性

パッケージ型電子資料の場合，目録の作成などの組織化の面では印刷資料とあまり大きなちがいがなく管理できる。しかし，資料保存の面からは大きなちがいがある。

### a．メディアの寿命

#### ①　磁気記録方式

磁気テープは，磁気を読み取るヘッドとテープが接触するので，再生回数の上限は 100 回程度，材質の寿命は 30 年もつよう設計されている。磁性粉に記録された信号は 1000 年もつといわれるが，家庭で録画したビデオテープなどは，再生回数にかかわらず，10 年も経つと画質が劣化して再生できないものすらある。外部の強い磁気，紫外線，カビ，埃，高温高湿に弱く，また，直

接，指で触ると指紋や汚れで読み取り不能になることもある。アナログ信号の場合，磁気転写[11]による劣化もある。再生不能の原因は寿命よりも保管の仕方が大きいといわれる[12]。

　FD は，JIS（日本工業規格）により 300 万回の読み書き（接触型）に耐えられるよう設計されている。素材は磁気テープとほぼ同じなので，寿命も保管上の注意点も同じと考えてよい。

　Hard Disc（HD）は，最近見かけないリムーバブル型（パソコン内臓の HD と構造的に同じなので区別せずに述べる）が電子資料の位置づけになろう。ディスクの回転や磁気ヘッドの移動を司る駆動系，ヘッドとディスクの接触，ディスク表面を覆う潤滑油の劣化など，HD の"突然死"の要因がいくつかある。潤滑油が寿命に与える影響が大きい。頻繁に書込みすると寿命が縮まり，その回数は 100 万回ともいわれる。HD の寿命は，メーカー側では，たとえば 1 日 8 時間使用で 5 年，24 時間モデルは終日使用で 3 年を目安にしている[13]。使用不能となった HD から重要なデータを救い出す専門のサルベージ会社があるので，"もしも"のときは利用するとよい。

② 光磁気記録方式

　メーカーがおこなった試験から，MO の寿命は 50〜100 年と推定されている。書き換え回数は，HD が 100 万回に対し，MO は 1000 万回（読み込みは 10 億回以上）とされる。MO は，ほかのメディアに比べ利点が多いものの（巻末資料 10），ユーザー市場から姿を消しつつある[14]。

③ 光記録方式

　CD や DVD に用いられるポリカーボネートは，湿気を吸うと加水分解して白濁する。レーザー光が通らず，時間が経つと読めなくなる例がある。反射膜として用いられるアルミニウムも酸化すると反射機能が低下する。書込み可能型の場合，色素や結晶で性質を変えることによって情報を記録するが，これも太陽（蛍光灯にも微量に含まれている）からの紫外線によって変質する。CD が世に出てまだ 30 年しか経っていないので，いつまで読み取りが保障できるかは，誰も検証にいたっていない。その点，紙に記録された情報は，1250 年は保つことが証明されている。

　次世代 DVD として，HD DVD（High Definition DVD）と BD（Blue Ray Disic）の主導権争いがあったが，BD が勝利した。書込み可能型 BD には，1 度だけ記録できる BD-R（Recordable）と，繰り返し書き換えができる BD-RE（REwritable）の 2 種類がある。それぞれ録画用とデータ用がある。データ用は図書館や公的な文書データのアーカイブにも使われている[15]。BD-R は材質に無機系と有機系がある。前者は経年劣化が少ないが高価，後者は DVD-R などと同じ材質で低価格だが経年劣化しやすい。BD-RE の規格上の書込み可能回数は 1000 回以上。

④ 半導体記録方式

　不揮発性（フラッシュ）メモリを用いた USB メモリが代表。フラッシュメモリは，記録方式の特徴による寿命がある。書込み回数の上限は 1 万〜10 万回といわれる[16]。また，雷サージ，冬場の静電気などにきわめて弱い。持ち運びに便利なので，踏みつけたり，水に落としたりといった事故も多い。メモリカードは，SD メモリ（Secure Digital memory）カードほか数種類ある（巻末資料 10）。ところで，市販ソフトは，CD-ROM などを頒布媒体に用いるのが一般的であるが，2008（平成 20）年より，ドライブをもたないモバイルパソコン用に，USB でソフトを販売

するものが現われた[17]。これらが図書館に収蔵されれば，当然，電子資料の位置づけになる。

### b. 再生手段の陳腐化

国立国会図書館では，所蔵されているパッケージ型電子資料の再生可能性について調査をおこなった[18]。その結果，調査した資料の7割弱が利用不能であることが明らかになった。

利用不能の原因は，電子資料を利用するためのアプリケーションソフトウェア（以下，AP）が最新のOSでは動作しない，電子資料を閲覧するために必要なAPが入手できないといったソフトウェアレベルのものと，記録媒体を読み込める機器がないといったハードウェアレベルの問題であった。いずれも，想定されたメディアの寿命ではなく，再生手段の問題である。

ソフトウェアレベルの問題を解決し利用可能性を高めるため，マイグレーションやエミュレーションなどの方法（後述）があるが，ハードウェアレベルで読み出せなければ無意味である。駆動装置の陳腐化は早い。古いタイプの装置は生産が中止されたり，保守やサポートが停止されたりする（これを俗に，レガシーデバイスということがある）。仮に，再生装置も一緒に保管していたとしても，長い間電源を入れないと，動作不調や電源が入らないといった状況になることがある。メディアの寿命よりは，再生装置の寿命のほうが短いと考えておいたほうがよいだろう。

## 第4節　電子資料の管理技術

電子資料についても，利用と保存は諸刃の剣である。しかしながら，利用がなければ死蔵も同じなので，むずかしいことだが，保存をはかりながら利用を推し進める方向で考えていく必要がある。まず，メディアごとの適切な保存技法を確認する。次いで，利用面の技術を扱う。法的なものも含めて，全体として管理という枠組みで考える。

### a. 電子資料の保存方法

一般に，人間にとって快適な環境（気温15～25℃，湿度40～60%）はメディアにとっても保管によい環境といわれる[19]。デジタル形式の記録メディアはもちろん，ビデオテープやカセットテープなど，同じ記録方式を用いた一部の視聴覚資料も，ここで扱う保存技法を適用できる。

① 磁気記録媒体

磁気テープの保管方法を表8-3に整理する。FDは磁気テープと同様に考えればよい。

② 光磁気記録媒体

埃やカビのない場所に，カートリッジの矢印が奥になるようにケースに入れ，本のように立てて保管する。

③ 光記録媒体

表8-4参照。

④ 半導体記録媒体

所定のケースに入れ，できれば帯電防止袋やケー

表8-3　磁気テープの保管方法

①テープがたるんだまま保管しない
②ケースに入れて保管
③終端まで巻き取る
④巻き取った重いほうを下に，本のように立てて保管
⑤横置きに保管しない。ましてや，逆さまにして放置しない
⑥常温常湿の，埃のない場所に保管
⑦紫外線を避ける（蛍光灯にも微量に含まれるので注意）
⑧カビが生えないよう，1年に1度，早送り巻き戻しをする
⑨磁力を発する物を近くに置かない
⑩ビデオラックのマグネットラッチなどにも注意

出典：日本記録メディア工業会HPなどから作成

スを用いる。静電気を帯びた手で触らない。埃の多い場所で保管しない。水没した場合は、無理に乾かさず、一刻も早くサルベージ会社に持ち込む[20]。

表8-4　光ディスクの保管方法

①ディスクの記録面に、傷、指紋、汚れ、埃、水、油、塩分などがつかないようにする
②汚れをふき取るときは、眼鏡のレンズをふくような柔らかい布を用いる
③同心円方向ではなく、中心から外方向へふき取る
④ディスクにラベル類を貼らない（重心が変わり、回転で振動が発生することがある）
⑤ケースに入れ、直射日光を避け、常温常湿の埃の少ないところに保管

出典：日本記録メディア工業会「光ディスクの取り扱い上の注意」（平成23年8月10日）より作成。http://www.jria.org/personal/howto/pdf/disk_20110810.pdf

### b. 利用を主とした考え方

エミュレーション（emulation）とは、動作環境を他の環境上で疑似的に再現し、旧式環境用のソフトウェアを動作させることである。たとえば、Windows XP で動作していたアプリケーションプログラムのうち Windows 7 で動作しないものがある。その場合、Windows 7 上に仮想的に XP 環境を構成し、その環境下で実行することができる[21]。

マイグレーション（migration）とは、プログラムやデータを再利用可能な形に変換することである。コンピュータプログラムの場合、別なプラットフォームへ「移植」することを意味する。

これらの方法で保存をおこなうためには、保存のための情報も目録情報に合わせて付与しておく必要があり、どのような情報を記載すべきかについても議論がおこなわれている[22]。

### c. メディアバックアップ

メディアや再生装置が陳腐化する前に、新しいメディアに移行させるメディア変換が考えられる（表8-5は光ディスクを用いるときの留意点である）。これは、原本に対するバックアップともなる。ただし、著作物は、著作権法で保護されるので、法的な範囲内でのみ

表8-5　メディアバックアップの留意点（一般論）

①マスターディスクと通常再生用の2枚をつくる
②できる限り国産メーカーのメディアを使用する
③傷に強いものを使用する（「超硬」などと表示のあるもの）
④マスターは、原本同様、所定のケースに入れて保管する
⑤常温常湿の紫外線や埃の影響を受けない環境で保管
⑥送信側の再生装置はできるだけグレードの高いものを使用
⑦接続ケーブルはノイズ対策の施されたハイグレードを使用
⑧データ転送速度は、可能な限り、最高レートで書込む

出典：日本記録メディア工業会HPなどから作成

複製が許される。図書館の場合、著作権法第31条（巻末資料11）が適用されると考えられる。一度、メディア変換しても、そのメディアがまた陳腐化することも考えられる。窮極の保存方法は、プリントアウトして、紙によって保存することである。

最近の記録メディア（たとえば、USBメモリなど）では、Copy Control がおこなわれており、コピー防止機能を解除してまで保存することまでは求められないというのが通常の理解であろう。

### 設問

(1) 自分の普段よくいく図書館について、電子資料の所蔵状況と提供方法を調べなさい。
(2) メディアの変遷について、今後の見通しを考えなさい。これに対する自分の考えを900字程度で述べなさい。

### 参考文献

1. 国立国会図書館「パッケージ系電子出版物の長期的な再生可能性について」『図書館調査研究リポート』No.

6，2006 年
2. 冨江伸治「資料の保存と管理—現状の課題と展望」『情報の科学と技術』Vol.50, No.7, 2000 年

注）
1) Compact Disc. ソニーとオランダのフィリップスが共同開発，1982 年から世界中で生産されるようになった。
2) CD や MD (Mini Disc)，DAT (Digital Audio Tape)，DV (Digital Video) テープなどは，図書館においては，通常，視聴覚資料に分類される。しかし，MD はパソコンのデータを記憶する MD-DATA という規格があったし，DAT も，一時，コンピュータのバックアップ用記憶メディアとして用いられたことがある。
3) ソニーが 1992 年に発表した直径 64mm の光磁気記録メディア。オーディオ用として開発された。MD ウォークマンが流行ったこともあったが，2011（平成 23）年 9 月に国内出荷を終えた。「MD ウォークマン終了 ソニー，9 月めどに」 2011 年 7 月 7 日共同通信配信。 http://www.47news.jp/CN/201107/CN2011070701001174.html ('12.1.15 現在参照可)。
4) 2001 年にアップル社が発売した i-pod でブームになった。記憶媒体として，ハードディスク，または，フラッシュメモリが用いられる。
5) 両方とも米国アイオメガ社が開発したリムーバブルタイプの磁気ディスク。詳しくは巻末資料 10 参照。
6) 巻末資料 10 参照。LD はゲーム機の記憶媒体として用いられたことがある。
7) 巻末資料 10 参照。VHD はパソコン用の外部記憶媒体として VHDpc INTER ACTION という規格があった。
8) 1998（平成 10）年，オリンパスが発表した「スキャントーク」。光学技術，デジタル符号化技術，デジタル画像および音声処理技術を融合し，「紙」という身近なメディアに「声」や「音」を記録・再生する技術を追求した。メディアの形態としては，現在の QR コードと同じとみなしてよい。
9) 同じ公共図書館でも，県立図書館などでは，保存にも力を入れていることもあり，電子資料は，基本的に，貸出さないと決めているところもある（たとえば，岡山県立図書館など）。
10) 冨江伸治「資料の保存と管理—現状の課題と展望」『情報の科学と技術』Vol.50, No.7, 2000 年 7 月, pp.370-375。
11) 磁気を帯びたものが長い間隣り合ったまま放置されると磁気が移ることがある。これにより信号が混濁する。
12) 日本記録メディア工業会では，ビデオテープの再生不能の原因として，磨耗，カビ，調整に不具合のあるハードとの相性，結露によるテープの絡みつき，落下や車中の熱によるカセットシェルの破損などが圧倒的に多いとしている。日本記録メディア工業会 http://www.jria.org/use_save/media/tape/index.html ('12.1.15 現在参照可)。
13) たとえば，富士通。http://www.fmworld.net/biz/fmv/product/catalog/ctlg_esprimo_200707.pdf ('12.1.15 現在参照可)。
14) 現在，MO ドライブの製造販売はロジテックのみ。「ご要望にお応えして登場，最後の MO ドライブ」 http://www.pro.logitec.co.jp/pro/g/gLMO-PBBU2W/ ('12.1.15 現在参照可)。一方，MO メディアは，ソニーが生産販売を続けている。
15) 前掲，日本記録メディア工業会。
16) 1 回のファイル操作で最も負荷のかかるルートディレクトリは，たとえば，1 日に 20 ファイルをつくったり変更したりした場合，100〜1000 日しかもたないという報告もある。Ontrack DataRecovery Services「データ復旧のプロが教えるデータ復元から消去までの豆知識：Ontrack Now」Vol.03-09, http://www.ontrack-japan.com/knowledge/ontracknow/20050915_mamechisiki.html ('12.1.15 現在参照可)。
17) ソースネクスト株式会社「パソコンソフトを CD-ROM に代えて，USB メモリに収録 次の常識 ソースネクスト『U メモ』戦略」，2008 年 8 月 27 日。http://sourcenext.co.jp/pr/sozai/2008082701.pdf。
18) 国立国会図書館「パッケージ系電子出版物の長期的な再生可能性について」『図書館調査研究レポート』No.6，2006 年，p.8。
19) 前掲，日本記録メディア工業会。
20) 前掲，http://www.jria.org/use_save/card/card.html。
21) Windows7 Professional 版，Ultimate 版，Enterprise 版に限られるが，"Windows XP モード"を使用する。仮想プラットフォームをつくるには，"Windows Virtual PC"などの仮想化ソフトウェが必要になる。どちらも Microsoft Web サイトから無料で利用できる。「Windows XP Mode および Windows Virtual PC」 http://www.microsoft.com/japan/windows/virtual-pc/default.aspx ('12.1.15 現在参照可)。
22) 鴇田拓哉「電子資料の保存用メタデータの特性と現状」『日本図書館情報学会誌』Vol.50, No.3, 2004, pp.85-102。

## 9 電子図書館とデジタルアーカイブ

インターネットの普及と高度化により，図書館では冊子体の資料のみでは不可能であったさまざまなサービスが可能になった。本章では，電子図書館とデジタルアーカイブについて基本的な概念を理解し，図書館サービスとの関連を見ていくとともに，資料の電子化の技術にもふれる。

### 第1節　電子図書館とは

電子図書館（electronic library）とは，図書館がもつ，統制され組織化された知識や情報資源を電子メディアや通信ネットワークを介して提供する機能のことである。元来，図書館が担ってきた機能の一部を伸張させ，高度情報社会の要請に呼応した各種の取り組みを含む。電子図書館は，既存の図書館の機能をそっくりそのまま置き換えるものではなく，また，相反する概念でもない。提供されるサービスは，図書館のそれそのものであり，この点で，図書館は施設・建物ではなく，サービスの総体であるといえる（図書館サービスの不変）。現実的には，『これからの図書館像』などで主張されたように，従来の紙媒体の図書館に電子図書館機能を付加したハイブリッド図書館として考究されるべきであろう。

関連して，デジタル図書館（digital library）やバーチャル図書館（virtual library）という場合，インターネット上の電子アーカイブ（後述）や仮想図書館のサービス形態をさす。

#### a. 閲覧サービスと電子図書館

電子図書館では，従来の冊子体資料や電子資料といったパッケージ型メディアのほかに，電子化資料[1]や電子書籍（第15章）を，ネットワークを通じて提供するサービスがおこなわれる。ネットワーク型（オンライン型）メディアである。

国内の図書館では，1994（平成6）年，京都大学における研究開発プロジェクトとして，電子図書館システム（通称アリアドネ，Ariadne）が附属図書館において試用され，その後の「京都大学電子図書館」に発展した。現在，貴重資料の画像，学内刊行物の電子化テキストなどを公開している[2]（写真9-1）。

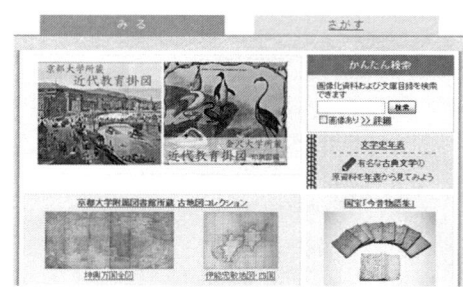

写真9-1　京都大学電子図書館「貴重資料画像」
出典：http://edb.kulib.kyoto-u.ac.jp/exhibit/

明星大学では，世界的に著名な自身が所蔵するシェイクスピアの初版本コレクションを電子化し，ネット上に公開している。2002（平成14）年度の文部科学省私立大学等経常費補助金の助成を受けた「明星大学シェイクスピアコレクションデータベースプロジェクト」に始まるもので，

同大学のもつ貴重な資料を世界レベルで共有することを目的に,「貴重な文化的遺産を保存することと,広く公共の利用に供することを両立させることは困難なこと」だが,「昨今の情報工学の発展がこの問題を解決しつつ」あると説明されている[3]。現在,「明星大学稀覯書デジタル図書館」として,奈良絵本・絵巻コレクション,"Birds of America"の画像データと併せて公開している（写真9-2）。

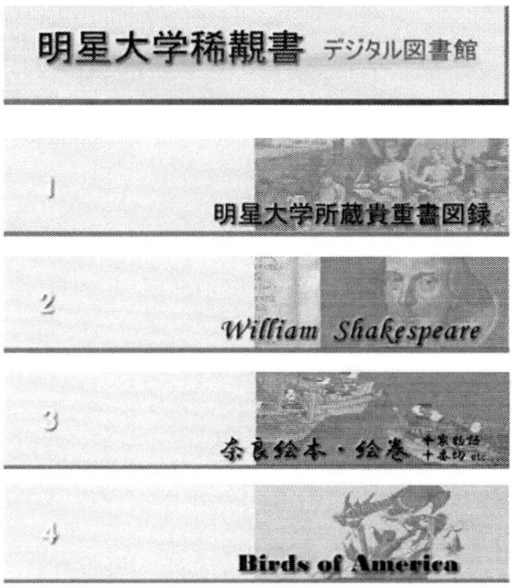

慶應義塾大学では,Google社と提携し,「Googleブックス」（http://books.google.co.jp/）を通じて,同大学が所蔵する蔵書のうち,著作権[4]が切れた書籍約12万点を電子化して提供している[5]。スキャンされた画像データは,OCR（optical character reader）により光学的に文字を読み取り,全文検索が可能なようにテキストデータが付加され,画像と書誌のメタデータが整えられる。古い貴重な資料は電子化の際に細心の注意が望まれる[6]。

写真9-2 明星大学稀覯書デジタル図書館
出典：http://www.hino.meisei-u.ac.jp/hlibrary/rarepage.html

図書館の取り組みではないが,インターネット上の電子図書館として周知の「青空文庫」（http://www.aozora.gr.jp/）がある。これは,日本国内において著作権が消滅した明治から昭和初期の文学作品を中心に収録・公開しているものである。作品は,ボランティアの手により青空文庫形式のテキストファイルまたはHTML文書として電子化される。パソコン,携帯電話,スマートフォン,電子書籍リーダーなどで閲覧でき,閲覧時に便利な"しおり"機能や紙の本のようなページめくり機能を付加した専用ソフトウェアもつくられている。

電子図書館では,リクエストサービスも威力を発揮する。①所蔵資料が貸出中の場合には予約を,②未所蔵であれば購入を,③購入できない場合には他館からの借用を,希望として受け付ける。従来,リクエストは,実際に図書館に赴き所定の手続きをしなければならなかったが,時代は変わり,ネットを通じて電子的に受け付ける図書館が増えている[7]。

b. 電子書籍と電子図書館

既存の冊子体資料をメディア変換した電子化資料に対し,最初から電子ファイルとして流通させることを目的に出版されるのが電子書籍である。これらをまとめて「電子書籍パッケージ」として契約し,貸出・閲覧サービスをおこなう試みも始まっている（第15章）。

千代田区立図書館では,2007（平成19）年,「千代田Web図書館」として,電子書籍の閲覧・貸出サービスを開始した。約4600タイトルの蔵書（コンテンツ）をもち,図書館の利用登録者が専用の閲覧ソフトウェアを用いることで,自宅のパソコンからでも利用できる。なお,貸出期限が来ると自動的に返却される（閲覧できなくなる）仕組みになっている[8]。

電子書籍は,コンテンツの記録フォーマットのちがいやデジタル著作権管理（Digital Rights

Management, DRM）により，現在のところ，専用の閲覧ソフトウェアを必要とするものが多い。利用者の環境によっては一部の利用者がサービスの対象から外れてしまう可能性があり，ソフトウェアメンテナンスの終了によりサービスが継続できない，コンテンツの将来的な再生可能性を担保できないなどの問題も生じる。特定の機器や OS に依存するシステムは，導入の際の検討を要する。できれば避けるほうが無難であろう。

### c．レファレンスサービスと電子図書館

多くの公共図書館で，これまでの口頭，電話，文書，Fax に加え，電子メールやホームページ（以下，HP）を通じてレファレンス質問を受けるようになった。現在，メールレファレンスやチャットレファレンスが主だが，利用者とのインターフェースの高度化が考えられている。実は人間だがアバター（avatar）が対応したり，ゆくゆくは，内実はコンピュータプログラムであるバーチャルレファレンスライブラリアンが登場したりするだろう。

人々に電子図書館を強く印象づけたハリウッド映画がある。1994 年に制作された『ディスクロージャー』[9]で，逆セクハラを扱ったものとして当時注目された。このなかにバーチャル図書館が登場する。入館から目録検索，資料閲覧までをヘッドマウントディスプレーとデータグローブを用い，ジェスチャーコンピューティングで操作する。天使の姿をしたバーチャル図書館員が登場し，入館者と対話をする。人間の想像力はテクノロジーの可能性を予見し，現実よりはるか先を行っていたことが 15 年後に実感されるという好例である。

### d．利用指導と電子図書館

電子図書館時代に主流となったサービスに pathfinder[10] がある（巻末資料 11）。従来は紙媒体で細々とおこなわれてきたが，電子化により注目を集めるようになった。利用者は，調べたいテーマのもと，情報源の探索技法を学びながら，Web のハイパーリンクをたどって，登録された情報源に容易に到達できる。たとえば，OPAC のレコードへ直接リンクが張られ，図書の書誌事項をその場で確認できたり，オンライン DB，外部サイト，オープンアクセスファイルに直にアクセスできたりする。

パスファインダーは一から新たにつくる必要はない。蓄積したレファレンス事例のなかから，問い合わせの多かったものについて，基本文献一覧や調べ方マニュアルをつくるつもりで作成するとよい[11]。国立国会図書館では「リサーチ・ナビ」というパスファインダーを公開している。これは，職員が日々の業務のなかで蓄積した調べ物に役立つ資料や，調べ方の方法を主題ごとにまとめたものに始まる[12]。千葉大学付属図書館の「授業資料ナビゲータ」は，大学のカリキュラムに準じたパスファインダーとなっており，授業内容の基本知識が得られる図書や Web サイトなどの情報源が科目ごとにまと

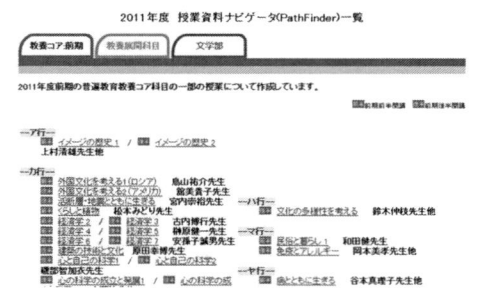

写真 9-3　千葉大学付属図書館「授業資料ナビゲータ」

出典：http://www.ll.chiba-u.ac.jp/pathfinder/index.html

められている（写真9-3）。

パスファインダーを例にあげるまでもなく，Webを含むインターネット情報資源から利用者に適切な情報を取捨選択して提供するシステムをサブジェクトゲートウェイと呼ぶ（本シリーズ第3巻第12章を参照）。図書館が直接情報を発信しないまでもゲートウェイ機能を発揮することで，電子図書館時代にふさわしいサービスが提供できる。

## 第2節　デジタルアーカイブ

デジタルアーカイブは，所々に散在している情報資源を電子的に保存・蓄積し，公開する取り組みである。前述の明星大学や慶應義塾大学のような所蔵資料の電子化のほか，流動的なインターネット情報資源を収集して固定化し，サービスに供する取り組みがある。

### a. デジタルアーカイブの事例

1971年に米国で公開された「プロジェクトグーテンベルク（Project Gutenberg）」（http://www.gutenberg.org/）は，著作権の切れた作品を電子化してネットワークに公開した最も古いプロジェクトの1つである[13]。国家的な取り組みでは，米国議会図書館（Library of Congress）の「アメリカンメモリー（American Memory）」（http://memory.loc.gov/ammem/index.html）がある。これは，文化の保存伝承を担う国立図書館として，米国の歴史に関する画像，文書，音声，映像を収集して公開するものである。世界規模の取り組みとして，「ワールドデジタルライブラリー（World Digital Library）」（http://www.wdl.org/en/）[14]があり，ユネスコと米国議会図書館により運営されている。2009年より公開され，各国の文化の特色を表す資料を，地域，時系列，テーマ別に探すことができる。

現在，各国で，国立図書館が中心になって国家的なアーカイブ事業を進めている。

### b. 国立国会図書館の取り組み

わが国では，国立国会図書館がさまざまな電子アーカイブ（電子図書館）事業をおこなってきた。「近代デジタルライブラリー」（http://kindai.ndl.go.jp/index.html），「デジタル化資料（貴重書等）」（http://dl.ndl.go.jp/#classic），「歴史的音源」（http://dl.ndl.go.jp/#music），「インターネット資料収集保存事業（Web Archiving Project）」（http://warp.da.ndl.go.jp/search/）などである。これらの情報資源へのポータルとして「国立国会図書館サーチ」（http://iss.ndl.go.jp/）がある[15]。

同館では納本資料のデジタル化も進められている。著作権の切れた資料，個別に許諾を得て著作権処理をおこなった貴重書，古典籍資料が逐次電子化され，「近代デジタルライブラリー」などによって公開済みである。著作権の存する資料についても，原本保存のためのデジタル化が可能となっているが[16]，これらのデジタル化（複製）された資料の利用については，権利者との調整および制度的枠組みの構築が急がれる[17]。

### c. わが国におけるインターネットアーカイブ

インターネット上の情報は，利便性，迅速性，流通性，情報量のいずれにおいても非常に有力な情報資源である。しかしながら，数十年，数百年という長期の視点から考えるといつかは消えてしまうという懸念は否めない。そこで，こうしたインターネット情報資源を収集して蓄積し，長期保存をおこなう必要性が検討されてきた。わが国では，国立国会図書館が「インターネット資料収集保存事業」として日本国内の公的機関が公開しているWeb情報資源を中心に収集・保存をおこなっている[18]。

収集の方法には主に2つある。「包括的収集（バルク収集）」と「選択的収集」である。包括的収集は，コンピュータプログラム上の収集ロボットなどによって自動的に収集する方法であり，大規模なアーカイブの構築が可能である。しかしながら，著作権などの法的な問題がありアーカイブの収集と公開には国内法の整備が必要となる[19]。選択的収集は，Web上の情報資源について個々に収集をおこなっていく方法であり，収集する情報を選びながらアーカイブに加える。収集に膨大な時間を要するため，大規模なアーカイブを構築するのは現実的にはむずかしいが，登録ページの質は担保される。また，包括的収集と選択的収集を組み合わせて，ロボットによる大規模な収集と一部の情報を選択して収集する方法を併用する方式がとられることもある。

なお，国立国会図書館は2002（平成14）年から「国立国会図書館インターネット情報選択的蓄積事業（WARP）」として，国内発信のインターネット情報の発信者に個別に許諾を取ることで収集をおこなってきたが，2009（平成21）年7月の国立国会図書館法の改正によって公的機関が発信するインターネット情報を許諾なく収集できるようになった。それに伴い，改正法が施行された2010（平成22）年4月に，名称を「インターネット資料収集保存事業」に改称した。

## 第3節　資料の電子化と技術

資料の電子化には次のような手順がとられる。①対象資料の選定と調査，②サンプルの作成と検証，③電子化作業，④成果物の品質検査，⑤原資料・画像データの保存である[20]。

①は，電子化することが決定した資料について，原資料の点数，サイズ，色情報（モノクロ／カラーの別など）の調査をおこない，この結果から，電子化をおこなう際の作業上の仕様を決定するプロセスである。具体的には，電子化の方法と画像データのフォーマット[21]（表9-1）などを決定する。本番の電子化作業の前には，②のサンプルの作成をおこない，実際に適切な品質で電子化

表9-1　画像フォーマットの種類

| 規格 | 特徴 |
|---|---|
| GIF | 8ビットカラー。Webサイトのバナーや文字画像向け。 |
| PNG | 48ビットカラー。比較的ファイルサイズか小さくWeb上の画像に向く。 |
| JPEG | 圧縮率に優れ，Web上の写真に向く。 |
| TIFF | ファイルサイズは大きいが印刷に適している。スキャニング時の保存画像用に用いられる。 |
| PDF | 文書の形式やフォントを埋め込むため，基本的にOSのちがいに影響することなく再生できる。電子文書の配布に適している。 |
| JPEG2000 | JPEGに比べ高品質で高圧縮。さまざまなメタデータや電子透かし，権利管理情報に対応している |

がおこなえるかどうかの検証をする。

　③の電子化作業は，資料をテキストデータ化するもの，イメージ（画像）データ化するもの，その双方をおこなうものがある。画像化する場合，フィルム撮影をおこなってから電子化する方法と，資料を直接スキャニングする方法とがある。前者では，いったんマイクロフィルムなどに撮影することになるが，マイクロフィルムは保存性が高く，それ自体がバックアップとしての役割を果たす。手間と費用がかかるが，撮影時の光源に短波光（資料に悪影響を与えにくい）を用いるため，古い資料の電子化に適している。資料を直接スキャニングする方法は，フィルムから電子化する場合に比べて高品質（高精細という意味ではない）な画像データを作成できるが，スキャニング時に資料に有害な強い紫外線を使用するものもあるため，対象資料の状態に十分注意する必要がある。また，将来的にシステムの性能が上がって解像度を高めたいときには，再びスキャンし直さなければならないという問題が起こる。この点，マイクロフィルムの解像度は，レンズの性能にもよるが，極端な話分子レベルであり，フィルムそのものをスキャンしなおすことでいかようにも高めることができる（前述の明星大学の稀覯書デジタル図書館は，この方法を採用している）。

　使用するスキャナの種類には，フラットベッドスキャナとオーバーヘッドスキャナがある。フラットベッドスキャナは，資料をガラスの原稿台にセットしてから，下から読み取りヘッドで取り込む形式のスキャナをいう。これは，資料に厚みがなく原稿台に押しつけたときに破壊の危険性がない場合に用いられ，高解像度でのスキャンが可能である。一方，オーバーヘッドスキャナは，資料を原稿台に読み取り面を上向きに置き，上面から撮影するため，資料に厚みがある場合に適している。

## 第4節　地域資料の電子化

　地域資料を電子化して公開する試みは，公共図書館では都道府県立図書館の事例が多い[22]（本シリーズ第3巻『情報資源組織論』第13章「多様な情報資源の組織化」も参照）。

　地域資料は特定の地域内で流通している資料で，郷土資料や種々の貴重書を含めて地域独自の資料[23]であるため，これらが電子化されて広く公開されることは地域文化という点からも有益である。資料の電子化には専門的な知識と手間がかかるが，貴重資料や古文書などを紛失や破壊を気にせずに提供できることは，資料保存の点からも望ましい。また，災害などに備えたバックアップとしても有用である。不幸にして原本が汚損・破損してしまっても，精密なデジタルコピーがあれば以前の姿を把握することができ，修復時に大変役立つ。また，完全に焼失・流失してしまっても，少なくとも研究は継続できる。

　今後の公共図書館の業務の1つとして地域資料の電子化を位置づけ，積極的に推進していくことが望ましい。

**設 問**

(1) 国立国会図書館や都道府県立図書館など，電子図書館サービスのページにアクセスして，電子化された資料を実際に閲覧しなさい。そのうえで，資料がどのようなファイルフォーマットで提供されているか調べなさい。
(2) 図書館が電子図書館サービスを導入することによって，既存のサービスに対してどのように影響しうるのか，館種を特定したうえで，具体的なサービスをあげて利点や欠点を含めて考察しなさい。その結果を900字程度にまとめなさい。


**参考文献**
1. これからの図書館の在り方検討協力者会議『これからの図書館像－地域を支える情報拠点をめざして－（報告）』平成18年3月，http://warp.da.ndl.go.jp/info:ndljp/pid/286184/www.mext.go.jp/b_menu/houdou/18/04/06032701.htm（'12.1.31現在参照可）
2. 国立国会図書館，『国立国会図書館資料デジタル化の手引き』国立国会図書館，2005年，http://dl.ndl.go.jp/info:ndljp/pid/1000812（'12.1.31現在参照可）

**注）**
1) 電子化資料とは，もともと冊子体などで提供されていた所蔵資料を，専用のデジタルカメラやスキャナを用いて画像データ化したり，テキストファイルに抽出したりして，電子化した資料のことをいう。
2) 長尾真「京都大学電子図書館のスタートにあたって」『静脩』Vol.34, No.2-4 (1998), pp.3-5., http://hdl.handle.net/2433/37486（'12.1.31現在参照可）。
3) 住本規子「明星大学シェイクスピア・コレクション・データベース・プロジェクト」http://shakes.meisei-u.ac.jp/j-project.html（'12.1.31現在参照可）。
4) わが国の著作権法では，言語の著作物の場合，個人著作では著者の死後50年間を過ぎると著作権が消滅し，パブリックドメイン（公有）となる。著作権の存続しているものについては著作権処理をおこなう必要があり，デジタル化する前にすべてのものについて著作権の存続の有無を調査する必要がある。
5) 江戸中期から明治初期までに国内で発行された和装本約9万冊と明治・大正，昭和前期の日本語図書訳3万点。杉山伸也，「慶應義塾とグーグル社のライブラリ・プロシジェクトでの提携について」MediaNet, No.14 (2007), pp.29-30. http://www.lib.keio.ac.jp/publication/medianet/article/pdf/01400290.pdf（'12.1.31現在参照可）。
6) このプロジェクトでは，スキャンのため対象資料をGoogle社に搬送する際，破壊や汚損を防ぐ特別の容器が作られた。佐藤友里恵「慶應義塾におけるグーグル・ライブラリー・プロジェクトの著作権調査について」MediaNet, No.17 (2010), pp.50-53., http://www.lib.keio.ac.jp/publication/medianet/article/pdf/01700500.pdf（'12.1.31現在参照可）。
7) 「マイライブラリー」機能をHPに付加している図書館では，利用者登録により配布されたID・パスワードを用いてログインすれば，図書館にいかなくても，貸出状況の表示，延長手続き，資料購入リクエスト，資料取り寄せなどをオンラインでおこなうことができる。
8) 千代田Web図書館「利用案内」http://weblibrary-chiyoda.com/（'12.1.31現在参照可）。なお，千代田図書館では，電子書籍の利用は市内在住在勤在学者に限られている。
9) 原作：マイケル・クライトン，監督：バリー・レヴィンソン，出演：マイケル・ダグラス，デミ・ムーア
10) パスファインダーは，特定の主題に関する基本的な情報源を紹介し，利用者の情報探索を助ける調べ方・探し方を案内するツール。1960年代末に米国のマサチューセッツ工科大学図書館で誕生したといわれる。レポート課題が出されると学生が同じような資料を探すことに気がついた職員が，あらかじめ資料案内を一覧表やカードにまとめておけば有益と考えたという。
11) 公共図書館では地域の情報ニーズや課題解決のために作成されることが多い。さまざまなテーマを扱ったもののほかに，ビジネス支援（福井県立図書館，島根県立図書館），医療健康情報（鳥取県立図書館），郷土に関するもの（栃木県立図書館）などがある。国立国会図書館のWebページには「公共図書館パスファイン

12) 当初,「テーマ別調べ方案内」として 2002 年に公開され,2008 年現在で,700 を越えるテーマを有した。後に 2009 年に公開された「リサーチ・ナビ」に統合された。
13) 設立当初は創設者のマイケル・ハート (Michael Stern Hart, 1947-2011) 自身が手入力で電子化作業をおこなっていた。インターネットの普及後,多くのボランティアがプロジェクトに参加するようになった。"Free eBooks by Project Gutenberg" http://www.gutenberg.org/wiki/Main_Page ('12.1.31 現在参照可)。
14) その目的は,各国の文化的資料の公開による国際的な相互理解の促進,インターネット上の文化情報資源の増大,教育者・研究者への資料提供,デジタル格差の縮小であ。「ワールド・デジタル・ライブラリー公開」『カレントアウェアネス・ポータル』2009 年 4 月 22 日, http://current.ndl.go.jp/e912。現在,世界 130 の国立図書館,公共図書館,大学図書館,公文書館,研究所などが参加している。"About the World Digital Library: Partners," http://www.wdl.org/en/partners/ ('12.1.31 現在参照可)。
15) 従来,「デジタルアーカイブポータル (PORTA)」(http://porta.ndl.go.jp/) がポータル機能を担ってきたが,2011(平成 23)年末でサービスが終了し,2012 年 1 月から「国立国会図書館サーチ」に統合された。
16) 国立国会図書館における資料の電子化は,従来,資料が劣化・損傷している場合に限定されていたが,2009(平成 21)年の著作権法の一部改正により,納本後にただちに電子化することができるようになった(著作権法第 31 条 2 項)。これらを利用に供するときには,もちろん,著作権者の許諾が必要となる。
17) こうした資料の電子化やその利用について,2010(平成 22)年 3 月に著作者,出版者,技術者,図書館を含めた「デジタル・ネットワーク社会における出版物の利活用の推進に関する懇談会」(http://www.soumu.go.jp/main_sosiki/kenkyu/shuppan/index.html) ('12.1.31 現在参照可) が総務省,文部科学省,経済産業省の合同開催で設置された。報告では,「知の拡大再生産」の実現,オープン型電子出版環境の実現,「知のインフラ」へのアクセス環境の整備,利用者の安心・安全の確保,を実現していくとの方針が示されている。また,これをうけて文化庁において「電子書籍の流通と利用の円滑化に関する検討会議」(http://www.bunka.go.jp/bunkashingikai/kondankaitou/denshishoseki/index.html) ('12.1.31 現在参照可) が設置され,具体的な施策の実現に向けた検討が進められている。
18) 2011(平成 23)年 3 月 11 日に発生した東日本大震災において,インターネット資料収集保存事業では,震災の記録を後世に残すために,被災地の自治体の Web サイトの収集を重点的におこなった。「東日本大震災ウェブアーカイブ」http://warp.da.ndl.go.jp/WARP_disaster.html ('12.1.31 現在参照可)。
19) 欧州各国では,国立図書館が Web サイトの包括的収集をできるようにする法改正が相次いだ。1988 年ノルウェー,2002 年スウェーデン,2003 年英国,2004 年デンマーク,2006 年フランスなど。
20) 国立国会図書館では,資料の電子化は次の 7 つのプロセスでおこなわれる。①対象資料の選定,②対象資料の調査(点数,サイズ,色情報,劣化状況等),③デジタル化仕様書の作成,④画像データのサンプル作成,⑤サンプルの検証,⑥画像データの作成(フィルム撮影,スキャニング等),⑦原資料及び画像データの保存処置。『国立国会図書館資料デジタル化の手引き 2011 年版』http://www.ndl.go.jp/jp/aboutus/pdf/digitalguide2011.pdf ('12.1.31 現在参照可)。
21) 採用する画像フォーマットは,国際規格として広く普及していて実績があり,標準化され,将来にわたって再生できる可能性が高いものを選ぶ必要がある。利用に特殊なライセンスを必要とするものや,特定の機器やコンピュータ OS に依存するようなものは避け,なるべくオープンな仕様であることが望ましいが,過去には,普及後に特定の企業における特許問題が発生した例もある(GIF,JPEG など)。
22) 都道府県立図書館において資料の電子化が進められている背景には,国の補助金事業として,都道府県立図書館が所蔵している古文書や古地図のような古い資料の電子化が進められたことがあげられる。秋田県立図書館デジタルライブラリー (http://www.apl.pref.akita.jp/) など。公共図書館協議会編『公立図書館における電子図書館のサービスと課題に関する報告書』全国公共図書館協議会,2003 年,p.15。
23) 地域資料には,次のようなものが含まれる。歴史資料:古書,古地図,古文書,写真,一般図書,雑誌,新聞など:地方史誌,県市町村誌,風俗・伝記資料,地方出版社の刊行物,住民資料:ミニコミ誌,パンフレット,行政資料:官報,予算書,地方議会会議録,統計書,各種事業の計画書・報告書,記念誌,施設案内,パンフレット,新聞記事など。

# 10 最新の情報技術と図書館

技術の進化は私たちの日常生活に大きく影響する。携帯電話やSNS，twitterなど，コミュニケーションの幅が広がり，誰もが気軽に情報発信できるようになった。図書館においてもそれは同様で，館内システム・扱う資料・利用者サービスに新技術が応用され，今までにない取り組みが進められている。この章では，図書館業務と利用者サービスにおける最新の技術を取り上げる。

## 第1節　図書館と情報技術

現代の図書館は，すでにさまざまな情報技術を活用している（参考文献1参照）。たとえば，所蔵資料のデータは蔵書データベース（以下，DB）に蓄積され，貸出返却や検索に利用される。貸出返却処理は，資料に貼られたバーコードなどを読み取っておこなわれる。図書館からの情報発信は，ホームページやブログを介しておこなわれ，情報検索は，インターネット経由で自宅からもできるようになった。表10-1は公共図書館におけるWeb OPACの公開状況である。2000（平成12）年ごろから急激に増えだし，2005（平成17）年には都道府県立図書館で100％に達した。

表10-1　公共図書館におけるウェブOPACの公開

|  | '97 | '98 | '99 | '00 | '01 | '02 | '03 | '04 | '05 | '06 | '07 | '08 | '09 | '10 | '11 |
|---|---|---|---|---|---|---|---|---|---|---|---|---|---|---|---|
| 都道府県 | 2 | 9 | 15 | 25 | 36 | 38 | 43 | 46 | 47 | 47 | 47 | 47 | 47 | 47 | 47 |
| 市区町村 | 4 | 8 | 42 | 64 | 215 | 407 | 676 | 861 | 959 | 921 | 946 | 995 | 1041 | 1059 | 1083 |

レファレンスサービスも，インターネットで受け付け可能な図書館が増えている。館内には専用端末がおかれ，新聞DBや電子辞書などのパッケージ型電子資料や，オンラインDBを利用できる。これらの業務／サービスのために，図書館には館内LANや各種サーバが整備されている。

現在広く利用されているこれらの技術に加え，ICタグを利用したシステム，ネットワーク情報資源の提供，次世代図書館システムの開発など，新しい技術を活用する試みが進められている。

## 第2節　図書館の新しい「三種の神器」

図書館業務の効率化にかかわる新しい技術として，ICタグ，自動貸出機，自動書庫があげられる。図書館の新設にともない，新しいシステムの導入も進んでいる（本シリーズ第9巻『図書館施設特論』参照）。

### a. ICタグ

ICタグとは，ICチップとアンテナを埋め込み，無線

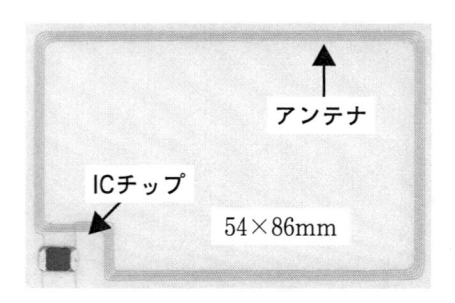

写真10-1　ICタグ
提供：紀伊國屋書店

を使ってデータを読み書きする札のようなもの（写真 10-1，カバー写真）で，RFID（Radio Frequency Identification）タグとも呼ばれる。紙のように薄く，シールのように糊が塗ってあり何にでも貼りつけられる。表 10-2 はバーコードとの比較である。IC タグは，より多くの情報を記録でき，また，書き換え可能なため，流通，食品，販売など，さまざまな業界

表 10-2　バーコードとの比較

|  | IC タグ | バーコード | 2 次元バーコード |
|---|---|---|---|
| 情報量 | 数千桁 | 数十桁 | 〜2000 桁 |
| 書き換え | 可能 | 不可 | 不可 |
| 大きさ | 比較的大きい | 小さい | きわめて小さい |
| 耐環境性 | 強い | きわめて弱い | ある程度強い |
| 複数同時読み取り | 可能 | 不可 | 不可 |
| スキャナとの対向 | 指向性なし | 指向性あり | 指向性あり |
| 金属の影響 | あり | なし | なし |
| 読み取り距離 | 10cm〜数 m | 10cm 程度 | 10cm 程度 |
| コスト | 高い | 安い | 安い |
| 文字種 | 英数字, カナ漢字 | 数字, 英字・記号 | 英数字, カナ漢字 |

で活用されている。カードに内蔵されたものは IC カードと呼ばれ，乗車カード（Suica, Pasumo, Toica, Icoca など）や電子マネー（Edy, Waon）でおなじみであろう。

　IC タグの導入により，次のような図書館業務の軽減が期待される。

①受け入れ時の貼付作業の軽減：現在，多くの図書館では，蔵書管理のためのバーコードと不正持ち出し防止用のタトルテープを，所蔵資料に別々に貼付している。IC タグは，この 2 つを 1 枚のタグで置き換えることができる。

②蔵書点検の効率化：バーコードの場合，読み取り時にバーコードとスキャナを向き合わせる必要があるため，書架に並んだ本を 1 冊ずつ取り出してチェックする必要がある。IC タグでは，書架に置いた状態で複数同時に読み取ることが可能なため，点検時間が大幅に短縮できる。

③貸出返却業務の効率化：バーコードの場合，貸出返却の際に 1 冊ごとにスキャンする必要がある。また，読み取り後，BDS（不正持ち出し防止装置）通過のためタトルテープの磁気をオフにする処理をおこなう。利用者カードも IC タグ付きなら，1 回の操作で貸出処理が完了する。

　わが国では，50 館以上の図書館に IC タグが導入されている[1]。IC タグは，多くの情報を記録可能で，読み書きも容易なため，記録する情報について注意が必要となる。日本図書館協会では，2010（平成 22）年，「図書館における RFID 導入のためのガイドライン」（巻末資料 13）を発表し，チップに記録する情報やその運用方法の指針を示した。2011（平成 23）年 3 月には，図書館における RFID 使用に関する国際標準規格 ISO 28560 が出版され，標準化が進んでいる。

b．自動貸出機

　IC タグを使うと貸出処理が容易になるため，利用者自身でおこなう自動貸出機が併せて導入されるケースが多い。IC タグと自動貸出機を導入した，さいたま市桜図書館の事例では，開館後 1 か月間の稼働率が，貸出点数全体の 50％程度を占めたと報告されている[2]。ただし，誤作動を防ぐため，貸出点数を利用者に入力してもらうなどの工夫が必要であったという。

c．自動書庫

　IC タグのシステムと同様に，新設の図書館などで導入が進められているのが自動書庫である。

2007（平成19）年12月の段階で，40館以上の図書館への導入が報告されている[3]。自動書庫では，蔵書検索後に端末から指示すると，コンテナが自動的に図書の出庫や入庫をおこなう。開架式に比べ，高書架を用いたり書架間の隔を狭くしたりできるので，より多くの資料を保管できる。しかし，停電やウィルスの混入によってシステムダウンすると，必要な図書を取り出す手立てがまったくなくなる。また，開架式の特徴である書架分類を利用した主題への直接アクセスができない。どれを開架し，どれを自動書庫に保管するか，十分に検討しておく必要があろう。

## 第3節　ネットワーク情報資源へのアクセス

国立国会図書館では，すでに官公庁などの公的機関のネットワーク情報資源の収集が義務化された。学術情報の電子化，音楽・映像配信，電子書籍の登場など，物的メディアで提供されてきたものが，電子的なネットワーク情報資源のかたちに移行しつつあることを象徴している。ネットワーク情報資源は，図書館において，今後，ますます重要な位置を占めていくと考えられる。

### a. ネットワーク情報資源の特徴

ネットワーク情報資源には，印刷資料やパッケージ型電子資料とは異なる特徴がある。情報源が提供元のサーバに分散している。提供元の事情によって情報源そのものが消失する可能性がある。また，情報源は多種多様であり，その質も玉石混淆である。リンク集といえども，図書館が仲介するからには，中身の信頼性について十分注意しておく必要がある。選書基準と同様に，ネットワーク情報資源についても選定基準を設けて収集・提供することが望ましい。もう1つの特徴として，情報源そのものについて不明な点が多いことがあげられる。ほかの図書館資料と同じように扱うためには，情報源に関する情報（メタデータ）を付与することが必要になる。現在，ネッ

表10-3　Dublin Core Metadata Element Set（DCMES）バージョン1.1

| データ項目 | 日本語名 | 定義 |
| --- | --- | --- |
| title | タイトル | 情報資源に与えられた名称 |
| creator | 作成者 | 情報資源の内容の作成に主たる責任を負う個人・団体 |
| subject | 主題（キーワード） | 情報資源の内容の主題（トピック） |
| description | 内容記述 | 情報資源の内容の説明・記述 |
| publisher | 公開者 | 情報資源の公開に対して責任を負う個人・団体等 |
| contributor | 寄与者 | 情報資源の内容に何らかの寄与・貢献をした個人・団体等 |
| date | 日付 | 情報資源のライフサイクルにおける何らかの出来事に関係する日付 |
| type | 資源タイプ | 情報資源の内容の性質やジャンル |
| format | フォーマット（記録形式） | 情報資源の物理的形態またはデジタル表現形式 |
| identifier | 資源識別子 | 情報資源を一意に識別する識別子 |
| source | 出所 | 当該情報資源が派生するに至った元の情報資源への参照 |
| language | 言語 | 情報資源の内容表現に用いられている言語 |
| relation | 関係 | 関連する情報資源への参照 |
| coverage | 時空間範囲 | 情報資源の内容が表す範囲または領域 |
| rights | 権利情報 | 情報資源に関わる権利情報 |

出典：参考文献4

トワーク情報資源の情報を記述するためのメタデータの提案や作成が進んでいる。

汎用性の高いメタデータとしてダブリンコア・メタデータ・イニシアティブ（DCIM）が制定したダブリンコア（Dublin Core）がある。表10-3 は，DCIM が制定したダブリンコアの基本データ項目セットである。メタデータは，通常 Web ページに埋め込むかたちで記述される。また，作成上の詳細なルールについては，個別の作成機関によって定義することが必要になる。

国立国会図書館では，自館の利用のために「国立国会図書館ダブリンコア・メタデータ記述（DC-NDL）」を作成し，運用している（本シリーズ第3巻『情報資源組織論』参照）。

### b. 学術情報の電子化

学術情報の電子化は，文献 DB に始まり，電子ジャーナルなど，ほかの資料に先駆けておこなわれてきた。近年では，「査読された雑誌論文の国際的，電子的流通および無料で制約のないそれら論文へのアクセス（Budapest Open Access Initiative による定義）」[4]をめざす世界的なオープンアクセスの流れを受け，電子化や公開が進められている。日本の学術論文の公開は，主に国立情報学研究所，科学技術振興機構，大学や研究機関の機関リポジトリなどでおこなわれている。

機関リポジトリとは，大学や研究機関が自身の機関で生成した研究成果の公開と保存を目的として，その機関の研究者が発表した論文などをまとめて電子的に提供する取り組みである。各機関におけるリポジトリの整備・運用には，大学図書館や専門図書館の担当部署が中心的な役割を果たす。論文の著作権は，学術雑誌を発行する学会や出版社が保有している場合が多く，公開には学会や出版社の著作権の許諾規定を確認する必要がある。

国立情報学研究所（NII）は，国内の学術協力団体が発行する学術雑誌の論文，国立国会図書館の雑誌記事索引，国立大学の紀要に掲載された論文の情報を統合した論文情報ナビゲータ CiNii (http://ci.nii.ac.jp/) を公開している。CiNii では，文献情報の検索だけでなく本文へのアクセスも一部可能となっている。同研究所は，機関リポジトリ構築・連携支援事業や学術雑誌公開支援事業を進めており，日本の学術情報のオープンアクセスにむけて重要な役割を担っている。

科学技術振興機構（JST）は，科学技術情報発信・流通総合システムとして J-STAGE (http://www.jstage.jst.go.jp/) というサービスを提供している。このサービスは，学術協力団体に対して団体が発行する学術雑誌の電子化やインターネットでの公開をサポートするものである。2011（平成23）年11月現在で1026の雑誌，約116万の学術論文が登録されている。

### c. ネットワーク情報資源への効率的なアクセス

ネット上の情報資源が増えてきたことで，利用者に，いかに効率よくアクセスを提供するかが課題となっている。とくに大学図書館の場合，自館の所蔵資料，自館が契約している電子ジャーナル，機関リポジトリ，CiNii や J-STAGE で提供されているフルテキスト，ILL 可能な他機関の情報など，さまざまなアクセス方法が混在している。そのため，利用者が自分自身で効率的なパス（入手経路）を見つけることがむずかしい。そこで，電子ジャーナルなどを中心に考えだされたのが，OpenURL とリンクリゾルバを用いたリンキング手法である。

リンクリゾルバと従来のリンキング手法とのちがいを図10-1に示す[5]。従来のリンキング手

法は，①文献 DB から該当する電子ジャーナルの URL や，② OPAC 検索のための情報を直接リンクするものであった。問題は，電子ジャーナルを提供するサーバの URL や OPAC の URL が変更されると対応できなくなることである。また，電子ジャーナルの場合，図書館や利用者によってフルテキストを利用できる条件が異なることがあるが，直接リンクでは，これに柔軟に対応できない。そこで，③リンク情報を管理し，かつ，利用の状況に応じて最適のリンク先を決定するシステムが提案された。これがリンクリゾルバ（Resolver）である。Resolver は，文献データベースから該当文献に対するメタデータを受け取り，図中の①や②の直接リンクに相当する URL を生成する。Resolver による URL 生成を効率化するためには，電子ジャーナルを提供する各機関で URL の表記法を統一する必要がある。そこで生まれたのが OpenURL[6]である。

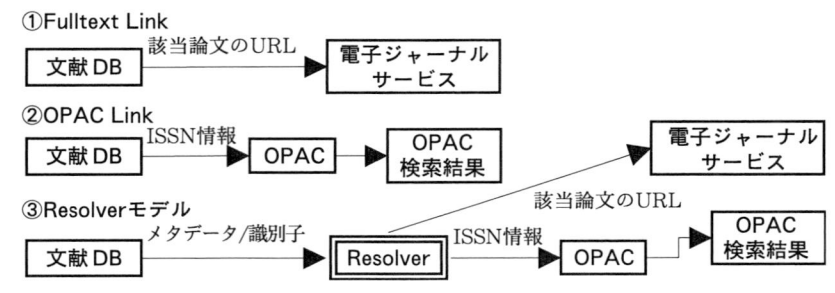

図 10-1　従来のリンキング手法とリンクリゾルバの比較（増田，2002）

現在，大学図書館などで広く利用されている Resolver システムに ExLibris 社の S.F.X がある。

### 第4節　次世代の図書館サービス

テクノロジーの発展は，これまでの図書館サービスを大きく変えつつある。本章の最後では，その流れを象徴するいくつかの新しい取り組みを紹介する。

a. カーリル（http://calil.jp/）

Nata, Inc[7]が運営する全国の図書館の蔵書検索ができるサービス。図書館が提供している Web OPAC は，各館によって操作方法が異なるなどの理由からこれまで十分に活用されてきたとは言いがたい。カーリルはそれらの問題を解決し，統一的で使いやすいインタフェースを提供している。また，カーリルが開発した蔵書検索の機能やカーリルが蓄積した図書館に関する DB を図書館 API[8]として開発者向けに提供している。この API を利用することで，有志による新たな図書館サービスの開発が期待される（同社では開発プログラムのコンテストも主宰している）。

b. Project Shizuku

筑波大学の3年生5名による次世代図書館情報システムの開発プロジェクト。自身が借りた図書の情報を媒介としてほかの利用者と交流のできる図書館システムをめざした。具体的には，図書館の貸出履歴をもとに，各利用者がシステム上に仮想の本棚を作成し，この本棚に登録している本と同じ本を読んでいる利用者に提示する「仮想図書カード」の機能を用いて，共通のトピックに関心をもつ利用者の発見を支援する[9]。

## c. 猫の司書さん

　岐阜県立東濃実業高等学校の高校生 5 人が開発した図書館管理 Web システム。このシステムは，司書業務に必要な機能をほぼすべて実装した実用性の高いシステムで，経済産業省が実施した「第 28 回 U-20 プログラミングコンテスト」で最優秀賞を受賞した[10]。

　上記の取り組みは，いずれも図書館界の "内" ではなく "外" から生まれたものである。また，bやcは，デジタルチルドレン／デジタルネイティブの世代から生まれたことも興味深い。これら次世代図書館サービスへの胎動により，旧来の図書館サービスが見直される時期がきている。

### 設問

(1) 近隣の図書館で3種の神器を導入している図書館がどの程度あるかを調べなさい。また，利用可能であれば実際に利用し，業務の効率化がどの程度図られているかを考察しなさい。
(2) カーリルを利用し，どのような機能があるかを調べなさい。また，図書館 OPAC とのちがいについて考察し，900 字程度にまとめなさい。

### 参考文献
1. 大串夏身編著『最新の技術と図書館サービス』青弓社，2007 年
2. 清水隆［ほか］『図書館と IC タグ』日本図書館協会，2005 年
3. 日本図書館協会『図書館における RFID 導入のためのガイドライン』（巻末資料 13 に収録）
4. 谷口祥一『メタデータの現在　情報組織化の新たな展開』勉誠出版，2010 年

### 注
1) 黒沢公人「図書館システム管理の現場から　第 6 回 自動化書庫導入状況」『図書館雑誌』，Vol.102, No.4, 2008 年，pp.240-241。
2) 日本図書館協会『図書館における RFID 導入のためのガイドライン』。
3) 同上。
4) 倉田敬子「オープンアクセスとは何か」『情報の科学と技術』Vol.60, No.4, 2010 年，pp.132-137。
5) 増田豊「学術リンキング：—S・F・X と OpenURL—」『情報管理』Vol.45, No.9, 2002 年，pp.613-620。
6) OpenURL は，URL のなかに，当該情報源のメタデータを埋め込む手法である。たとえば，http://resolver.lib.ac.jp/menu?genre=article&issn=1234567&volume=16&issue=5&spage=46&epage=49&date=2011&aulast=Saito&aufirst=Hitomi の場合，"resolver.lib.ac.jp"（リゾルバ）の URL（これを BASE-URL という）におかれる処理プログラム "menu" に対して，"?" 以下の情報（これを description という）を送ることを意味している。Description は，"?" で開始され，ジャンル（article），国際標準逐次刊行物番号（issn），巻号（issue），開始ページ（spage），終了ページ（epage），刊行時期（date），著者姓（aulast），著者名（aufirs）を "=" で指定し，各項目を "&" で結ぶかたちで記述する。
7) 2007 年，日本人エンジニアにより，カリフォルニア州サンノゼに設立された会社。ネット上でクリエイティブな体験を提供することをミッションに掲げ，さまざまなネットサービスの新規開発をおこなっている。
8) Application Program Interface。プログラム開発の際に利用できる，"できあいの部品" のようなもの，または，それを呼び出すときの規約。実際は，多くのソフトウェアで共通して利用できる機能が，（個々のプログラム開発環境のもとでは）関数やライブラリのようなかたちで提供される。OS も広い意味の API であり，また，OS とアプリケーションの間に入るミドルウェアも API といえる。
9) 小野永貴，常川真央「Web 時代にあるべき未来の図書館サービスの胎動　貸出履歴の議論を超えた Shizuku 2.0 の実現へ」『情報管理』Vol.53, No.4, 2010 年，pp.185-197。
10) 宇陀則彦「見晴らしのよい場所からあるべきシステムを考える—デジタルライブラリ，デジタルアーカイブ，機関リポジトリを超えて—」『情報管理』Vol.51, No.3, 2008 年，pp.163-173。

# 11 情報技術と社会

コンピュータの急速な発展を目の当たりにして，グーテンベルクの印刷術が社会に与えた影響に匹敵する変革が現代に起ころうとしていると着目した人々がいる。そのような人々が新しい社会を情報社会あるいは情報化社会と呼んだ。本書では，図書館に直接かかわりのある ICT を扱ってきたが，ここでは一段大きな枠組みからその発展を眺め，未来を展望する礎石としたい。

## 第 1 節　情報社会論の系譜

一般に，情報社会または情報化社会という言葉が多用されるようになるのは 1960 年代といわれる。1960 年代に

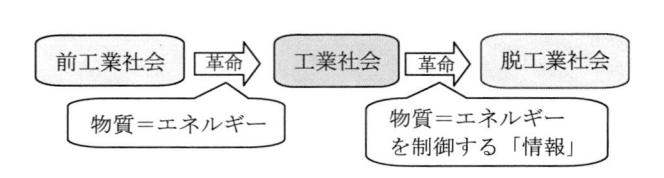

図 11-1　ダニエル・ベルの社会変化の認識

は，また，コンピュータの素子が真空管からトランジスタを経て，第 3 世代といわれる集積回路（IC）へと進んだ。コンピュータが広範に普及し，大量の情報が不断に生産・伝達・蓄積されることによる新しい変化の兆しを社会が意識したのである。

こうした社会変化に文明論的な立場から着目したのが，メディア論で知られるマーシャル・マクルーハンや，『脱工業社会の到来』[1]を著したダニエル・ベル，『第三の波』[2]のアルビン・トフラーらである。たとえば，ダニエル・ベルは，人類社会を「前工業社会」「工業社会」という発展のかたちでとらえ，現代社会を理解する認識の枠組みを「脱工業社会」という概念でとらえた。そして，「工業社会」から「脱工業社会」への革命的転換をもたらすものを「物質＝エネルギー」を制御する「情報」であるとした（図 11-1）。

多くの論客らにより，情報を巡る社会のパラダイム変化が論じられた。しかし，情報社会論の系譜をたどっていくと，その果てにひとりの人物に行き当たる。マサチューセッツ工科大学の電気工学者ヴァンネヴァー・ブッシュ（Vannevar Bush, 1890-1974）を抜きに情報社会を語ることはできない。ブッシュは，マンハッタン計画（原爆開発計画）でも知られる人物で，第 2 次世界大戦中は，科学長官として米国の科学行政担当官僚らの頂点に立った。彼は国家と科学を大きな枠組みでとらえ，当時の科学者たちに行動の規範を示した。科学者は科学者である以前に国民である。国民なら国家の目的に奉仕すべきであり，科学者は科学の分野で貢献すべきである。国家の目的の最大のものは戦争である。こうして，彼は，戦時中の科学動員に采配をふるった。しかし，ブッシュは，単なる右翼思想家ではなく，卓越した論客であった。戦争終結前から集結後の社会をイメージし，科学者が向かうべき方向を示唆していたからである。彼は，平和が戻った暁には，科学者は人類の知的遺産の利用について考えるべきであると主張した[3]。前章で取り上げた FAU をはじめとする図書館界の取り組みは，見方によっては，ブッシュのこの提言に応えよ

うとしたものと考えることができる。

　電気工学者としてのブッシュは，1930年代にアナログコンピュータとされる微分解析機や，マイクロフィルムの高速選別機を開発した。これらの経験を元に，1945年，人間の知的活動を助ける未来に出現する装置のアイデアを発表した[4]。彼は，この装置をmemexと名付けた。memexは，遠隔地からも扱うことができ，微細なスケールで情報を大量に蓄積し，必要なときにキーワードで引き出せるばかりか，関連する情報をも同時に表示できる仮装の装置である。記憶媒体として想定されたのはマイクロフィルムであった。memexは個人の家にもおくことのできる家具調のワークステーションで，キーボードやレバー，ボタンといった私たちになじみの装置を備えている。マイクロフィルムをハードディスクに，半透明のスクリーンをCRTや液晶ディスプレーに置き換えれば，現代のコンピュータを構成する基本装置ができあがる。memexは，個人用の情報ファイルあるいは図書館であり，人間の記憶機能や研究機能を補完する装置であった。電子図書館の起源をこのmemexに求め，ブッシュは「電子図書館の父」と呼ばれている[5]。

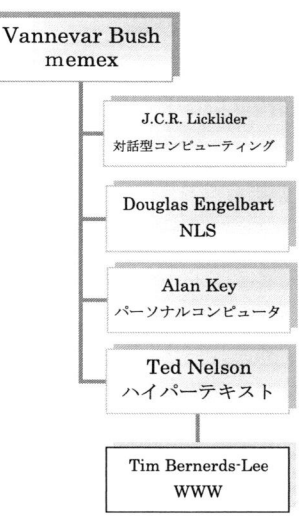

図11-2　ブッシュの影響

　ブッシュは，私たちに2つの重大な示唆を与えてくれた。1つは連想索引法（associative indexing）である。人間が記憶を引き出す方法は連想（association）によるもので，従来から人間がおこなってきた索引法とは異なり，図書館の「目録」はこの点で十分ではないという。未来には，連想によって記憶を引き出す機能が実現されると予想した。連想索引法は，近年，たとえばわが国の国立情報学研究所などで成果が見られつつある。2つ目は，ハイパーリンクである。ブッシュはこれをtrailと呼んだ。彼は，未来には，このtrailを編み出す，すなわち，知の再構築をおこなう専門家が登場し，職業として成立すると予測した。また，再構成されたtrail群は売買されるともいった。ブッシュのいうtrailはWWWのハイパーリンクというかたちで現実化したということができる[6]。

　ブッシュは，こうして，人類の膨大な知識を再構成し，人間の記憶機能や研究機能を補完・強化する装置の構想に行き着いたのである。彼のアイデアは，J・C・Rリックライダー，アラン・ケイ，テッド・ネルソン，ダグラス・エンゲルバート，ティム・バーナーズ・リーといった情報社会をかたちづくった数々の人々に影響を与えた（図11-2）。

## 第2節　パーソナルコンピュータの誕生

　パーソナルコンピュータ（以下，パソコン）の出現は，データの処理方法，ネットワークのあり方，人々のコンピュータに対する意識，果てはコンピュータをめぐる産業構造までも変革した。
　第3世代以降のコンピュータの発展をムーアの法則[7]で語ることが多い。半導体チップの集積

表 11-1　電卓の発展

| 年 | 出来事 | 国 | メーカー | 機種名 | 重量(g) | 価格(￡) | 性能(桁) |
|---|---|---|---|---|---|---|---|
| 1961 | 世界初の真空管式電卓発表 | 英国 | サムロックコンプトメータ社 | Anita Mark8 | 15K | 360 | 12 |
| 1964 | 世界初の全トランジスタ式電卓 | 日本 | 早川電機工業(後のシャープ) | CS-10A | 25k | 535,000 | 20 |
| 1966 | 世界初のIC組み込み電卓 | 日本 | 早川電機工業 | CS-31A | 13k | 350,000 | 14 |
| 1967 | ICによる携帯型電卓の試作 | 米国 | テキサス・インスツルメント社 | Caltech | 640 | － | 12 |
| 1967 | 初のMOS型IC電卓 | 日本 | 早川電機工業 | CS-16A | 4k | 230,000 | 12 |
| 1969 | 世界初の全LSI電卓 | 日本 | 早川電機工業 | QT-8D | 1.4k | 99,800 | 8 |
| 1971 | 世界初のポケット電卓 | 日本 | ビジコン | LE-120A | 300 | 89,800 | 12 |
| 1971 | 世界初のマイクロ・プロセッサ | 米国 | インテル | Intel4004 | － | － | － |
| 1971 | 初のMP搭載電卓 | 日本 | ビジコン | 141PF | 5.8k | 159,800 | 14 |
| 1972 | 低価格電卓 | 日本 | カシオ | カシオミニ | 350 | 12,800 | 6 |

出典：『電卓博物館』より作成。http://www.dentaku-museum.com/('12.1.31現在参照可)

技術の向上は，一方で，日本を巻き込む激しい電卓戦争を招来し，そのさなかにマイクロプロセッサ（以下，MP）が誕生したことはよく知られている。

電卓は，当初，電子式卓上計算機と呼ばれた。電子式という意味における最初の計算機は，論理素子に真空管を用いた英国の製品であった。1964（昭和39）年2月，わが国の早川電機工業（現在のシャープ）は，トランジスタを用いた電卓を世界で初めて商品化した。しかし，重量は25kgと重く，当時の価格で53万5千円もし，自動車1台が買える値段といわれた。この1964年は，メーカー各社が新しい電卓を次々と発表したことにより「電卓元年」といわれる。

日本の各メーカーは，電卓の小型化・低価格化をめざし，世界を相手に激しい競争を展開した（表11-1）。論理素子がトランジスタからIC，LSIへと変わっていくさなか，日本の企業がある提案をおこなった。1つのチップ上に演算ユニットと制御ユニット（この2つをCPUという），ROM（read only memory），RAM（random access memory）を合成できないかというものであった。日本のこの提案により，1971年，世界初のMPであるintel4004が誕生した[8]。

電卓戦争の最中に出現したMPは，すぐさまパソコンの開発を促した（また，マイコン炊飯ジャーのように，家電製品が電子制御になっていく）。一般利用者向けの世界最初のパソコンは，米国のMicro Instrumentation and Telemetry Systems社のAltair 8800といわれる（写真11-1）。1975年1月，ホビー用組み立てキットとして販売，ディスプレーもキーボードもなかった。しかし，個人で利用できるコンピュータの出現を待ち望んでいた多数の人々の間で爆発的な売れ行きを示した。このAltair 8800向けのソフト開発を目的としてマイクロソフト社が誕生した話は有名である。

続く2年間で本格的なパソコンが生み出されていく。アップルコンピュータ社は，1977年，個人向けの一体型パソコン，アップルIIを発売した。電源コンセントに差し込めばすぐ動作する完成品として

写真は，現在，ネット上で販売されているレプリカキット。出典：http://www.altairkit.com/

写真11-1　Altair 8800

量産された世界初のパソコンである。

わが国では，NECがTK-80という組み立てキットを1976（昭和51）年に，精工舎がSEIKO 5700というパソコンを1977年に発売した。しかし，一般利用者向けという点で，わが国初のパソコンは，1978（昭和53）年に発売された日立のベーシックマスターといわれている[9]。アップルⅡと同様，キーボード組み込みの完成品であった（写真11-2）。

1981（昭和56）年に発売されたPC8801（NEC）は漢字が標準で表示できるようになった。翌1982年，ビジネスユースに耐えるパソコンとして一世を風靡したPC9801（同）が発売された。

写真11-2　ベーシックマスター
出典：情報処理学会コンピュータ博物館　http://museum.ipsj.or.jp/computer/personal/0003.html

## 第3節　インターネットの誕生と発展

### a. 誕　生

第2次世界大戦後の国際政治は「冷戦」という言葉に集約される。インターネットの誕生はこの時代状況と切り離すことはできない。米国と当時のソ連は，さまざまな分野でことあるごとに対立し，競争し，緊張を高めていた。宇宙開発分野でも同様であった。1957年，ソ連がアメリカにさきがけて人類初の人工衛星打ち上げに成功したとき，米国内に強い衝撃が走った。周知のスプートニクショックである。

人工衛星の打ち上げに成功したという事実は，地球の引力に抗して地球周回軌道に衛星を乗せることのできる非常に強力な推進力をもつロケットエンジンを手に入れたということを意味する。このロケットの頭に核爆弾を装着すれば，遠方の敵国を凄まじい破壊力をもつ兵器で直に攻撃できる。核爆弾を積んだ大陸間弾道ミサイル（ICBM）の恐怖で米国の政官軍は夜も眠れなくなった。

「ソ連から核攻撃を受けるかもしれない」という恐怖は，「米国による反撃を阻止するため，戦術上，まず，軍事通信網がターゲットにされる」という強い警戒心となった。こうして，米国国防総省（通称PENTAGON）が中心となり，UCLAなどのいくつかの大学が協力し，「核攻撃にも耐えられる軍事通信網はどうあるべきか」という難問を解決しようと研究が開始された。

1964年，当時，冷戦の研究で有名であったランド研究所（RAND Corporation）のポール・バラン（Paul Baran, 1926-）が，この難問を解くアイデア（設計思想）を提出した[10]。その後，この設計思想を参考に実際のシステム開発がおこなわれ，1969

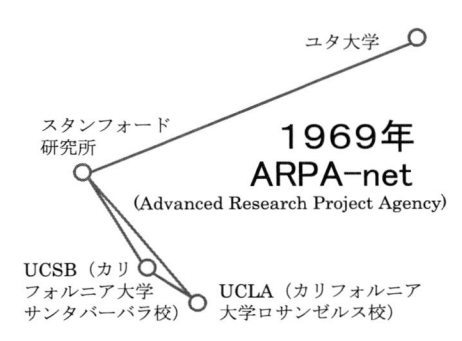

図11-3　インターネットの開始

年，UCLAに初のノードがつくられた。ついで，UCSB，スタンフォード研究所，ユタ大学が接続をはたした（図11-3）。こうして誕生したのがARPA-netである。ARPA（高度研究計画局）とは研究資金を提供したペンタゴンの一組織である。

核攻撃に耐えられる軍事通信網はどのように実現されるのだろうか。バランのアイデアはこうである。当時の通信システムは電話交換機のように，中心に大型コンピュータを据え，それに遠隔地から端末を接続する形態であった。中心のコンピュータが破壊されてしまうと，システム全体が一挙に稼動不能に陥ってしまう。そこで，中心となるコンピュータをもたないネットワークが考えられた（図11-4）。また，情報をネットワーク上に一挙に送り出すのではなく，いくつかの断片に分け（これをパケットという），それに宛先情報（アドレスなど）を付与する。そうして，駅伝で「たすき」をリレーしていくように，個々のサイトがこのパケットをリレーしていき，届いた先で組立て直すというものである。

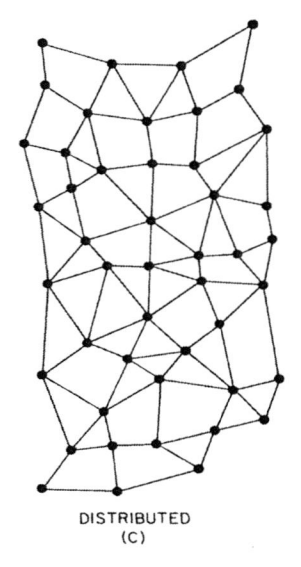

図11-4 バランの構想
出典：Baran, p.2.

このネットワークシステムの特徴は，回線で結ばれた経路選定用に特化された専用のコンピュータ（これをルータという）が，パケットを次々と中継していくことである。ルータ（router）は宛先一覧を載せた表を参照して，最も適切なネットワーク上の隣接したサイトを選び，そこに設置されているルータに向けてパケットを送りだす。この表はきわめて短いサイクルで自動的に書き換えられるので，ネットワークの一部に故障が起きても，すぐに代替可能な経路に切り換えることができる。この仕組みによって，核攻撃にあっても，生き残っている電導線が存在する限り，情報は送り続けられるのである[11]。

b．発　展

この仕組みを実現する通信規約（プロトコル）が，開始当初の原初的なものから，徐々に整備されていった。米ゼロックス社のパロアルト研究所で，1973年，LANを構成するための物理的な規格を定めたイーサネット（Ethernet）が開発された。翌年，パケット交換などを規定するTCP/IP（第2章参照）の基本が整えられると，イーサネットとTCP/IPの組み合わせが標準となっていった。ARPA-netと同じような個別のネットワークが米国内にいくつかつくられ，NASA，全米保健機構，米国エネルギー省などのネットワークが相互に接続をはたすようになった。

こうして全米がネットワークでつながれるようになったころ，いつしか人々は，ネットワークのネットワーク，すなわち，inter-networkと呼ぶようになった。その後，全米科学財団（NSF）が再三にわたって資金投与を行い，回線を太くし，高速でより使いやすいネットワークに成長していった。これが，現在，私たちがよく知っているインターネットである。

すでに述べたように，ARPA-netの目的は，軍事的な通信ネットワークをどう実現するかという研究のためのものであった。ARPA-netの研究者らは，その表向きの目的とは別な使い方

をしていた。たとえば，手紙に代わる新しい通信手段を開発した。電子メール（E-mail）である。また，この E-mail を利用して 1 対多のコミュニケーションができるメーリングリストも開発した。遠隔地にあるコンピュータを使いたいという要望には telnet という仕組みを考案した。また，ftp といって，遠隔地のコンピュータとファイルのやり取りをおこなう仕組みも開発した。

　大学の研究論文や報告書などの文書がネット上におかれるようになった。インターネットのようなネットワークを空間に譬えて，サイバースペース（cyber space）ということがある。人類が文字を発明したころ，あちこちに散在していた貴重な文書を一箇所に集めて図書館をつくったように，人類は，サイバースペース上にまた 0（ゼロ）から図書館をつくろうとしているかのようであった。

### 設問

(1) 第 2 節に関連して，パソコンの出現はコンピュータの世界をどのように変革したか，①コンピュータによる処理方法，②人々のコンピュータに対する人々の意識，③コンピュータをめぐる産業構造の変化について，資料を調べて考察しなさい。

(2) 本章と第 14 章，第 15 章を併せて読み，現代情報社会の特質を，「知識」という観点から 900 字程度で述べなさい。

**参考文献**
1. M.キャンベル・ケリー・W.アスプレイ著；山本菊男訳『コンピュータ 200 年史』海文堂，1999 年
2. 脇英世『インターネットを創った人たち』青土社，2003 年

**注）**
1) Daniel Bell, *The coming of post-industrial society: a venture in social forecasting,* Basic Books, c1973. 内田忠夫[ほか]訳『脱工業社会の到来：社会予測の一つの試み』ダイヤモンド社，1975 年
2) Alvin Toffler, *The third wave,* Morrow, 1980. 鈴木健次[ほか]訳『第三の波』日本放送出版協会，1980 年
3) Vannevar Bush, As we may think, *The Atlantic Monthly,* Vol. 176, July 1945, pp.101-8.
4) Ibid., p.106-8.
5) ウィリアム F. バーゾール；根本彰[ほか]訳『電子図書館の神話』勁草書房，1996 年，p.13
6) ブッシュのこのアイデアに影響を受け，テッド・ネルソン（Ted Nelson, 1937-）がハイパーテキストを構想し，このハイパーテキストのアイデアをセルン（CERN）のティム・バーナーズ・リー（Tim Berners-Lee, 1955-）が World Wide Web に取り込んだ話はあまりにも有名である。
7) インテルの共同設立者である Gordon E. Moore (1929-) が 1965 年に経験則として「半導体チップに集積されるトランジスタの数は約 2 年ごとに倍増する」と述べたことから始まっている。Gordon E. Moore, Cramming more components onto integrated circuits, "Electronics," Volume 38, Number 8, April 19, 1965. 採録：http://download.intel.com/museum/Moores_Law/Articles-Press_Releases/Gordon_Moore_1965_Article.pdf。
8) 嶋正利「プロセッサ温故知新－世界初の CPU「4004」開発回顧録(4)」『日経 BP』2007 年 5 月 8 日，http://itpro.nikkeibp.co.jp/article/Watcher/20070418/268753/（'12.1.31 現在参照可）
9) 高橋茂『コンピュータクロニクル』オーム社（テクノライフ選書），1996 年，p.142
10) Paul Baran, *On Distributed Communications,* Santa Monica, California, the RAND Corporation, 1964, 37p.
11) 1995（平成 7）年 1 月 17 日の阪神淡路大震災では，核攻撃を受けたかのような壊滅的な災害においても，インターネットが有効な通信手段であることをはからずも証明することになった。

# 12 インターネットと図書館

　インターネットは，知の再生産をおこなうためのインフラストラクチャとして変貌を遂げつつある。図書館は，古から知の再生産のためのインフラストラクチャであった。まったく次元の異なるこの2つが統合的に運用されるとき，人類の新しい段階が見えてくるようである。本章から以降は，このアイデアを底流にインターネットを扱うことにする。

## 第1節　インターネットの大衆化

　スイスとフランスの国境付近に CERN（Conseil Europe en pour la Recherche Nucleaire, 欧州原子核研究機構）という組織がある。これは原子核物理学に関する国際機関で，各国から一流の研究者が参加し日夜研究を続けている。1980年代，研究者らは自分の手慣れたコンピュータを持ち込み，インターネットに接続して利用していた。自らの研究成果やその他の文書を相互にやり取りし，ワープロなどで加工するといったことが日常おこなわれていたが，それぞれ異なったメーカー，機種，言語，文字セット，ワープロの仕様などのちがいにより，文書交換は容易ではなかった。telnet や ftp だけでは十分ではなかったのである。

　1989年，このことに業をにやしたティム・バーナーズ・リー（Timothy John Berners-Lee, 1955-）がある提案をおこなった。そして，1991年3月，開発したプログラムを CERN 内に無償で配布した。これが，今日のワールドワイドウェブ（World Wide Web, WWW）である。当初は文書データのみを扱うものだった。

　この WWW は，4つ特徴をもった新しい「情報交換の仕組み」ともいうべきものである（表12-1）。バーナーズ・リーはこれをインターネット上に無償で公開し，自由に複製と改変を許した[1]。

表12-1　WWWを理解する4つの柱

| ①統一した書式 | HTML |
| ②通信規約 | http |
| ③発信プログラム | httpd など |
| ④参照プログラム | （browser） |

　バーナーズ・リーの WWW 成功の理由は，次の2点に集約されよう。①窓（ウィンドウ）とマウスを用いた高度なマンマシーンインターフェース[2]，②ハイパーテキスト構造（図12-1）の採用である。それまでのインターネットは，コンピュータに指令（コマンド）を送る際，キーボード操作に慣れていないとなかなか使いこなせないものであった。

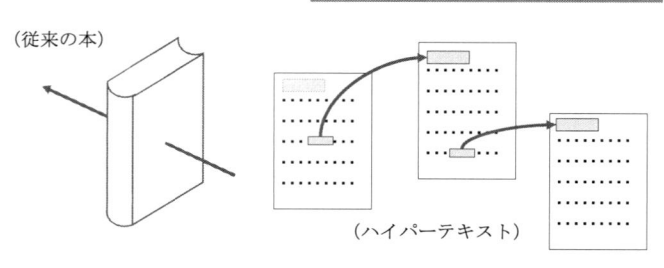

図12-1　ハイパーテキストのイメージ

1992年末，当時イリノイ大学の学生であったマーク・アンドリーセン（Marc Andreessen, 1971-）が，このWWWに接するに及んで大変な関心を示した。しかし，若い感性からは物足りなかったのであろう，文字だけしか扱えなかったものを画像も同時に表示できるようにしようと，友人らとともに改変に取り組んだ。翌年2月，参照プログラムが完成し，MOSAICと名付けられた[3]。そして，インターネット上に無償公開されるや，瞬く間に世界中に広がっていった。あまりの反響に，当時彼らをアルバイトとして雇用していたNCSA（National Center for Supercomputing Applications, 国立スーパーコンピュータ応用センター）が管理に乗り出すほどであった。官僚機構のなかに据えられ，彼らの自由にはならなくなってしまった。

シリコングラフィックス社の設立で名の知られたジム・クラーク（James H. Clark, 1944-）という人物が，このとき，MOSAICを開発した学生らをスカウトし，のちのネットスケープ社（Netscape Communications）を起こした。1994年のことである。彼らは自分たちが開発し，自分たちの手から取り上げられてしまったMOSAICよりも，もっとすばらしいものをつくろうと努力した。そして，誰もが優秀性を認めた製品を完成させた。これが一世を風靡したNetscape Navigatorである。Netscapeは，その後Mozilla Firefoxに引き継がれ現在にいたっている。

MOSAICやFirefoxは，WWWという仕組みで公開される情報を自分のコンピュータで見る（参照する）ためのアプリケーションプログラムである。これをブラウザ[4]という。現在，ウィンドウズパソコンに標準で添付されているInternet ExplorerやiPadのSafariなど，いくつかのWWWブラウザが世に出ている。

バーナーズ・リーとアンドリーセンらの功績は，WWWの創出とそのマルチメディア化にある。一般にはなじみの薄かったインターネットを，万人が受け入れられるものとした，言い換えれば，インターネットを大衆化したことに多大な評価を与えることができる。加えて，それまで研究者用に限定していたインターネットへ資金提供していた全米科学財団（NSF）が，1995年をもって研究資金の打ち切りを決定したことにより，民間の参入を促すことになった。多数の商用プロバイダが出現し，大衆化を加速した（図12-2）。

こうして，2000年に向けて，多くの企業や個人が新たなビジネスチャンスを求めて，あるいは，純然たる興味・趣味から，WWWの仕組みに則って次々とホームページ（以下，HP）を開設した。いわゆるドットコムバブルといわれるような活況を呈した。

### 第2節　インターネットの基礎知識

#### a. IPアドレス

インターネットは，基本的に，コンピュータが世界規模につながったネットワークである。コンピュータ同士が滞りなく情報の送受信をおこなうための仕組みが十分に考

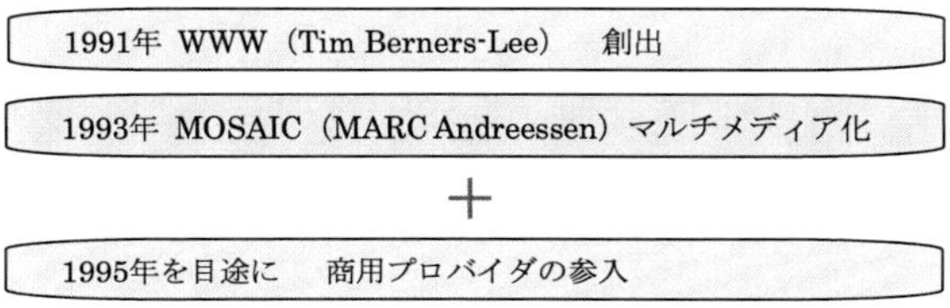

```
1991年 WWW（Tim Berners-Lee）　創出
1993年 MOSAIC（MARC Andreessen）マルチメディア化
              ＋
1995年を目途に　商用プロバイダの参入
```

図12-2　インターネットの大衆化

えられている。あるコンピュータから別なコンピュータに情報を伝送するときは，第2章で扱ったOSI7層モデルの各層ごとに定められた規約（プロトコル）に則りおこなわれる。とくに，1982年になって，ARPA-netの標準として本格的に移行が進められた通信規約のセットがTCP/IPと呼ばれる。これは第4層のTransmission Control Protocolと第3層のInternet Protocolの組み合わせで，パケットをどう交換するかという取り決めが中心となっている。

まず，何億台ものコンピュータのなかから相手のコンピュータを一意に識別できなければならない。このための所番地のようなものがIPアドレス（以下，IPA）である。IPAは2進数8桁を4つ組み合わせたもので，32bitで記述される。そのパターンは$2^{32} ≒ 4.3 \times 10^{10}$となり，約43億通りのアドレスを識別できる[5]。実際は8bitずつを10進数で表し，160.194.200.81のように表記する。IPAは各国の専門機関が管理しており，個人で勝手に割り振ることはできない。わが国では，㈱日本ネットワークインフォメーションセンター（JPNIC）が管理業務をおこなっている。

### b. ドメインネームアドレス

IPAは数字の羅列なので，人間が理解しやすい文字列を用いる方法が用意されている。これがドメインネームアドレス（以下，DNA）で，図12-3中，wwwからjpまでをいう。また，DNAからホスト名を除いた部分をドメインネーム（またはドメイン名）という（ホスト名を含む全体をドメイン名という人もいる）。IPAとDNAは1対1に対応しているが，IPAが必須なのに対し，DNAはオプションである。DNAは，ネットワーク上に適宜配置されているドメインネームサーバによりIPAに変換される。

DNAの構成は図12-4のようになる。階層構造をとって，上位から下位に向かって特定のコンピュータを絞り込むようになっている。階層の頂点にあるものをトップドメインという。一般に，国別記号（図12-5）がトップドメインになる。ただし，インターネット発祥の米国では，通常，国別記号をおかない（最近は，地方政府組織などでusを付ける例も見られるようになった）ことになっており，amazon.comのように組織種別がトップドメインとなる。

米国以外では，組織種別が2番目におかれる。組織種別はあらかじめ決められたものを使用する（図12-6）。最近は，saitamaなどの自治体の名称も認められるようになり，さらに漢字表

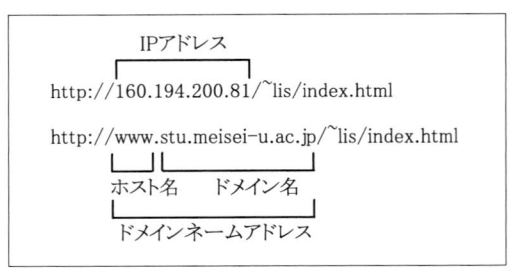

図12-3　IPAとDNA

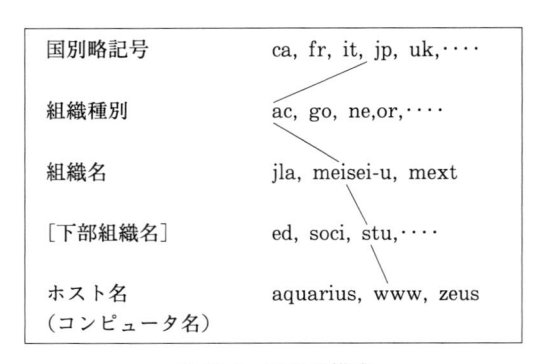

図12-4　DNAの構成

at（オーストリア），au（オーストラリア），ca（カナダ），fr（フランス），cn（中国），de（ドイツ），dk（デンマーク），es（スペイン），it（イタリア），kr（韓国），uk（イギリス），sp（シンガポール）

図12-5　代表的な国別略記号

記のドメイン名も可能になるなど自由化が進んでいる。米国のドメインも自由化が進み，選択肢が増やされた（biz など）。

　組織名はオプションで，任意につけられる。ホスト（またはコンピュータ）名はニックネームなどが使われる。大学など規模の大きなサイトではホスト名と組織名の間にオプションで下部組織名を入れることがある（図 12-3 の stu など）。

　ドメイン名は，世界中で重複がないように厳密に管理されている。わが国の jp ドメインの管理は，㈱日本レジストリサービス（JPRS）が JPNIC の委託を受けておこなっている。

```
      （日本の場合）
ac   achademic      学術機関
or   organization   一般団体
co   commercial     商業組織
go   government     政府機関
ne   network        通信事業者
      （米国の場合）
edu  education      教育機関
com  commercial     商業組織
gov  government     政府機関
```

図 12-6　組織種別の例

### c. DHCP

　では，すべてのパソコンが最初から IPA をもっているかというとそうではない。たとえば，ノートパソコンなどをクライアントとして，LAN に接続する場合，IPA は接続した段階で自動的に割り振られる。この方式を DHCP（Dynamic Host Configuration Protocol）という（ADSL やダイヤルアップ接続では他の方式がとられる）。この働きを担うのが DHCP サーバである（図 12-7）。接続を切ると，このアドレスはほかのクライアントに割り振られるようになる。私たちが，図書館やホテルやそのほかの公共施設にノートパソコンを持ち込み，手軽にインターネットに接続できるのは，この仕組みのおかげである。HP を閲覧するだけなら DHCP で"その場限り"の IPA を割り振ってもらえば十分である。これは，旅行中に，「今滞在しているホテルの住所に荷物を送って！」という様子に似ている。

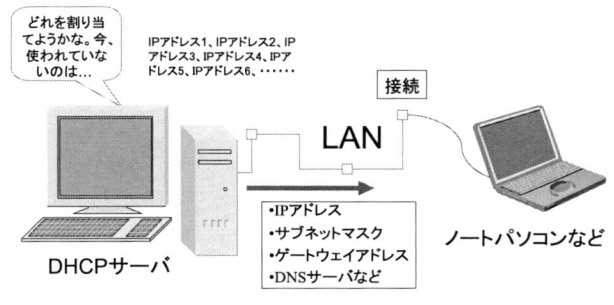

図 12-7　DHCP

### d. WWW と URL

　インターネット上への情報発信を手軽で簡便にしたのが 4 つの柱（表 12-1）からなる WWW である。HP など，インターネットで参照できる情報は，ほとんどが WWW に則り，HTML（Hyper Text Mark-up Language）で記述されている。最近のブログやマイクロブログといわれるツイッター（twitter）も，基本的には HTML で記述される[6]。HTML は主としてレイアウト情報を記述するコンピュータ言語の一種である。

　さて，情報発信をおこなうときは，HTML 用いて文書を加工し，WWW サーバに載せる。サーバは，文書を見たいという要求が寄せられたときにはじめて，その文書を相手のコン

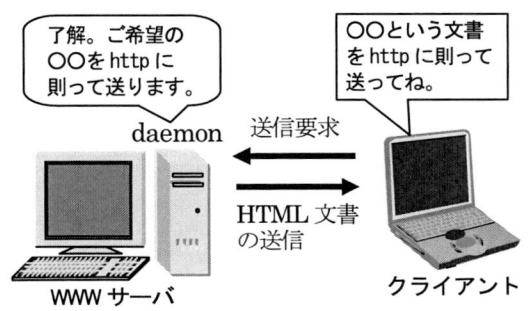

図 12-8　httpd の働き

ピュータ（クライアント）に向けて送信する。このときの送受信の手順を定めた約束事（通信規約）が http (hyper text transfer protocol) である。そして，指定された文書を送り出す仕事をするのが httpd (http daemon) などと呼ばれる送信プログラムである（図12-8）。

ある文書を送ってほしいという要求は世界規模で寄せられ，また，いつ起こるかサーバ側にはわからない。そのため，送信プログラムは24時間それに備えている。こうした，クライアントの要求にいつでも応えられるように待機しているプログラムを一般にデーモン[7]という。

クラインアントからHPやブログの特定の文書を送信してほしいという要求は，URL (Uniform Resource Locator) で指定する。URLはWWWのアドレスと考えるとわかりやすい。URLは次のように記述する。

http://www.stu.meisei-u.ac.jp/~lis/index.html

最初のhttp:は，通信規約のhttpに準拠することを示す。//www.stu.meisei-u.ac.jpは，DNAで示されるサイトにおかれたホスト（この場合，WWWと名付けられたサーバ用のコンピュータ）上のHPがおかれたディレクトリ（正しくいうと，HP用の文書などを収納するよう設定されたディレクトリ）を示す。~lis/index.htmlは，HP用ディレクトリにつくられた「lisというサブディレクトリ内のindex.htmlという（名前の）文書」という指定である。つまり，ファイルにたどり着くための道筋（ファイルパス）を表している。

## 第3節　インターネットと図書館

1993年，クリントン政権のアルバート・ゴア副大統領が，NII (National Information Infrastructure, 全米情報基盤，日本側呼称＝情報スーパーハイウェイ構想) を打ち出した。全米の学校，病院，図書館などを大規模に接続し，情報の流通を高度にはかり，もって国力を回復して，強い米国を再構築しようとする政治的な意図が背後に見られた。私たちは，米国が，なぜ，学校と病院と図書館をつなごうと発想したのかその理由を考える必要がある。

インターネットを利用できない図書館はこの世に存在しないといってよいほどである。私たちは，インターネットから多くの情報を得ることができる（ただし，その情報は断片的であることに十分留意しなければならない）。情報提供機能をもつ図書館は，インターネット上の情報の不安定さを考慮しつつ，積極的に利用の方策を編み出していく必要がある。一方で，HPを制作することにより，これまで仲介型といわれてきた図書館に，発信型の機能を付加する必要がある。選書と同じ発想で適切な情報源にリンクを張っておくことも重要である。

インターネットは電子図書館を実現する基本的なインフラストラクチャである。なお，ヴァネヴァー・ブッシュが構想したmemexのように，私たちの知的な活動を支援するものとして，今後とも発展していくことが期待される。図書館は，インターネットをそのための基盤とみなして，積極的にかかわり続けることが重要である。

**設 問**

(1) 普段使っている URL の 1 つをみて，その意味を言葉で記述しなさい。
(2) 米国の情報スーパーハイウェイ構想に見られるように，学校と病院と図書館をつなぐことにどのような意味があるのかを考察し，900 字程度にまとめなさい。

**参考文献**
1. 脇英世『インターネットを創った人たち』青土社　2003 年
2. 杉村啓『ネットワークの謎』ソーテック　2005 年

**注）**
1) このような自由な複製や改変を許すコンピュータプログラムをオープンソースソフトウェアといい，誕生当初からのインターネット文化の 1 つである。
2) man-machine interface. インターフェースとは，人間がコミュニケーションをおこなうときの顔と顔が面と向かう有様を示し，そこでは発話や表情，アイコンタクトなどによる通信がおこなわれる。これを人間と機械の間でのやり取りをおこなう場面に広げたとき，マンマシーンインターフェースという。キーボードから入力したり，ディスプレーで文字を読んだりするようなことである。キーボードの操作が苦手な人にとって，マウスのようなポインティングデバイスはきわめて便利である。
3) 脇英世『インターネットを創った人たち』青土社，2003 年，pp.258-63.
4) browser. この言葉を用いたブラウジングという言葉は図書館でおなじみである。ブラウズ（browse）とはもともと羊が草を食べて歩く様子を言い表した言葉であった。これが書架の間をめぐったり，1 冊の本や雑誌を手にとってパラパラとめくったりしながら，何とはなしに情報を取り込んでいくことを表わすようになった。WWW で情報を見るときも同じような感覚であることから，このためのプログラムを総称して WWW ブラウザという。
5) 数年前から，43 億台のコンピュータしか識別できない IP アドレスが枯渇するということが問題になり，IPv6（IP バージョン 6）への移行が進められている。これは 128 ビットでアドレスを表すもので，$2^{128} ≒ 3.4 × 10^{38}$ という膨大な数になる。この十分な数により身の回りにあるさまざまな機器に IP アドレスを振ることが可能となる。ちなみに，身の回りにそれと意識しないほどコンピュータ関連の装置がたくさんあるような環境や社会全体をユビキタス（Ubiquitous）という。家庭内の冷蔵庫，DVD レコーダ，エアコンなどもインターネットに接続されることが考えられている。IPv6 は設計思想の段階で，十分なアドレス数の確保，アドレス自動生成機能，セキュリティ機能，リアルタイム伝送の配慮がなされているという。IRI・ユビキタス研究所『マスタリング TCP/IP』オーム社，2005 年，p.19
6) HTML よりさらに機能を高めた拡張 HTML（Extensible Hyper Text Markup Language）や XML（eXxtensible Markup Language）で記述されるものも多くなってきた。
7) デーモンは，一般に「悪魔」を意味するが，それよりは，ギリシア神話に出てくるダイモンという土地や人の「守護霊」を意味するとしたほうが感覚的にはピッタリくる。別に，disc and execution monitor の頭字語で，プログラムを実行するかどうかをモニターするプログラムのこととする説もある。それらはともかく，デーモンの仲間には，LAN へのログインをいつでも受け付ける inetd とか，電子メールの送受信を 24h 監視しているメールデーモン，印刷要求を待っているプリントデーモンなどがある。ネットワーク上では，多種多様なデーモンが四六時中動き続け，要求があるまで眠らずに待機しているのである。

# 13 サーチエンジンの仕組み

インターネット上の情報を"探す"ときに便利なツールとして，サーチエンジン（search engine）がある。インターネットで流通する情報量が増大する一方で，利用者の大半がサーチエンジンを恒常的に利用しているという[1]。いまや，サーチエンジンはインターネットでの情報探索になくてはならないツールであり，社会に与える影響も大きい。この章では，サーチエンジンについての基本的な概念の理解と仕組みを解説し，利用に際して留意すべき点について述べる。

## 第1節　検索と探索

インターネット上の膨大な情報のなかから必要な情報をピタリと探し出すことは相当な訓練を要する。Webページや電子ファイルは，所在（URL）を知らないとアクセスできないため，個々のサイトでは「リンク集」が任意に作成され，情報源への道しるべとすることがおこなわれてきた。リンク集に収載されていない情報へのアクセスはもちろんできない。そこで，あらかじめ情報源への索引をつくり，コンピュータプログラムの機構（search engine）を用いて検索できるようにしたシステム／サービスが考案された。これを「サーチエンジン」と呼ぶ。

「検索エンジン」という語に関し，明らかに誤用と思われる用語法が見られる。これは，「検索」と「探索」の混同から起こったと考えられる。まず，それぞれの概念を正しく理解しよう。

通常「検索エンジン」という場合，データベース（Database，以下DB）に備えられた検索のための一機能のことをさす。「検索」という語は英語のretrievalにあたり，有限個の集合のなかから与えられた条件に合致したものを選り出す行為をさす。これに対し，「サーチ」（search）は，明確な範囲を特定せず，あるかないかわからないところから探し出していく行為のことである。searchの語源を探れば，「回って探す」ことを意味しており，注意深く組織立てて探すことをいう。日本語では「捜索」とか「探索」と訳すのがふさわしい。

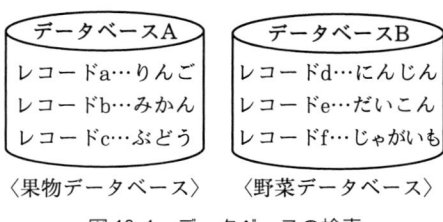

図13-1　データベースの検索

### a. 検索（retrieval）

さて，図13-1のようなAとBのDBがあるとする。Aは「果物DB」で，りんご，みかん，ぶどう……と，さまざまな果物のレコード（記録）が収録されている。Bは「野菜DB」で，同様に，にんじん，だいこん……とさまざまな野菜がレコードとして収録されている。

果物に関して調べたいとき，Aを用いれば必要な情報が引き出せる可能性が高いと予見できる（少なくとも，最初からBは検索しないはずだ）。一方，たとえばレタスについて知りたいとき，

検索者は，まず野菜 DB を検索しようと考えるが，仮に B が野菜 DB のなかでも「根菜類」の専門 DB であったとすると，この DB ではレタスに関する情報は得られない。果物 DB である A にも収録されていないだろうから，ほかに適切な DB がないか手立てを考えなくてはならない。

この例が示すのは，「DB を用いれば何でもわかる」のではなく，「集められた記録以上のことはわからない」ということである。DB は，編成する段階で何をどの範囲で集めるのかが決まっており，検索者は，「どの DB を検索すれば必要なデータが取り出せそうか」を予見しながら扱わなければならない。あらためて，「検索」とは有限個のレコードのなかから条件に合致するものを選び出す行為であることを確認しておこう。

### b. 探索（search）

探索とは，あるかないかわからないところから探し出そうとする行為である。言葉の使い方として，「DB を探索」するといった場合，個々の DB を検索するのではなく，必要な情報がどの DB にありそうかを探し当てることを意味する。

インターネット上の情報を探そうとするときを考えてみよう。そもそも，探そうと思った時点では，その情報が存在するのかどうかはわからない。自分が見つけられなかったとしても，もしかしたら，ほかの探索者なら見つけられるかもしれない。「探索（サーチ）」とは，つまり，探すための手立て（＝探索戦略）から編み出す必要があるということである。

以上から，たとえば，「この DB の検索エンジンは優れている」は正しい使い方であるが，「インターネット上の情報を探すツールに検索エンジンがある」というのは誤った使い方ということになる。後者の場合は，本来，「探索エンジン」[2]と訳すべきだったであろう。

インターネット上の情報は，確かにある瞬間を固定すれば，蓄積されている情報の数は有限であるともいえる。しかし，今，この瞬間にも，世界中の人々の手によって生成消滅が繰り返されており，もはや，無限の広がりをもつものと認識して差し支えなかろう[3]。そのなかには自身の求める情報があるかもしれないし，ないかもしれない。そこから工夫をしながら探し当てていく行為は，まさに「探索（search）」そのものなのである。

## 第 2 節　サーチエンジンの仕組み

サーチエンジンは，「収集・登録の方式」と「検索の方式」によって分類できる。巷間，聞かれる「サーチエンジンにはディレクトリ型とロボット型がある」という分け方は，交叉分類で，発生史的にいってまちがったいい方である（表 13-2）。

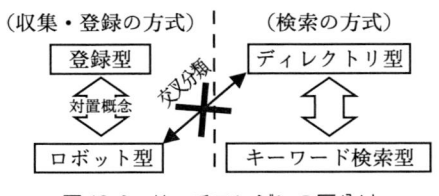

図 13-2　サーチエンジンの区分け

### a. 収集・登録の方式

収集・登録の方式は，サーチエンジンの管理者が Web サイトなどを選択的に登録する方法（登録型）とロボットにより自動的に収集する方法（ロボット型）とがある。

登録型では，サイト関係者が自らインターネットを巡回するなどして有益と思われる Web サイトを探し出したり，登録候補となるものを広く募集したりして，人手によって確認，収録・整理をおこなう。人力により判断されるため，比較的有益な情報を集めることができる反面，登録件数はマンパワーに依存し，ロボットによる自動収集に比べて圧倒的に少ない。

ロボット型では，インデクシングロボット（Crawler や Spider など）と呼ばれるコンピュータプログラムが，インターネット上に公開された Web ページを次々に読み込んでいき，ページ中のハイパーリンクを抽出して自動的に登録をおこなう（索引が作成される）。この方式を用いると，理屈のうえでは，Web ページの網羅的収集が可能であるが，ロボットでは，収集される情報の質や真偽を判断することができない。そのため，検索結果に不要な情報（検索ノイズ）が多くなるといった特徴をもつ。

### b. 検索の方式

収集された Web ページの検索方式は，ディレクトリ型とキーワード検索型にわけられる。

ディレクトリ型とは，登録することが決定した Web ページの URL を，あらかじめ設定したテーマごとのカテゴリ[4]に位置づけ，利用者はそのカテゴリを上位概念から下位概念へとたどりながら情報を探し出す方式である。こうした構造をディレクトリ構造といい，これを検索することをディレクトリ検索という。図書館情報学でいう事前結合索引法による情報の組織化と検索の技法の1つである。

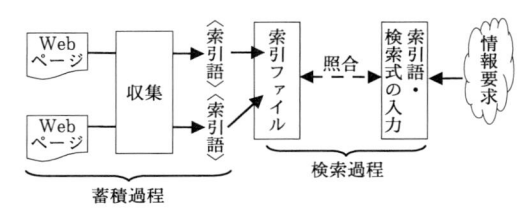

図 13-3　Web ページの情報の蓄積と検索の仕組み

キーワード検索型は，サーチエンジンに備えられた検索エンジンに，検索語や検索式を入力する方式である。すなわち，事後結合索引法である。この方式では，収集された Web ページのテキストに含まれる語などを収集し生成される索引ファイルに登録された語と検索語が一致した場合や類似の度合いにより検索される（図 13-3）。近年では，Web ページの人気度などを考慮したページランクを用いて検索結果に反映させるシステムも登場している（次節を参照）。

## 第3節　サーチエンジンの登場

サーチエンジンは，インターネット普及期において，さまざまな人々が開発にチャレンジした。わが国の有志により開発されたものもある（慶應藤沢キャンパスのニッポンサーチエンジン，東京大学の大学院生が開発したODiN，早稲田大学の学生が開発した千里眼，NTT のタイタンなど多数）。

デビッド・ファイロ（David Filo, 1966-）は，米国の代表的なサーチエンジンである Yahoo! の創設者の1人である。彼は，スタンフォード大学の大学院時代に共同設立者のジェリー・ヤン（Jerry Chih-Yuan Yang, 1968-）とともに，ハイパーリンクが階層的に整理され，その階層をたどることで検索を可能にした「Jerry's Guide to the World Wide Web」を 1994 年に開設し，同年，Yahoo! に移行した[5]。Yahoo! は，登録型サーチエンジンとして出発した。基本的に人

の手によって構築されているため、比較的良質な Web サイトを検索することが可能であった。1996（平成 8）年には日本語版である Yahoo! JAPAN がサービスを開始している。

　1994 年 7 月、カーネギー・メロン大学（Carnegie Mellon Universiyt）のマイケル・モールディン（Michael Loren Mauldin, 1959-）が lycos を公開した[6]。Lycos は、ロボットによって収集した Web ページを DB 化し、キーワードで検索できるようにした。

　ロボットがネットを巡回（クロール）するようになると、人々は世界中のより多くの Web 情報にアクセスできるようになった。一方で、大量の情報が自動収集されるにともない、検索結果のなかに利用者ニーズに適合した情報がどれだけあるのかという、検索精度の問題が浮上した。

　1998 年に正式にサービスを開始したロボット型サーチエンジンの Google[7]は、Web ページの価値の指標としてページランクという手法を用い、検索結果を表示する順番を決めている。ページランクは Web ページの内容を直接評価するのではなく、リンクの関係性を評価する。たとえば、ランクの算出の際に、そのページにリンクしている Web ページの数やランクを加味するなどである。この仕組みで利用者が必要と感じる検索結果を導き出そうとしている[8]。

## 第 4 節　次世代サーチエンジン

　ここでは、サーチエンジンにおける新しい技術的アプローチをとりあげる。まず、インクリメンタルサーチ（incremental search）がある。サーチエンジンに備えられた検索機能（すなわち検索エンジン）における技法の 1 つで、検索語をすべて入力してから検索を実行するのではなく、入力のたびに、即座に候補を表示させる手法。これに、入力途中の文字列から検索語を予測して候補を表示する「予測検索」も併用されると大変便利である。

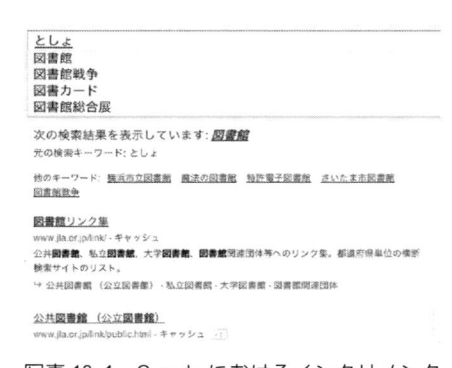

写真 13-1　Google におけるインクリメンタルサーチ

この機能を用いることで、検索語をすべて打ち込む手間が省け、また、入力しながら検索結果を確認することで、思いちがいや誤入力への対処も直ちにおこなえる。新鋭のサーチエンジンに多く採用されている技法である（写真 13-1）。

　また、Google の画像検索では、検索語による検索のほか、手もちの画像ファイルをアップロードして、類似の画像を探すことができる。さらに、画像の内容を自動的に解析して検索語に置き換え、それによって検索した Web ページ一覧も同時に表示してくれる（写真 13-2）。

　このほかにも、音声による検索や、検索語の意味を解釈するセマンティックサーチエンジン（semantic search engine）がある[9]。

　サーチエンジンは、利用者の探索ニーズを満たそうと日々進化を続けている。しかし、完全なサーチエンジンはない、また、サーチエンジンによって得られる情報がすべてではないことを理解されたい。

　現在のサーチエンジンは、人気のある（信頼性が高いという意味ではない）Web ページほど検

写真 13-2　Google の画像での検索
写真では，Google 社のロゴの画像ファイルをアップロードしたところ，画像解析の結果「doodle for google」というロゴの名前が推測され，類似の画像を検索するのと同時に検索語による検索結果も表示されている。

索結果の上位に出現する。言い換えれば，検索結果に，商業的な意図が反映される可能性があるということである。SEO（Search Engine Optimization，「サーチエンジン最適化」と訳される）という言葉があるが，これは，企業などが特定のサーチエンジンを対象に，検索結果でより上位に現れるよう，自社の Web ページをつくり直す行為をさす。インデクシングロボットの動作を調べ，評価方式で高得点をあげることを目的に Web ページをデザインする専門業者も存在する。悪質な SEO については検索対象から外すなど，サーチエンジン側でも一定の対策はとっているが，サーチエンジン自体，商業組織が運営していることも多く，出現順位から検索結果の信頼性を判断するには注意を要する。

　また，予期せず，サーチエンジンの検索対象から除外されるといった問題（Google 八分，Yahoo! 八分など）[10] も起きている。大手のサーチエンジンを利用する以外に，インターネット上の膨大な情報を網羅的に調査する手だてがないことを考えると，サーチエンジンの検索結果から排除されることは，いかに有益な情報でも，ネット上での"埋没"を意味する。

　特定のページが検索結果に表示されない理由は公表されていない。したがって，サーチエンジンによる情報のフィルタリングがどの程度おこなわれているのか誰にもわからない。"ネット時代の検閲"の可能性がないわけでもないのである[11]。

　また，個人名や企業名をあげて誹謗中傷があった場合，サーチエンジンからそれらが検索され，瞬く間に広がって，誹謗中傷の効果が増幅されることがある。サーチエンジンの負の特性である。

### 設　問

(1) 本文で取り上げたサーチエンジンのほかに，現在サービスがおこなわれているものを 3 つあげ，それぞれの特徴（収集・登録の方式，検索方式など）を述べよ。
(2) 複数のサーチエンジンを用いて実際に情報の探索をおこない，検索結果がどのように異なるか考察しなさい。

### 参考文献
1. 森大二郎『検索エンジンはなぜ見つけるのか―知っておきたいウェブ情報検索の基礎知識』日経 BP 社，2011 年
2. 渋谷嘉彦［ほか］『改訂 情報サービス概説』樹村房，2004 年

注)
1) サーチエンジンは，インターネットユーザの93.7%に恒常的（週に1回以上）に利用されているという。「インターネット検索エンジンの現状と市場規模等に関する調査研究（報告書）」総務省情報通信政策研究所，2009年，p.31, http://www.soumu.go.jp/iicp/chousakenkyu/data/research/survey/telecom/2009/2009-I-14.pdf ('12.1.31現在参照可)。
2) わが国では，図書館情報学の観点からから十分検討しないまま「検索エンジン」と訳したものが，そのまま社会に定着してしまった観がある。本シリーズでは，この点をふまえ，DBの検索機能，または検索モジュールをさすときのみ「検索エンジン」とする以外は，カタカナで「サーチエンジン」と表記する。
3) Googleの発表によると，同社が把握しているURLの数が2008年の段階で1兆を突破したという。さらに，Webページの数は1日あたり数十億ページの勢いで増加しつづけているという。Jesse Alpert, Nissan Hajaj, "We knew the web was big...", The Official Google Blog, 2008-7-25, http://googleblog.blogspot.com/2008/07/we-knew-web-was-big.html ('12.1.31現在参照可)。
4) 哲学分野では，事物を分類する際，もはやそれ以上に分けることのできない，最も根本的一般的な基本概念のこと。一般には，同じ性質のものが属すべき部門とか範疇のこと。
5) "The History of Yahoo! - How It All Started...", Yahoo! Media Relations, http://docs.yahoo.com/info/misc/history.html ('12.1.31現在参照可)。
6) モールディンは，同大学の"Informedia Digital Library"プロジェクトの一貫として，コンピュータプログラムによるURLの自動収集をおこなっていた。収集したURLをDB化し，Lycosと名づけた。また，同名の会社を起こし，1996年，新規株式公開し完全商業化した。彼は，1998年ロボットプログラムspiderの特許を取得した。カーネギー・メロン大学HP http://www.cmu.edu/corporate/pod/affiliated_companies.shtml, およびモールディンのHPより。Michael L. Mauldin, Lycos, Inc. Lycos: Design choices in an Internet search service, IEEE Expert Online, Jan-Feb 1997, p.8-11. http://www.lazytoad.com/lti/pub/ieee97.html ('12.1.31現在参照可)。
7) Googleは，Yahoo!のサーチエンジンに採用（2000年6月-2004年2月）されたことで広く知られるようになった（powered by googleと表示されたことを記憶されている人もいるだろう）。
8) Googleの検索順序決定のアルゴリズムの詳細は企業秘密とされており，公開されていないものも多いが，創始者のラリー・ペイジ（Lawrence Edward "Larry" Page, 1973-），セルゲイ・ブリン（Sergey Brin, 1973-）の論文からある程度うかがい知ることができる。"The Anatomy of a Large-Scale Hypertextual Web Search Engine", Seventh International World-Wide Web Conference (WWW 1998), April 14-18, 1998., http://ilpubs.stanford.edu:8090/361/1/1998-8.pdf ('12.1.31日現在参照可)。
9) セマンティックサーチエンジンには，2004年の米国のhakia (http://www.hakia.com/) がある。hakiaは，収集するWebページに"意味"を付加する。たとえば，特定の有名人に関するページを公式ページ，伝記，受賞，スピーチ，写真，ニュース，ブログやファンサイトというようにタグ付けしておくことで，その人物について検索されたときにカテゴリごとに分けて検索結果を表示する。また，情報の信頼性を確保する手段として，「Credible（信頼できる）」というカテゴリを用意し，ここに表示される情報は，司書やIT専門家による評価があらかじめおこなわれたものとなる。
10) 「○○八分」は「村八分」の八分で，サーチエンジンの索引から除かれ，検索結果に表示されないことをなぞらえた言葉である。
11) Googleでは，検閲をおこなわない方針を示している。ページが削除される条件は，公序良俗に反するもの，不正な手法で検索順位を向上させるサイト，個人や団体の権利侵害（著作権侵害，名誉毀損など）としている。基本的に，その国の法律に照らし合わせて判断をおこなっているとのことだが，具体的な基準や削除事例などについては公表されていない。いまや社会的に影響の大きいサーチエンジンだが，こうしたことを一法人のみで判断することの是非については議論がある。実際に，Googleが2006年に中国に参入する際には，当初，中国内の法規に照らし，一部の政治に関するデリケートな問題を除外してサービスを開始した。しかし，その後，このいわば"検閲"に対する論争が起き，2010年に中国国内からの事実上の撤退を余儀なくされたという経緯もある。Andrew McLaughlin, "Google in China," The Official Google Blog, 2006-1-27, http://googleblog.blogspot.com/2006/01/google-in-china.html ('11.12.7現在参照可)，David Drummond, "A new approach to China: an update," The Official Google Blog, 2010-3-22, http://googleblog.blogspot.com/2010/03/new-approach-to-china-update.html ('12.1.31現在参照可)。

# 14 Web2.0 と Library2.0

インターネットの発展の跡づけは第 11 章と第 12 章で扱った。WWW という新しい情報交換の仕組みの出現，MOSAIC というソフトウェアの開発によるマルチメディア化，そして，商用プロバイダの参入が，ほぼ，1990 年代のはじめの数年間におこり，これによって，インターネットの大衆化が一気に進んだことを特筆した。本章ではこれに続くインターネットの「超」大衆化を取り上げる。なお，ここで扱う内容は，本シリーズ第 1 巻『図書館の基礎と展望』第 15 章（以下，第 1 巻）でも扱っているので，そちらも併せて参照してほしい。

## 第 1 節　「超」大衆化するインターネット（Web2.0 の意味）

### a. インターネットの大衆化

WWW までのインターネットは，大学などの研究機関に所属する研究者や技術者に限られていたため，表現性や扱いやすさは二の次であった。それが，誰もが，マウスとウィンドウという手軽な手法で操作できることに喜び，ハイパーテキスト構造という今まで見たこともない情報の提示の仕方に魅了され，

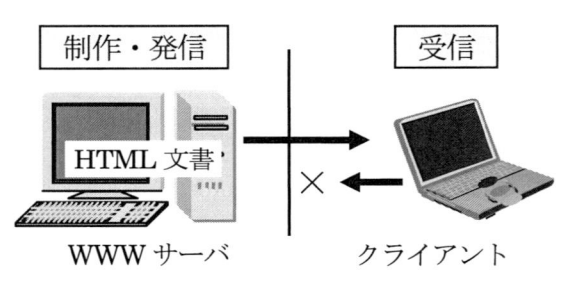

図 14-1　発信者と受信者の線引き

フルカラーの美しいきれいな画像に圧倒された。そして，多数の企業から個人までが，新しいビジネスチャンスをうかがい，WWW に則ったホームページ（以下，HP）を開設した。そして，2000 年に向けて，いわゆるドットコムバブルといわれる活況を呈した。これが「インターネットの大衆化」である。

HP を開設するためには，HTML によって文書を記述し，WWW サーバという特殊な位置づけのコンピュータにのせる（第 12 章）。一方，HP を見て回る人々は，好むと好まざるとにかかわらず，提供される情報をブラウザで閲覧するだけである。第 1 巻で見たように，情報を発信する側と受信する側の間は明確に線引きされていた（図 14-1）。

### b. インターネットの「超」大衆化

2000 年 3 月，ウェールズ（Jimmy Donal Wales, 1966-）とサンガー（Lawrence Mark Sanger, 1968-）という 2 人の人物が，オンライン百科事典形成プロジェクトを開始した。百科事典は，通常，専門家に執筆を依頼し，内容に誤りがないかを別

|  | 2000 年 3 月 | 2001 年 1 月 |
|---|---|---|
|  | Nupedia | Wikipedia |
|  | 専門家による執筆 | 不特定多数による執筆 |
|  | 専門家による査読 | 不特定多数による編集 |

図 14-2　ウィキペディアの開始

な専門家が査読する。Nupediaと名付けられたこの百科事典は，質の高さを確保するため，こうしたプロセスをとっていた。しかしながら，査読は進まず，2人はついにプロジェクトを断念し，2001年1月，当時流布していたウィキ（wiki）の手法を用いて査読なしの百科事典をつくることに切り替えた。これがウィキペディア（wikipedia）の始まりである（図14-2）。

　ウィキとは，クライアントがブラウザのみを用いて，サーバ上のHTML文書を手直しすることができる仕組みのことをいう（図14-3）。いくつかのウィキソフトウェアがつくられているが，元をただせば，1995年に，カニンガム（Ward Cunningham, 1949-）によって開発されたものといわれている[1]。

　一方，個人の作成したHTML文書を有償（ほどなく，広告の表示を条件に無償）で掲載する商用プロバイダも現れ，自宅にサーバ一式を揃えなくても，誰でも簡単にHPをもてるようになった。自然に，インターネットを個人の思いや思想信条の発露の場とみなす人々が増えていった。HPはURLが明らかでないとつなぐことができない。そこで，他人のサイトで参考になるとかおもしろいと思ったものは，いつでも再訪できるよう，内容の要約や感想などと併せてURLを記録するページをつくるようになった。これをweb logといった（logとはコンピュータ用語で「記録」のことをいう）。

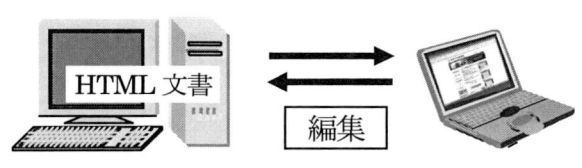

図14-3　ウィキの考え方

　そのうち，プロバイダに掲載を依頼したHPを，自宅からブラウザだけを用いて編集できる仕組みがつくられ，また，HTMLを記述しなくて済むよう，文字のレイアウトなどをメニューで指定できるようになると，こうしてつくられたページをブログ（blog）と呼ぶようになった。こうして，HTMLを知らなくても，ブログをHP代わりに開設して，誰でも手軽に情報発信することが可能となった。さらに，他人のブログを参照して記事を書いた場合，相手にそのことを通知するトラックバックという手法が用いられるようになり，これがブログの特徴となった。芸能人，著名人のブログがもてはやされ，わが国では2002年ごろから急速に広まったといわれる[2]。

　WWW以降，インターネットの大衆化が進み，多少の投資と学習さえすれば，誰でもHPをもてるようになった。しかし，発信者と受信者の間は明確に線引きされていた。ところが，ウィキやブログは，この境界を取り払ってしまったのである。不特定多数の人々がコンテンツの制作に参加できるようになった。いやむしろ，サイトの運営側が，コンテンツの充実を不特定多数の人々に委ねるようになった。誰もが受動的な情報受信者から能動的な情報発信者になれる時代となった。第1巻で指摘したように，これは，大衆化が一層進んだ「超」大衆化と呼んでもよい現象である。そのおおよその時期を，米国ではドットコムバブルがはじけた2000年，わが国では2002年以降と見ることができる。しばらくして，ティム・オライリー（Tim O'Reilly, 1954-）という人物が，この段階を画する変化に気がつき，2005年になってWeb2.0と呼んだ[3]。以降，"○○2.0"という表現が流行り言葉のように巷間にあふれることになる。"2.0"といういい方の好き嫌いはともかく，インターネットの「超」大衆化を説明する言葉として大変わかりやすい。

## c. Web2.0 の本質

Web2.0 の重要な考え方に「集合知（collective intelligence）」があるとよくいわれる。しかし，「集合知」は「集合愚」ともなる可能性があることを考えると，これは Web2.0 の本質ではない。その本質は「不特定多数の参加と協働[4]」にある（表14-1）。「集合知」はその結果の現れにすぎない。もう1つの本質を最もよく説明している参考文献1の譬えを紹介する。「従業員1万人の企業が1日稼動したときに8万時間が価値創出のために使われるという計算になる。（略）10万人から48分ずつ時間を集めれば8万時間になる。（略）1億人ならば3秒弱である。つまり，従業員1万人の企業の社員が丸1日フルに働くのと同じ価値を，ひょっとしたら1億人の時間を3秒ずつ集めることでできるかもしれないのだ。(p.19)」わずか3秒に労働対価を要求する人はいない。それに対して，8時間労働1万人分を給料として支払う企業のコスト負担は計り知れない。インターネット上の多数の有志がボランティアでコンテンツの整備にかかわることにより，コストをかけずにすぐれたものが提供できる。コストゼロが web2.0 の本質という意味が理解されたであろう。

web2.0 とは，不特定多数の誰もがネット上のコンテンツの充実に貢献できることに着目した言葉であり，大きくとらえれば，受動的情報受信者から能動的情報発信者への枠組みのシフトを表している（本シリーズでは，これをインターネットの「超」大衆化と呼ぶ）。Web2.0 を象徴するものとして，ブログやウィキのほかにも，SNS[5]，CGM[6]，SBM[7] などがあげられる。

表14-1　web2.0 の本質

① 不特定多数の参加と協働
② コストゼロ

## 第2節　Library 2.0 の衝撃

図書館の世界でも，web2.0 になぞらえて Library2.0（以下，単に 2.0）を唱える人々が現れた。この言葉を最初に用いた人物はケーシー（Michael E. Casey, 1967 - ）[8] といわれる。オライリーが web2.0 を唱えるのとほぼ同じ頃，自身のブログで 2.0 に言及した[9]。その後，スティーブンス（Michael Stephens）[10] が国際会議の場で初めて取り上げ[11]，翌 2006 年 9 月，"Library Journal" 誌に 2.0 に関する記事が登場した[12]。

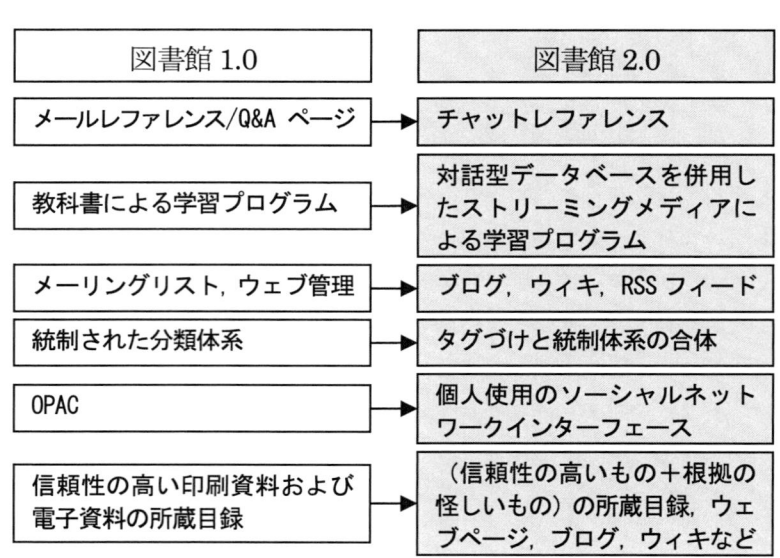

| 図書館 1.0 | 図書館 2.0 |
|---|---|
| メールレファレンス/Q&A ページ | チャットレファレンス |
| 教科書による学習プログラム | 対話型データベースを併用したストリーミングメディアによる学習プログラム |
| メーリングリスト，ウェブ管理 | ブログ，ウィキ，RSS フィード |
| 統制された分類体系 | タグづけと統制体系の合体 |
| OPAC | 個人使用のソーシャルネットワークインターフェース |
| 信頼性の高い印刷資料および電子資料の所蔵目録 | （信頼性の高いもの＋根拠の怪しいもの）の所蔵目録，ウェブページ，ブログ，ウィキなど |

図14-4　Library1.0 と Libarary2.0（by Jack Manes）

ここでは，第1巻でも取り上げた，マネス（Jack M. Maness)[13]の論を紹介する。彼は，Library1.0（以下，1.0）と2.0を対比的に扱い，1.0は「蔵書とわずかなサービスをオンライン環境へ移植する」ものであったが，2.0は「図書館サービス全体を電子メディアに移植する」段階である。1.0の「統制」から2.0の「非統制」へと，パラダイムが大きくシフトした。たとえば，メーリングリストやウェブは，管理者がいてコントロールしているが，ブログやウィキやRSSフィード[14]では厳密なコントロールはしない。1.0では「図書館員が図書館利用者のためにシステムやサービスを創ってきた」が，2.0では「利用者自身が自らのためにシステムとサービスを創造できるようにする」という。

ところで，図14-4のなかの「統制された分類体系」から「タグ付けと統制体系の合体」への移行とは，どういうことをいうのだろうか。図書館では，件名目録の作成にあたって，統制語を用いる付与索引法をおこなう。この作業は，緻密に規定された件名法に則り，よく精通した図書館員によって精密におこなわれる必要がある。これを数十万冊という蔵書に対しておこなうわけだが，専門家に支払うコストに換算すると，相当な額にのぼることが容易に想像できる。

これに対し，Web2.0を象徴するソーシャルブックマーク（SBM）で用いられる手法にフォークソノミー（folksonomy）がある（詳しくは第1巻，および本シリーズ第3巻第15章参照）。folksonomyとは，folks（人々，世人）とtaxonomy（分類法，分類学）を合成した造語で，「人々による分類法」という意味になる（分類とはいいながらも，これは非統制語による索引作業にほかならない）。SBMでは，蓄積・検索対象となる画像や動画に索引語を付与することを「タグづけ（tagging）」といい，一般の人々がこれをおこなう。専門家が索引作業をおこなえば品質の高いものができるが，コストが莫大になる。そこで，「不特定多数の参加と協働」を得て「コストゼロ」でおこなってしまおうというわけである。先の言葉は，Library2.0時代の図書館では，従来の主題組織法に加えて，人々がタグ付けをおこなったものも併せて利用するという意味である。第1巻でも引用したマネスの次の言葉を掲げる[15]。

> 「Librar2.0は変化である一方で，図書館の伝統や使命に近づく性質を有する。この変化は図書館の歴史や使命によく合致するにもかかわらず，目録や蔵書へのアクセスばかりではなく，その制御へのアクセスの道を開くというライブラリアンシップの重要なパラダイムシフトである。そして，このシフトは，図書館史における開架制の導入や，20世紀初頭のフィクションとペーパーバックの収集開始にも匹敵する。」

マネスのいうパラダイムシフトとは，統制から非統制への大きな変化である。書誌コントロールの例を引くまでもなく，図書館の歴史は"統制"の歴史であったといっても過言ではない。図書館が"統制"をより精密に規定し，厳密化させ強めてきた流れに逆行するのが2.0である。だからこそ，このパラダイムシフトは図書館のあり方の根源的な部分にふれるのである。マネスのラジカルな未来予測は，もう少し時間が経ってからしっかりと検証しなければならないが，現実

の図書館界では，2.0はすでに確実に進行している。たとえば，ニューヨーク州立大学バッファロー校では，新着図書をRSSフィードの手法によっていち早く利用者に知らせている[16]。ミシガン州アナーバー図書館では，ブログを運営するとともに，目録を利用者に開放し，ソーシャルタギングをおこなわせている[17]。人気の高い図書がタグクラウド[18]によってわかるようになっているほか，タグによる蔵書検索も可能である。2008年，OCLCのWorldCatも本体の総合目録DBとは別にタグ付けによる利用者志向の目録DBを公開するようになった（写真14-1）[19]。

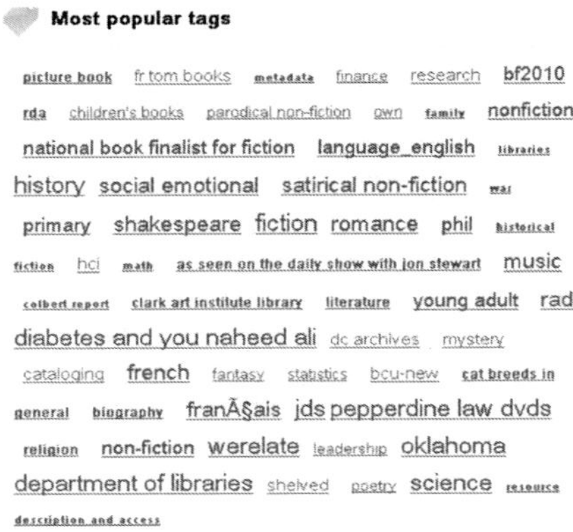

写真14-1 WordlCatのタグクラウド

　Web2.0のテクノロジーを用いて利用者が参加し協働して充実していくOPACをソーシャルオーパック（social OPACまたはSOPAC）という。先のアナーバー図書館のほかにも，コネティカット州フェアフィールド郡のダリアン図書館[20]では，HP上のタグクラウドをクリックすると，利用者によってタグ付けされた図書の一覧が表紙のサムネールつきで表示される。現在の貸出状況（在架状況）がわかるだけでなく，目次のほか，雑誌などに掲載された書評や梗概，前書き，後書きなどを読むことができる[21]。

### 設問

(1) インターネットに関する文献は，巷間あふれるほどあるが，それらを参考にしながら，インターネットの大衆化，「超」大衆化とはどういうことか，900字程度に簡潔にまとめなさい。
(2) Library2.0とみなすことのできるアイデアを考えなさい。ヒントは「利用者自身が自らのためにシステムとサービスを創造できるようにする」という言葉である。

#### 参考文献
1. 梅田望夫『ウェブ進化論：本当の大変化はこれから始まる』（ちくま新書）筑摩書房 2006年
2. 山本順一，気谷陽子編著『情報メディアの活用』放送大学教育振興会　2010年

注）
1) アンドリュー・リー著；千葉敏生訳，『ウィキペディア・レボリューション：世界最大の百科事典はいかにして生まれたか』，早川書房，pp.121-5.
2) わが国でブログを世に広めた立役者といえば，ライブドアの堀江日記であろう。堀江貴文（ほりえたかふみ，1972-）がライブドアの経営権を取得したのが，奇しくもこの2002年である。
3) Tim O'Reilly, "What Is Web 2.0: Design Patterns and Business Models for the Next Generation of Software," Sep 30, 2005, http://oreilly.com/web2/archive/what-is-web-20.html ('12.1.31現在参照可)
4) これをクラウドソーシング（crowdsourcing）ということがある。群衆（crowd）と業務委託（sourcing）からつくられた造語である。業務の外部委託をアウトソーシングというが，これを不特定多数の人々に投げ

かけて実現してしまおうという考え方である。
5) Social Network Service. 不特定多数に開かれたものでなく，紹介を受けた者などに限定するかたちで提供されるサービス。自然に同好の士が集まるネットワークコミュニティーが形成される。わが国では 2002 年から始まるといわれる。Mixi（2004 年）が有名。
6) Consumer Generated Media. ユーザが制作したものを集め，提供するサイト。たとえば，動画サイトや口コミランキングサイト，Q&A コミュニティー，ポッドキャスト（podcast，音声や動画をブログ風に公開するもの）などがある。
7) Social Bookmark. ブックマークを多くの人と共有するという考え方から始まる。1つのネットコミュニティーのなかでは，共通な話題づくりのためにブックマークを共有すると便利である。また，多くの人がブックマークに繰り入れた情報源はそれなりに興味がもてる内容であることが期待できるから，他人のブックマークを知ることができればこれも便利である。
8) Casey は，ジョージア州アトランタのグウィネット郡公共図書館の IT 部長である。http://www.goodreads.com/author/show/2750285.Michael_E_Casey（'12.1.31 現在参照可）。主な著書（共著）に，Michael E. Casey & Laura C. Savastinuk, "Library 2.0 : a guide to participatory library service," Medford, N.J., Information Today, 2007，および，Nancy Courtney ed., "Library 2.0 and beyond : innovative technologies and tomorrow's user," Westport, Conn., Libraries Unlimited, 2007 がある。
9) カナダのオンタリオ出身の図書館員らがつくる「国境なき図書館員（Librarians Without Borders）」の活動（アフリカのアンゴラ共和国に大学図書館を創る）を Library 2.0 と呼んだ。Michael Casey, "Service for the Next Generation Library: A Library 2.0 Perspective," LibraryCrunch（ブログ），September 26, 2005, http://www.librarycrunch.com/2005/09/librarians_without_borders.html（'12.1.31 現在参照可）。
10) 当時，インディアナ州サン・ジョゼフ郡公共図書館の技術図書館員であった。その後，ドミニカン大学大学院図書館情報学研究科助教授を経て，現在，カリフォルニアのサンノゼ州立大学大学院図書館情報学研究科の助教授（Assistant Professor）。http://www.linkedin.com/in/mstephens7（'12.1.31 現在参照可）
11) 2005 年 10 月 10-11 日，ロンドンのケンジントンでおこなわれた第 7 回「インターネット・ライブラリアン」国際大会。主催は Information Today Ltd. 大会テーマは「境界を超える：21 世紀の情報技術と戦略」であった。http://www.internet-librarian.com/2005/（'12.1.31 現在参照可）。
12) Michael E. Casey and Laura C. Savastinuk, Service for the next-generation library, "Library Journal," Vol.131, September 1, 2006.
13) Jack M. Maness, "Library 2.0 Theory: Web 2.0 and Its Implications for Libraries," Webology, Vol. 3, No. 2, June, 2006, http://www.webology.ir/2006/v3n2/a25.html（11. 1 .31 現在参照可）。マネスは，コロラド大学のジェミール工学図書館の事務長。工学・コンピュータ科学を専門とする。
14) 通常，ウェブサイトの内容を更新しても，接続がなければ更新した内容を見てもらうことはできない。とくにブログなどでは，意見を書き込んだ段階ですぐその反応が欲しいものである。そこで，更新した時点で多くの人々に知らせる仕組みが考案された。それが RSS である。RSS は RDF Site Summary または Rich Site Summary の略で，そのデータは XML でつくられ，新着記事一覧，記事の更新日，要約などが含まれる。このデータを送ることを RSS フィードという。受信する側は RSS リーダーを用いるが，こうした機能はブログのシステムに組み込まれているのが普通で，利用者が特段意識することはない。
15) Manes, op.cit.
16) Nancy Babb,"RSS Feeds for New Additions to the Library Catalog," UB LAW LIBRARY BLOG, December 3rd. http://libweb.lib.buffalo.edu/blog/law/?tag=library-news（'12.1 .31 現在参照可）
17) Blogs, Search the Catalog, Browse the Catalog | Ann Arbor District Library," http://www.aadl.org/catalog（'12.1 .31 現在参照可）
18) tag cloud. 不特定多数の人間がキーワードを付ける画像や動画投稿サイトでよく見られる。キーワードが多くつけられたものが人気が高い。これを文字の大きさによって表示したものをタグクラウドという。
19) http://www.worldcat.org/?utm_source=WhatCountsEmail&utm_medium=OCLC%20Abstracts&utm_campaign=OCLC%20Abstracts（'12. 1 .31 現在参照可）
20) http://www.darienlibrary.org/catalog（' '12. 1 .31 現在参照可）
21) こうしたデータを図書館員が 1 つひとつ集めるのは大変なので，これを有償でおこなう会社がある。たとえば，R.R. Bowker LLC の"Syndetic Solutions$^{TM}$." http://www.bowker.com/syndetics/index.html（'12. 1 .31 現在参照可）。なおダリアン図書館ではこれを導入している。

# 15 展望

現代の図書館では、図書館業務／サービスにコンピュータは欠くことができない道具である。今後の図書館情報技術は、すなわち情報通信技術（ICT）といっても過言ではない。さらに、ICTはインターネットテクノロジーと同義になろうとしている。この章では、本書の締めくくりとして、図書館情報技術の近未来を予測してみたい。

## 第1章　図書館をめぐる新しい技術動向

### a. 新しい技術動向の確認

図書館システム、OPAC、館内LANなどの事例を見ていると、大雑把にいって、図書館界の技術変革は、まず、大学図書館から起こり、ついで、公共図書館、最後に学校図書館という順序で浸透していくようである。大学には研究予算があり、しかも複数の大学が競うように研究を進めることがしばしばである。いわばトレンドに乗りやすい。理論研究のあと、関連企業の協力を得てシステム設計・稼働実験をおこない、さらに、実証実験を終えると、企業がこれを商品ベースにパッケージ化する。公共図書館や学校図書館は、技術開発の手間やリスクを負うことなく、大学が導き出した成果を選択的に利用することができる。こうしたことから、図書館をめぐる新しい技術動向は、大学図書館を注視することである程度把握できる。

一方、図書館の先進国の1つである米国の図書館界は、SOPAC、Library2.0、電子書籍への取り組みなどを見ると、変化を恐れず、新機軸にチャレンジしようとする姿勢のようなものを感じる。一言でいうと、プラグマティック（pragmatic, 実利的, 実用主義的）である。米国で起こったことは数年以内に日本でも起こるとよくいわれる。そこで、米国の図書館情報技術の動向を眺めることで、わが国の近未来の技術動向をある程度予測できる。

### b. 『ホライズン・レポート』（Horizon Report）

Horizon Report（以下HR）は、New Media Consortium[1]とEDUCAUSE[2]が、毎年、共同でまとめるレポートで、高等教育において向こう5年の間に趨勢（key trend）となると予測される新しいテクノロジーについて解説するものである。1年以内にトレンドとなる短期予測、2〜3年の中期予測、5年以内の長期予測の3つに分けられる[3]。

① 電子書籍とモバイル（Electronic Books & Mobiles）

HR2011年版[4]によれば、1年以内に主勢となる技術は電子書籍とモバイルである（表15-1）。電子書籍は、2010年の予測では中期予測であったが、今回、短期予

表15-1　ホライズン予測

| 予測スパン | トレンド |
|---|---|
| 1年以内 | 電子書籍 |
|  | モバイル |
| 2〜3年以内 | 拡張現実 |
|  | ゲーム型学習 |
| 4〜5年以内 | ジェスチャー操作 |
|  | ラーニングアナリティクス |

測に繰り上げられた（とくに次節で扱う）。

　モバイルとは，携帯電話やタブレットコンピュータ（tablet computer，以下，Tablet）に関する技術である。高等教育においてモバイルが注目されるのは，世界中の学生がすでにほぼ100％身につけているものであり，テキスト（文字）やイメージ（画像）の送受信程度なら十分使えて起動・閲覧がはるかに手軽なこと，などからである。モバイルには，学習への補助機能が期待される。米国ではteaching assistant（授業の補助員）の地位を奪うのではないかとさえいわれている。ツイッター（twitter）を応用し，授業内での討論に用いたり，授業の前後に教師が簡単な質問を発し，回答を集積し，クラスの思考パターンの分析に用いたりするなどの実践例が報告されている[5]。

② 拡張現実（Augmented Reality，AR）

　ARは1980年代から軍事利用を中心に研究されてきた。これが，近年，民生用に転移され，たとえば，携帯電話のカメラを街に向けてかざすと，液晶画面に表示される風景に，博物館とかレストランといった建物に関する説明が重ね合わされる。また，乗用車のフロントガラス越しに，進行方向のデータはもちろん，赤外線で認知した人影を表示して運転者の注意を喚起する。

　ARは，ビデオや赤外線カメラを用いた画像認識技術と，GPSからの位置情報，および内蔵コンパスからの方位情報を組み合わせた測位情報技術から成っている。これを応用し，たとえば，史跡を見学するとき，歴史上の事件をTabletに再現したり，宇宙のような巨大な世界，逆に分子や原子といった微小世界を現実世界の対象物に重ね合わせたりすることで，学習や理解を促進する。

③ ゲーム型学習（Game-Based Learning，GBL）

　これまでどちらかというと批判的に扱われてきたビデオゲームだが[6]，学習への効用について初めて正面から取り上げたのは，2003年のGeeといわれる[7]。GBLは，ソニーのPlayStationやニンテンドーGameCube，マイクロソフトXBoxといった，わが国でなじみのゲーム機を用いるほか，オンラインゲームやコンピュータゲームなども含む。高等教育においてGBLが注目される理由は，ゲーム機やキーボード操作を通じて，未来の学習に必須の情報基盤に関するスキルを身につけられること，また，授業に則したコンテンツを開発することで学生の興味関心が高まり教育効果が期待できることの2点という[8]。

④ ジェスチャー操作（Gesture-Based Computing，GBC）

　GBCは，ジェスチャーのような身体的な動きにより，コンピュータとやりとり（interaction，相互作用）する。ニンテンドーのWiiやAppleのiPhon/iPadにより，急速に身近になったテクノロジーで，圧力センサ，重力センサ，加速度センサーの組み合わせによって実現され，ビデオや赤外線カメラと連動したモーションセンサーや画像認識技術が基盤となっている。これにはiPhonでなじみの指でなぞったり軽く叩いたりする画面（マルチタッチサーフェス，multi-touch surface）も含まれる。マウスやキーボードに代わる入力方式として，将来的に期待されているが，高等教育への応用はまだ十分ではないという。ところが，図書館では，すぐにでも使え

そうな技術といえそうである。たとえば，館内におかれたカメラと連動させて，書架上の情報資源のメタデータや簡単な内容をTabletに表示させたり，レファレンスカウンターがマルチタッチサーフェスであったりと，応用場面が無数にあるようで，想像してみるのも楽しくなる。

⑤　ラーニングアナリティクス（Learning Analytics, LA）

　LAは，一言でいうと，大学における学生一人ひとりの活動の軌跡から，その学生に最もふさわしい学習のあり方を導き出すためのデータ解析の技法で，data mining[9]の技術が下地となっている[10]。

　以上，米国の大学において5年以内に主流となる（と予測される）技術は，⑤を除き，一連であることに着目したい。モバイル（とくにTablet）は電子書籍と結びつき，デジタル教科書のかたちをとることによって，大学教育の新しい段階を招来すると予見される。図書館でも対応を迫られる問題である。また，Tablet型デジタル教科書は，特別な支援を必要とする子どもたちにきわめて有用であることも忘れてはならない。文字を読む，ページをめくる，メモをとるなどの行為が，紙の教科書よりもスムースにできることが最近のわが国の調査研究で報告されている[11]。

### c. Internet librarian

　Internet librarianとは，毎年おこなわれる国際会議の名称である[12]。「情報専門職を対象とした唯一の国際会議」というふれ込みだ

表15-2　Internet librarian 2011（第15回）の分科会テーマ

|  | トラックA | トラックB | トラックC | トラックD | トラックE |
|---|---|---|---|---|---|
| 10月17日 | モバイル | Webの存在 | 情報負荷のナビゲート | 学習・リテラシー・訓練 | インターネットと学校図書館 |
| 18日 | 電子書籍の進化と革命 | ユーザー体験 | 傾向と実践 | 仕事の道具 | インターネットと学校図書館 |
| 19日 | 電子書籍の進化と革命 | 未来の焦点 | 最先端の実践の創造 | 計画立案 | インターネットと学校図書館 |

けあって，その内容は多彩で，図書館員・情報管理者・システム専門職・研究者・コンテンツ管理者・情報専門家向けの講演と展示会がおこなわれる。2011年度第15回大会[13]の一般参加の部は，表15-2のような内容となっていた。毎年定位置のトラックE以外では，やはり，電子書籍への関心が高いことがわかる。また，モバイルをテーマにした分科会が1日設けられている。そのなかには，たとえば，QRコードを図書館業務に活用する事例発表があった。モンタナ州立大学では，リアル空間とデジタル空間を媒介する機能をこのQRコードにもたせる提案をおこなっている。具体的には，書架にQRコードを貼り出し，即座にLC分類表を参照できるようにしたり，職員の情報をHPで確認できるようにしたりなどである。

## 第2節　電子書籍の動向

　いうまでもないが，iPadのような機器をさして電子書籍というのは誤りである。電子書籍とは，基本的に，データとプログラムが融合したソフトウェアで，パソコンやPDA（Personal Digital Assistants, 携帯情報端末）上で閲読可能なものをいう。iPadは電子書籍のためだけにつくられたものではなく，ネットショッピングをしたり，動画を再生したり，インターネットの閲

覧やゲーム，読書をしたりするためのガジェット（gadget，目新しい道具，身の回りの小物）である。電子書籍との関連でいうなら，電子書籍リーダーの1つということになる。

a. わが国における電子書籍の動向

2010（平成22）年5月28日，わが国でiPadが発売された。この日の新聞各紙は一斉にその喧噪を伝えた。背景にはある種の期待感があったと考えられる。それは2010年を「電子書籍元年」とすることで形式化された。しかし，この種の期待感は，わが国では15～25年前にさかのぼることができる。わが国では，1995（平成7）年を「インターネット元年」としているが，Apple社のマッキントッシュPCおよびAdobe社のソフトウェア群により実現されるDesk Top Publishing（以下，DTP）がにわかに注目を集めた年でもあり，「DTP元年」ともいわれた[14]。インターネットとDTPが結びつくことにより，電子出版，電子書籍，電子図書館などのキーワードが容易に連想され，以来，電子書籍元年は，毎年のようにいわれてきた"お定まり"の言葉なのである。その流れを概観すると表15-3のようになる。この間，毎年のように電子書籍元年という言葉が聞かれては消えていった。

表15-3 わが国における電子書籍の動向

| 年 | 出来事 | 説　明 |
|---|---|---|
| 1990 | Sony，初の電子書籍リーダー「電子ブック」発売 | 8cmCD-ROMを使用した辞典類で，読書のためのものではなかった |
| 1991 | ボイジャー社（Apple社の子会社），Expanded Bookを発売 | Apple社のPowerBook向けにつくったフロッピーディスク（以下，FD）版小説。初めての読むための電子書籍 |
| 1993 | NEC，「デジタルブックプレーヤDB-P1」発売 | 文庫本程度の大きさの白黒液晶ディスプレー。FDに入れた書籍を読む。もち運びのできる端末として売り出す |
| 1995 | 6月，セガ（ゲームメーカー），セガサターンで閲読可能な「電子ブックオペレーター」発売 | コダック社開発のフォトCD規格に準拠したフォトCDオペレーターとともに発売 |
| 1995 | 11月，「電子書店パピレス」がパソコン通信上で開店 | 初の電子書店。翌年，インターネットサイトとしてリニューアルオープン |
| 1997 | 「光文社電子書店」がオープン | パソコン通信のニフティサーブを通じて配信 |
| 1998 | 「電子書籍コンソーシアム」発足 | 出版社約150社が参加。翌年，実証実験開始（～2001年） |
| 2000 | 「電子文庫出版社会」設立 | 大手出版社21社が参加。電子書籍販売サイト「電子文庫パブリ」を開設 |
| 2003 | 携帯電話各社，携帯電話向け電子書籍の配信開始 | ケータイ小説ブームがおこり，わが国の電子書籍市場の大きな要素となる |
| 2003 | 2月，パナソニックシステムソリューションズ社，「Σブック」発売 | 7.2インチの液晶を用いた見開き画面の電子ブックプレーヤー。公式サイトからコンテンツをダウンロードし，SDメモリカードに保存。2006年にカラー化。普及することなく2008年に生産中止 |
| 2004 | Sony，日本国内でLIBRIe発売 | 対応コンテンツはわずか2000。2007年5月で生産中止 |
| 2010 | 5月28日，Apple社，iPad発売 | 新聞各紙が喧噪を伝える |

出典：参考文献1，および，植村八潮「電子出版はブームである」『編集会議』2010年11月号別冊，pp.60-63.などより作成。

b. 電子書籍元年——2010（平成22）年の騒動

しかし，2010年はこれまでとはちがうと指摘する向もある。2月1日，任意団体であった「電子文庫出版社会」を一般社団法人に格上げすべく「日本電子書籍出版社協会」（電書協）が設立

された。5月28日，iPad 発売，京極夏彦氏が自らの小説『死ねばいいのに』を書籍版と同時に電子版で提供，5日間で1万ダウンロードを記録した[15]。6月8日，専門書・実用書出版社が中心となり，「電子書籍を考える出版社の会：eBP」が発足した[16]。7月27日，大日本印刷と凸版印刷の2社を発起人とする「電子出版制作・流通協議会」（電流協）が設立された[17]。

この間，印刷・通信・出版・書店・持ち株会社などの大手からベンチャーにいたるさまざまな企業同士の提携による，電子書籍販売の新会社設立のニュースがさかんに報道された。これは出版業界の構造変革あるいは地殻変動を想起させるような激しい動きである。その後も，「大日本印刷・Chi グループ，電子書店開設」「紀伊国屋書店，電子書店開設」「日経 BP ストア開設」「NTT ドコモ・大日本印刷，電子書籍サービス開始」「ソニー・シャープ，電子書籍専用端末を日本で発売」「電書協，電子文庫パブリで iPad 向け電子書籍発売[18]」などのニュースが続いた。

### c．米国における電子書籍ブーム

米国では，Sony が開拓し，Kindle が火を点け，iPad が定着させたといわれている（表15-4）。

2007年11月19日，amazon.com が電子書籍リーダー Kindle を発売した。画面は白黒だが，本体は288グラムと軽量で200冊以上のデータを記憶できる。通信費は同社が負担するため無料である。利用可能な書籍数は9万冊で，同社サイトで紙の本を購入するより6～7割安かった[19]。

2008年10月，Google 社が米出版業界などと和解した。同社は複数の図書館と提携し，絶版などの書籍700万冊以上をデータベース化したが，著作権者の承諾なしに進めたため訴えられていた。収入の63％を著作権者に分配する条件で両者は和解し，Google はネットで書籍を読む権利を米国内で販売できるようになった[20]。

2009年7月，米書籍最大手の Barnes & Noble 社が，電子書籍ストアをオープン，これに Google がもつパブリックドメインのコンテンツ50万冊を提供し無料で読めるようにした[21]。また，同社が開発した OS の Android が無償配布され，B & N 社はこれを搭載した Nook という電子書籍リーダーを独自に開発して販売した。

米国における電子書籍の市場規模は，2008年に一挙に拡大し，前年の約3

表15-4　米国における電子書籍の展開

| 年 | 事　項 |
|---|---|
| 2004 | 4月，Sony，日本国内で LIBRIe 発売。対応するコンテンツは僅か 2000 しかなく，2007 年5月生産中止 |
| 2006 | 10月，Sony，米国で Reader を発売。日本での失敗を教訓に，コンテンツ1万用意 |
| 2007 | 10月，Sony，Reader 第2世代機発売。コンテンツ2万 |
| 2007 | 11月，amazon，Kindle 発売，＄399。コンテンツ9万 |
| 2008 | 10月，Sony，Reader 第3世代機発売。コンテンツ5万5000となる。この間，欧州へも進出。発売当初より翌月11月末までの2年間で累積30万台となる |
| 2009 | 2月，amazon，kindle 第2世代機投入。＄299に値下げ。対応コンテンツ23万 |
| 2009 | 3月，Sony，google と提携。コンテンツ60万に増やす |
| 2009 | 6月，amazon，kindle 第3世代機投入。対応コンテンツ28万5000以上 |
| 2009 | 7月，Barnes & Noble，電子書籍ストアをオープン。利用可能コンテンツ70万 |
| 2009 | 11月，Barnes & Noble，自ら開発した電子書籍リーダー Nook を発売 |
| 2010 | 4月，Apple，米国で iPad 発売 |

『日経エレクトロニクス』2009年6月29日号，pp.34-35．そのほかより作成。

倍になった[22]。景気悪化などの諸要因により，書籍全体の売上げが2年連続前年割れとなるなかで，電子書籍の市場拡大が際立った[23]。amazonは，電子書籍の販売数量がハードカバー本を上回ったと発表した[24]。

このように見てくると，いくつかのことがわかる。1つは，電子書籍は米国では実際に売れており，わが国のような"イメージ先行"とはちがうということである。2つ目は，コンテンツの充実が浮沈を分けるということである。Sonyの例を見ればよくわかる。米国における電子書籍ビジネス成功の要因として，①コンテンツの充実，②低価格，③通信機能によるダウンロードの3つがあげられている[25]。②はキンドルの価格戦略，③は3GやWi-fiといった通信機能を内蔵し，読みたい本をその場で読め，しかも，通信料を負担しなくてもすむというビジネスモデルが功を奏したといえる。

#### d. 電子書籍をめぐる規格

利用者にとっては困る問題だが，新しい技術には規格の主導権争いがよく起こる。近いところでは，Blue-rayとHD DVDの争いがあった。電子書籍についても同様である。

まず，電子書籍のレイアウトには大きく可変と固定がある。可変レイアウトは，たとえば，ウィンドウの大きさを変えることによって文字や，画像の大きさが自動調整される方式である。とくに，文字の大きさを調整するものをリフロー型（画面あたりの文字数が変化し，ページ送りが変わる）といい，そうでないものをノンリフロー型という。画像には，ベクタとラスタの2つの方式があり[26]，ベクタ方式が可変レイアウトに対応する。雑誌のように最初から複雑なレイアウトを"売り"にしているものは固定レイアウトのほうがよい場合が多い。

規格を用いることを自由に許すものがオープンフォーマットで，そうでなければライセンス料を支払って利用する。必然的に違法コピーを防ぐDRM（Digital Rights Management）[27]に対応するものが多い。現在用いられている代表的な電子書籍フォーマットを表15-5に掲げる。このうち，Mobipocketはフランス，CEBXは中国の規格である。

電子書籍は米国で本格化したため，米国で深められた規格に追随せざるを得ないところがある。そのため，わが国独自の縦書き，禁則処理，ルビ，傍点などが実装されないものも多い。

AppleのiPhone/iPadやGoogleの

表15-5 代表的な電子書籍フォーマット

| 名称 | 推進団体 | リフロー | 静止画 | 音声 | 動画 | オープン | DRM | 縦書き |
|---|---|---|---|---|---|---|---|---|
| AZW/MOBI, Topaz | Amazon | ○ | ○ | ○ | ○ | × | ○ | × |
| EPUB2 | IDFP | ○ | ○ | ○ | ○ | ○ | ○ | × |
| Mobipocket | Mobipocket | ○ | ○ | ○ | ○ | × | ○ | × |
| MCBook | モリサワ | ○ | ○ | ○ | ○ | × | ○ | ○ |
| XMDF | シャープ | ○ | ○ | ○ | ○ | △ | ○ | ○ |
| .book | ボイジャー | ○ | ○ | ○ | ○ | × | ○ | ○ |
| CEBX | 方正 | ○ | ○ | ○ | ○ | △ | ○ | ○ |
| PDF | Adobe | ○ | ○ | ○ | ○ | △ | ○ | ○ |
| HTML5/CSS3 | W3C | ○ | ○ | ○ | ○ | ○ | × | ○ |

出典：海上忍「実は重要！よくわかる電子書籍フォーマット規格‼」2011年01月27日付 "ASCII.jp", http://ascii.jp/elem/000/000/584/584330/（'12.1.14現在参照可）より作成

eブックストア，B＆NのNook，ソニーのReaderなどが採用する規格がEPUBである。国際電子出版フォーラム（International Digital Publishing Forum, IDPF）が推進するオープンフォーマットで，ロイヤリティーを支払わずに利用できるうえ，XML/XHTMLをベースにCSS（Cascading Style Sheets）でレイアウトをおこなう。既存のウェブ技術をもとにしていることから取りつきやすい。2011年10月に最終仕様書が公開されたEPUB3は日本語の縦書きやルビにも対応できるようになった。今後の展開が期待される。

**e. 電子書籍と著作権問題**

"自炊"の問題にふれておきたい。"自炊"とは，電子書籍リーダーで本を読みたい個人が，既存の紙の書籍を自らスキャナで読み取って電子化することをいう。最近，これを有償でおこなう専門の業者も現れた。著作権法に抵触するということで著者らと法的な争いに発展している。

## 第3節　電子書籍と図書館（不変の図書館サービス）

電子書籍は，テキストやイメージだけでなく，音声や映像なども収録でき，インターネットに直結されるので，従来の図書を超えたさまざまな可能性をもつ。わが国の図書館界でも議論の中心はこの電子書籍に移っている[28]。

**a. 図書館への電子書籍の導入**

海外の事例やわが国の個々の図書館における導入事例については，他巻（本シリーズ第5巻）に譲るが，千代田区立千代田図書館については，すでに第9章でふれた。ここでは，和歌山県有田川町立図書館の方式を紹介する。同図書館のシステムでは，電子書籍データを業者のデータセンターが保管している（この方式を業者側はクラウドと呼んでいる）。DRMによるコピー防止機能のついたデータをTabletやパソコンにダウンロードし，専用の閲覧ソフトで利用する。同時に貸出可能な冊数は，図書館が保有するライセンス数によって決まるという方式である[29]。

実際には，パブリックドメインともいうべき青空文庫などの無料のコンテンツを併せてパッケージ化して販売する例が見られる。図書館としては，パッケージ単位で購入しなければならず，こうした業者の姿勢を疑問視する声があがっている。

**b. 電子書籍と図書館の未来（図書館の衰退？ or 図書館の発展？）**

フリーライターの永江朗氏は，本の未来について，大略，次のように語っている[30]「グーデンベルクの印刷革命以来の大転換である。500年ぶりに出版文化・読書文化が大きく変わろうとしている。紙の書籍が

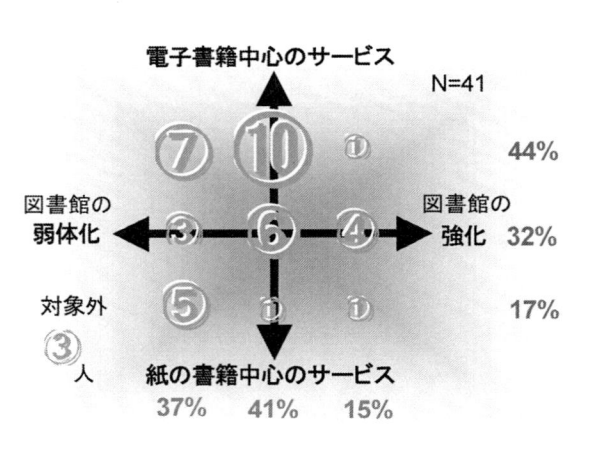

図15-1　学生の考える電子書籍と図書館の未来

まもなく役割をおえるが，消滅しない。本の読み方が変わり，本の書かれ方が変わり，本そのものが変わっていく。本は変化するかもしれないが，本の消滅を意味するわけではない。本は滅びることはない。人間が何かを知りたいと思い，何かを伝え残したいと思う限り，本はなくならない。もし本がなくなるとしたら，それは，人間が好奇心を失うときであり，人間でなくなるときである」と。図書館も同じである。

「iPadなどを用いた電子書籍が一般的になるとき，図書館はどうなると思うか」と問われたとき，筆者に身近な若者たちは，電子書籍中心のサービスが多くなるものの，図書館は現在と変わらないか，やや弱体化すると考えていることがわかった（図15-2）[31]。学生の意見をいくつか紹介する（表15-6）。皆，それなりに考えていると思う。

表15-6　電子書籍と図書館の未来に関する学生の自由意見

- 図書館や書店に行かずに，自宅で情報が得られる。著作権の侵害などの問題が多くなる（転載など）。電子機器を使えない人は調べ物や読書ができなくなってしまう（男子）。
- iPadでおばあさんが読書するのがとても楽になるとニュースで見たが，iPadを図書館に取り入れるとなると，それまで「本」という紙でできている「物」に触れて「読書」をしてきた子どもたちが，iPadで「読書」するようになってしまう。これから生まれてくる子どもたちは「本」という「物」を知らずに「iPad」という「物」で読書をすることになるのは，納得できない（女子）。
- サービスの場である図書館は，変わらず残り続けるであろう。電子書籍化しても，知識の探究をおこなうのは図書館がベストだからである（男子）。
- もし，図書館が電子書籍を導入するのであれば，まず，予想図として考えられるのが，図書館のインターネット喫茶化である。そうなった場合，心配になるのがレファレンスサービスの自動化という問題である。そのはてに，図書館には司書でなくシステムエンジニアがいるようになるという可能性も考えられる（男子）。
- 1冊1冊をiPadに入れるような，データだけを管理する場所になると思う。たとえば，USBが置いてあり，そのなかに，知りたいデータが入っているようなことになると思う。私は，本の厚み，自分で開いたり見たりするのが好きなので，そのようなことになるのは困る（女子）。

今までも，本はいろいろかたちを変えてきた。しかし，そのたびに，図書館はそれらを収集し，人々に提供するという役割を変えることはなかった。これから先の時代，本はかたちを変えていくだろう。それにつれて図書館も変わっていくだろう。それは当然のことである。しかし，物事には，時流にのって変わるべきものと，時流に流されない普遍的な真実の両面がある。新しいテクノロジーのなかに，図書館の本質を高める普遍性が必ずあるだろう。私たちは，目先の変化に右往左往するのではなく，その本質を見極める確かな"眼"をもつ必要がある。確実にいえることは，人間が好奇心を失わない限り，図書館の使命は変わることはないということである。

### 設問

(1) Tabletコンピュータ，拡張現実，ジェスチャーコンピューティングを統合した未来の図書館を思い描き，どのようなことができるようになっているか，あるいは，どのようなことができるようになると，より一層図書館が便利になるかを考え，900字程度にまとめなさい。

(2) 上に引用した永江朗氏の原記事を日経新聞紙上で確認し，これに対する自分の考えを900字程度で述べなさい。

**参考文献**
1. ニューメディア・コンソーシアム著，放送大学 ICT 活用・遠隔教育センター訳『ホライズン・レポート』(2011 年版)，http://www.nmc.org/pdf/2011-Horizon-Report-jp.pdf ('11.11.5 現在参照可)
2. 歌田明弘『電子書籍の時代は本当に来るのか』筑摩書房，2010 年

**注)**
1) テキサス州に本拠をおく非営利団体。ニューメディアやニューテクノロジーの利活用に関する調査研究をおこなう。世界中の大学や博物館などの機関がメンバーとなっている。http://www.nmc.org/ ('12.1.15 現在参照可)。
2) EDUCAUSE は，情報技術の知的な利用を推進することで高等教育の発展を促すことを使命とした非営利組織。http://www.educause.edu/ ('12.1.15 現在参照可)。
3) 毎年，教育・技術・ビジネスなどの各分野の世界中の専門家より編成される審議会が組織され，議論の末にランクづけをおこない，おおかたが一致したものだけが取り上げられる。
4) The New Media Consortium, "The Horizon Report," 2011edition. Texas, c2011, ISBN 978-0-9828290-5-9, http://www.nmc.org/pdf/2011-Horizon-Report.pdf ('11.12.27 現在参照可)。邦訳：ニューメディア・コンソーシアム著，放送大学 ICT 活用・遠隔教育センター訳『ホライズン・レポート』(2011 年版)。
5) 同上，p.13。
6) 批判の急先鋒は次の書など。Jane M. Healy, "Failure to connect: how computers affect our children's minds‐for better and worse," New York, Simon & Schuster, c1998. 邦訳：ジェーン・ハーリー著，西村辨作・山田詩津夫訳『コンピュータが子どもの心を変える』大修館書店，1999 年。
7) 典型的なベビーブーマーの Gee (James Paul Gee, 1948-) は，次の書を著した当時 55 歳であった。彼は，1 日 8 時間ゲームに熱中し，50～100 時間かけてようやくクリアした経験のなかから，空想上の人物に役割を重ねて問題を解決していくロールプレイングゲームに学習への効果を見いだした。James Paul Gee, "What video games have to teach us about learning and literacy," Palgrave Macmillan, 2003, pp.5-6.
8) The New Media Consortium, op. cit. pp.21.
9) データマイニング。「鉱石・石炭などを採掘する」を意味する mine という動詞からきており，転じて，大量のデータを処理・加工することにより，埋もれて表面上は気づかなかった事実を明らかにすることをいう。
10) LA は，学生生活全般にわたる（たとえば，定期試験やレポートの成績はもちろん，クラブ活動やボランティアなどの社会活動やネットへの投稿までも含む）あらゆるデータのなかから，学習に結びつくものを集めるもので，個々の学生にカスタマイズされた学習方法を導き出すのが狙い。これにかけるコストとエネルギーは膨大にならざるを得ないが，これからの大学生き残り策の 1 つとして避けて通れないものとなろう。
11) 「iPad を活用した障がい児の学習支援事例研究『魔法のふでばこプロジェクト』2011 年成果報告会」2012 年 1 月 21 日，於東京大学先端科学技術研究センター。http://www.e-at.org/app-def/S-101/service/modules/eguide/event.php?eid=21 ('12.1.27 現在参照可)。
12) 主催は Information Today 社で，同社はこのような会議を 30 年以上にわたって開催してきた。
13) 2011 年 10 月 15 日から 19 日の 5 日間（プレコンファレンスを含む）の日程で，カリフォルニア州モントレーでおこなわれた。
14) アドビ社がアルダス社を買収して Page Maker5.0 を出したのが 1995 年で，同社の Photoshop と Illustrator，および，この Page Maker の 3 つが DTP の三種の神器といわれた。Quark Xpress3.3 が出たのもこの年で，前年に市場に投入されたパワーマッキントッシュシリーズと相まって DTP 元年といわれた。マッキントッシュ PC とポストスクリプト搭載のページプリンタ，前述のアルダス社の Page Maker の 3 つが出揃った 1985 年を DTP 元年とする見解もある。ほかにも 1987 年，1988 年，1994 年説など多数がある。
15) 「講談社，電子書籍版，1 万部販売」2010 年 6 月 11 日付『日本経済新聞』朝刊 13 面。
16) 同会設立の目的は，ハードウェアの急速な進化，電子書籍フォーマット，電子流通における権利と契約などの問題に対処することである。「これからの電子出版や電子書籍・雑誌に取り組むための団体『電子書籍を考える出版社の会』を設立」http://ebookpub.jp/press/20100608.html ('12.1.27 現在参照可)。
17) 同協議会設立の目的は，電子出版産業の発展のため課題の整理と検証，配信インフラ基盤にかかわる問題解決，市場形成における検証や電子出版振興にかかわる提言，出版社や出版関連団体，権利者および行政との密接な連携である。電子出版制作・流通協議会，「ようこそ，電子出版制作・流通協議会へ」http://aebs.or.jp/ ('12.1.27 現在参照可)。

18) 「激動の2010年 迫る第2波 乱立・混戦状態の出版界 着地点はどこにある？」『編集会議』2010年11月号別冊, p.17。
19) たとえば，人気新刊のハードカバーの場合，アマゾンのサイト経由での通販なら25～30ドル程度したものが，キンドル経由なら9.99ドルで済むなど，紙媒体より大幅に安い値段に設定された。「米アマゾンが電子書籍端末，紙媒体より6割安く，新聞対応，日本展開も視野」2007年11月21日付『日本経済新聞』朝刊11面。
20) 「せめぎあう著作権(2)「黒船」グーグルの衝撃——ネットで本閲覧，対応迫る。」2009年3月24日付『日本経済新聞』朝刊48面。
21) 「ニュース－新世代情報機器－米Googleが約50万冊の作品を電子書籍ストアに提供，無料で利用可能」『日経ニューメディア』2009年7月27日, p.9。
22) 「SamsungにGoogleも参戦 市場は好循環に突入」『日経エレクトロニクス』2009年6月29日号, p.38。
23) 米出版社協会によると，2009年の書籍全体の売上高は前年比2%減の238億5500万ドルで，このうち，電子書籍が占める割合はまだ書籍全体の1%強にすぎなかったが，2010年の1～5月の電子書籍の売上高は1億4600万ドル（約130億円）となり，書籍販売全体に占める割合が5%近くに達したという。「米，端末多様化で市場拡大，1～5月電子書籍，売上高3.1倍に」2010年7月21日付『日本経済新聞』朝刊9面。
24) 「ハードカバー販売，米アマゾン，電子書籍が逆転，過去3ヵ月の数量」2010年7月20日付『日本経済新聞』夕刊3面。
25) 前掲22), p.39。
26) vector graphicsとraster graphics。前者は，点を座標で，点と点を結ぶ線や面を方程式で記憶し，塗りつぶしや特殊効果などの描画情報と併せてデータとして蓄積する。後者は，画像を色のついた点の集合として蓄積する方式で，ビットマップ方式ともいう。前者は，画像のサイズを変更すると新たに描き直すため，どの大きさでもきれいな画像が得られるが，ラスタは，大きくするほどギザギザ（これをジャギーという）ができて鮮明さが失われる。
27) デジタルコンテンツの著作権を保護し，その複製を制御・制限すること，または，その技術。音声や動画プレーヤーや再生ソフトに組み込まれたり，ファイル転送ソフトや，メモリカードなどの記憶媒体自体に内蔵されたりする。
28) たとえば，2011（平成23）年度第59回日本図書館情報学会のシンポジウムのテーマは「電子書籍時代の図書館のあり方」であった。2011年11月13日, 於日本大学文理学部キャンパス。http://www.chs.nihon-u.ac.jp/edu_dpt/jslis/symposium.html ('11.11.30現在参照可)。
29) 「クラウドで電子図書館」2011年10月27日付『日経産業新聞』5面。
30) 永江朗「電子書籍が変える読書—フリーライター永江朗氏（今を読み解く）」2010年4月4日付『日本経済新聞』朝刊19面。
31) iPad発売2箇月後の7月，筆者の属する明星大学の司書課程受講生（主として3年生）41名へのアンケート。実施日2010（平成22）年7月8日。サンプル数の点からも，単なる参考にすぎないが，一般の学生よりも図書館に対する理解がある程度進んでいるので，イメージのみにとらわれない判断がなされているものと考える。

## 巻末資料

### 資料1 10進数・2進数・16進数対照表（第1章関連）

| 10進 | 2進 | 16進 | 10進 | 2進 | 16進 | 10進 | 2進 | 16進 | 10進 | 2進 | 16進 |
|---|---|---|---|---|---|---|---|---|---|---|---|
| 0 | 00000000 | 0 | 64 | 01000000 | 40 | 128 | 10000000 | 80 | 192 | 11000000 | C0 |
| 1 | 00000001 | 1 | 65 | 01000001 | 41 | 129 | 10000001 | 81 | 193 | 11000001 | C1 |
| 2 | 00000010 | 2 | 66 | 01000010 | 42 | 130 | 10000010 | 82 | 194 | 11000010 | C2 |
| 3 | 00000011 | 3 | 67 | 01000011 | 43 | 131 | 10000011 | 83 | 195 | 11000011 | C3 |
| 4 | 00000100 | 4 | 68 | 01000100 | 44 | 132 | 10000100 | 84 | 196 | 11000100 | C4 |
| 5 | 00000101 | 5 | 69 | 01000101 | 45 | 133 | 10000101 | 85 | 197 | 11000101 | C5 |
| 6 | 00000110 | 6 | 70 | 01000110 | 46 | 134 | 10000110 | 86 | 198 | 11000110 | C6 |
| 7 | 00000111 | 7 | 71 | 01000111 | 47 | 135 | 10000111 | 87 | 199 | 11000111 | C7 |
| 8 | 00001000 | 8 | 72 | 01001000 | 48 | 136 | 10001000 | 88 | 200 | 11001000 | C8 |
| 9 | 00001001 | 9 | 73 | 01001001 | 49 | 137 | 10001001 | 89 | 201 | 11001001 | C9 |
| 10 | 00001010 | A | 74 | 01001010 | 4A | 138 | 10001010 | 8A | 202 | 11001010 | CA |
| 11 | 00001011 | B | 75 | 01001011 | 4B | 139 | 10001011 | 8B | 203 | 11001011 | CB |
| 12 | 00001100 | C | 76 | 01001100 | 4C | 140 | 10001100 | 8C | 204 | 11001100 | CC |
| 13 | 00001101 | D | 77 | 01001101 | 4D | 141 | 10001101 | 8D | 205 | 11001101 | CD |
| 14 | 00001110 | E | 78 | 01001110 | 4E | 142 | 10001110 | 8E | 206 | 11001110 | CE |
| 15 | 00001111 | F | 79 | 01001111 | 4F | 143 | 10001111 | 8F | 207 | 11001111 | CF |
| 16 | 00010000 | 10 | 80 | 01010000 | 50 | 144 | 10010000 | 90 | 208 | 11010000 | D0 |
| 17 | 00010001 | 11 | 81 | 01010001 | 51 | 145 | 10010001 | 91 | 209 | 11010001 | D1 |
| 18 | 00010010 | 12 | 82 | 01010010 | 52 | 146 | 10010010 | 92 | 210 | 11010010 | D2 |
| 19 | 00010011 | 13 | 83 | 01010011 | 53 | 147 | 10010011 | 93 | 211 | 11010011 | D3 |
| 20 | 00010100 | 14 | 84 | 01010100 | 54 | 148 | 10010100 | 94 | 212 | 11010100 | D4 |
| 21 | 00010101 | 15 | 85 | 01010101 | 55 | 149 | 10010101 | 95 | 213 | 11010101 | D5 |
| 22 | 00010110 | 16 | 86 | 01010110 | 56 | 150 | 10010110 | 96 | 214 | 11010110 | D6 |
| 23 | 00010111 | 17 | 87 | 01010111 | 57 | 151 | 10010111 | 97 | 215 | 11010111 | D7 |
| 24 | 00011000 | 18 | 88 | 01011000 | 58 | 152 | 10011000 | 98 | 216 | 11011000 | D8 |
| 25 | 00011001 | 19 | 89 | 01011001 | 59 | 153 | 10011001 | 99 | 217 | 11011001 | D9 |
| 26 | 00011010 | 1A | 90 | 01011010 | 5A | 154 | 10011010 | AA | 218 | 11011010 | DA |
| 27 | 00011011 | 1B | 91 | 01011011 | 5B | 155 | 10011011 | AB | 219 | 11011011 | DB |
| 28 | 00011100 | 1C | 92 | 01011100 | 5C | 156 | 10011100 | AC | 220 | 11011100 | DC |
| 29 | 00011101 | 1D | 93 | 01011101 | 5D | 157 | 10011101 | AD | 221 | 11011101 | DD |
| 30 | 00011110 | 1E | 94 | 01011110 | 5E | 158 | 10011110 | AE | 222 | 11011110 | DE |
| 31 | 00011111 | 1F | 95 | 01011111 | 5F | 159 | 10011111 | AF | 223 | 11011111 | DF |
| 32 | 00100000 | 20 | 96 | 01100000 | 60 | 160 | 10100000 | A0 | 224 | 11100000 | E0 |
| 33 | 00100001 | 21 | 97 | 01100001 | 61 | 161 | 10100001 | A1 | 225 | 11100001 | E1 |
| 34 | 00100010 | 22 | 98 | 01100010 | 62 | 162 | 10100010 | A2 | 226 | 11100010 | E2 |
| 35 | 00100011 | 23 | 99 | 01100011 | 63 | 163 | 10100011 | A3 | 227 | 11100011 | E3 |
| 36 | 00100100 | 24 | 100 | 01100100 | 64 | 164 | 10100100 | A4 | 228 | 11100100 | E4 |
| 37 | 00100101 | 25 | 101 | 01100101 | 65 | 165 | 10100101 | A5 | 229 | 11100101 | E5 |
| 38 | 00100110 | 26 | 102 | 01100110 | 66 | 166 | 10100110 | A6 | 230 | 11100110 | E6 |
| 39 | 00100111 | 27 | 103 | 01100111 | 67 | 167 | 10100111 | A7 | 231 | 11100111 | E7 |
| 40 | 00101000 | 28 | 104 | 01101000 | 68 | 168 | 10101000 | A8 | 232 | 11101000 | E8 |
| 41 | 00101001 | 29 | 105 | 01101001 | 69 | 169 | 10101001 | A9 | 233 | 11101001 | E9 |
| 42 | 00101010 | 2A | 106 | 01101010 | 6A | 170 | 10101010 | AA | 234 | 11101010 | EA |
| 43 | 00101011 | 2B | 107 | 01101011 | 6B | 171 | 10101011 | AB | 235 | 11101011 | EB |
| 44 | 00101100 | 2C | 108 | 01101100 | 6C | 172 | 10101100 | AC | 236 | 11101100 | EC |
| 45 | 00101101 | 2D | 109 | 01101101 | 6D | 173 | 10101101 | AD | 237 | 11101101 | ED |
| 46 | 00101110 | 2E | 110 | 01101110 | 6E | 174 | 10101110 | AE | 238 | 11101110 | EE |
| 47 | 00101111 | 2F | 111 | 01101111 | 6F | 175 | 10101111 | AF | 239 | 11101111 | EF |
| 48 | 00110000 | 30 | 112 | 01110000 | 70 | 176 | 10110000 | B0 | 240 | 11110000 | F0 |
| 49 | 00110001 | 31 | 113 | 01110001 | 71 | 177 | 10110001 | B1 | 241 | 11110001 | F1 |
| 50 | 00110010 | 32 | 114 | 01110010 | 72 | 178 | 10110010 | B2 | 242 | 11110010 | F2 |
| 51 | 00110011 | 33 | 115 | 01110011 | 73 | 179 | 10110011 | B3 | 243 | 11110011 | F3 |
| 52 | 00110100 | 34 | 116 | 01110100 | 74 | 180 | 10110100 | B4 | 244 | 11110100 | F4 |
| 53 | 00110101 | 35 | 117 | 01110101 | 75 | 181 | 10110101 | B5 | 245 | 11110101 | F5 |
| 54 | 00110110 | 36 | 118 | 01110110 | 76 | 182 | 10110110 | B6 | 246 | 11110110 | F6 |
| 55 | 00110111 | 37 | 119 | 01110111 | 77 | 183 | 10110111 | B7 | 247 | 11110111 | F7 |
| 56 | 00111000 | 38 | 120 | 01111000 | 78 | 184 | 10111000 | B8 | 248 | 11111000 | F8 |
| 57 | 00111001 | 39 | 121 | 01111001 | 79 | 185 | 10111001 | B9 | 249 | 11111001 | F9 |
| 58 | 00111010 | 3A | 122 | 01111010 | 7A | 186 | 10111010 | BA | 250 | 11111010 | FA |
| 59 | 00111011 | 3B | 123 | 01111011 | 7B | 187 | 10111011 | BB | 251 | 11111011 | FB |
| 60 | 00111100 | 3C | 124 | 01111100 | 7C | 188 | 10111100 | BC | 252 | 11111100 | FC |
| 61 | 00111101 | 3D | 125 | 01111101 | 7D | 189 | 10111101 | BD | 253 | 11111101 | FD |
| 62 | 00111110 | 3E | 126 | 01111110 | 7E | 190 | 10111110 | BE | 254 | 11111110 | FE |
| 63 | 00111111 | 3F | 127 | 01111111 | 7F | 191 | 10111111 | BF | 255 | 11111111 | FF |

## 資料2　文字コード表（第1章関連）

### ■ 8ビット符号文字表（半角文字）（JIS X 02011 コード表）

| | \\ 上位4ビット | | | | | | | | | | | | | | | | 16進数表記 |
|---|---|---|---|---|---|---|---|---|---|---|---|---|---|---|---|---|---|
| 下位4ビット \\ | 0 | 1 | 2 | 3 | 4 | 5 | 6 | 7 | 8 | 9 | A | B | C | D | E | F | |
| | NL | DE | SP | 0 | @ | P | ` | p | | | | ― | タ | ミ | | | 0 |
| | SH | D1 | ！ | 1 | A | Q | a | q | | | 。 | ア | チ | ム | | | 1 |
| | SX | D2 | ” | 2 | B | R | b | r | | | 「 | イ | ツ | メ | | | 2 |
| | EX | D3 | # | 3 | C | S | c | s | | | 」 | ウ | テ | モ | | | 3 |
| | ET | D4 | $ | 4 | D | T | d | t | | | 、 | エ | ト | ヤ | | | 4 |
| | EQ | NK | % | 5 | E | U | e | u | | | ・ | オ | ナ | ユ | | | 5 |
| | AK | SN | & | 6 | F | V | f | v | | | ヲ | カ | ニ | ヨ | | | 6 |
| | BL | EB | ’ | 7 | G | W | g | w | | | ァ | キ | ヌ | ラ | | | 7 |
| | BS | CN | ( | 8 | H | X | h | x | | | ィ | ク | ネ | リ | | | 8 |
| | HT | EM | ) | 9 | I | Y | i | y | | | ゥ | ケ | ノ | ル | | | 9 |
| | LF | SB | * | : | J | Z | j | z | | | ェ | コ | ハ | レ | | | A |
| | HM | EC | + | ; | K | [ | k | { | | | ォ | サ | ヒ | ロ | | | B |
| | CL | → | , | < | L | ¥ | l | \| | | | ャ | シ | フ | ワ | | | C |
| | CR | ← | - | = | M | ] | m | } | | | ュ | ス | ヘ | ン | | | D |
| | SO | ↑ | . | > | N | ^ | n |  | | | ョ | セ | ホ | ゛ | | | E |
| | SI | ↓ | / | ? | O | _ | o | DL | | | ッ | ソ | マ | ゜ | | | F |

※NL～EC および DL は機能コードと呼ばれ、コンピュータに対する何らかの指令を含むもの（たとえば1文字削除など）。

例）　　"M"　　　　　　　　　　　上位4ビット　　下位4ビット
　　　　16進数表記　⇒　4 D　　　　　　4　　　　　　　D
　　　　2進数表記　　⇒　01001101　　　0100　　　　　1101

### ■ 16ビット符号文字表（全角文字）（Shift-JIS コード表）

| | 0 | 1 | 2 | 3 | 4 | 5 | 6 | 7 | 8 | 9 | A | B | C | D | E | F |
|---|---|---|---|---|---|---|---|---|---|---|---|---|---|---|---|---|
| 8140 | 　 | 、 | 。 | ， | ． | ・ | ： | ； | ？ | ！ | ゛ | ゜ | ´ | ` | ¨ | ＾ |
| 8150 | ￣ | ＿ | ヽ | ヾ | ゝ | ゞ | 〃 | 仝 | 々 | 〆 | 〇 | ー | ― | - | ／ | ＼ |
| 8160 | 〜 | ‖ | ｜ | … | ‥ | ' | ' | " | " | ( | ) | 〔 | 〕 | [ | ] | { |
| 8170 | } | 〈 | 〉 | 《 | 》 | 「 | 」 | 『 | 』 | 【 | 】 | ＋ | － | ± | × | ¥ |
| 8180 | ÷ | ＝ | ≠ | ＜ | ＞ | ≦ | ≧ | ∞ | ∴ | ♂ | ♀ | ° | ′ | ″ | ℃ | ￥ |
| 8190 | $ | ¢ | £ | ％ | # | ＆ | ＊ | ＠ | § | ☆ | ★ | ○ | ● | ◎ | ◇ | ◆ |
| 81A0 | □ | ■ | △ | ▲ | ▽ | ▼ | ※ | 〒 | → | ← | ↑ | ↓ | ＝ | | | |
| 8740 | ① | ② | ③ | ④ | ⑤ | ⑥ | ⑦ | ⑧ | ⑨ | ⑩ | ⑪ | ⑫ | ⑬ | ⑭ | ⑮ | ⑯ |
| 8750 | ⑰ | ⑱ | ⑲ | ⑳ | I | II | III | IV | V | VI | VII | VIII | IX | X | | ㍉ |
| 8760 | ㌔ | ㌢ | ㍍ | ㌘ | ㌧ | ㌃ | ㌶ | ㍑ | ㍗ | ㌍ | ㌦ | ㌣ | ㌫ | ㍊ | ㌻ | mm |
| 8770 | cm | km | mg | kg | cc | m² | | | | | | | | | 蕗 | |
| 8780 | ≒ | ≡ | № | K.K. | TEL | ㊤ | ㊥ | ㊦ | ㊧ | ㊨ | ㈱ | ㈲ | ㈹ | 躾 | 埜 | 閭 |
| 8790 | ≒ | ≡ | ∫ | ∮ | Σ | √ | ⊥ | ∠ | ∟ | ∵ | ∩ | ∪ | | | | |
| 8890 | | | | | | | | | | | | | | | | 亜 |
| 88A0 | 唖 | 娃 | 阿 | 哀 | 愛 | 挨 | 姶 | 逢 | 葵 | 茜 | 穐 | 悪 | 握 | 渥 | 旭 | 葦 |
| 88B0 | 芦 | 鯵 | 梓 | 圧 | 斡 | 扱 | 宛 | 姐 | 虻 | 飴 | 絢 | 綾 | 鮎 | 或 | 粟 | 袷 |
| 88C0 | 安 | 庵 | 按 | 暗 | 案 | 闇 | 鞍 | 杏 | 以 | 伊 | 位 | 依 | 偉 | 囲 | 夷 | 委 |
| 88D0 | 威 | 尉 | 惟 | 意 | 慰 | 易 | 椅 | 為 | 畏 | 異 | 移 | 維 | 緯 | 胃 | 萎 | 衣 |
| 88E0 | | | 謂 | 違 | 医 | 井 | | 育 | | 郁 | 磯 | 一 | | | | 茨 |

例）　　"亜"　　　　16進数表記　⇒　889F　　　2進数表記　⇒　1000100010011111

## 資料3　数値表現（第1章関連）

■　符号なし整数（絶対値表現）

例）　01001101 (2)
　　　= $2^7×0 + 2^6×1 + 2^5×0 + 2^4×0 + 2^3×1 + 2^2×1 + 2^1×0 + 2^0×1$
　　　= $128×0 + 64×1 + 32×0 + 16×0 + 8×1 + 4×1 + 2×0 + 1×1$
　　　= $0 + 64 + 0 + 0 + 8 + 4 + 0 + 1$
　　　= $77_{(10)}$

※CPU の処理能力（8ビット，16ビット，32ビット，64ビット）によって，一度に扱える最大値が異なる。
　　8 ビット CPU の場合　⇒　$2^8 - 1$ = 256 - 1 = 255
　　16 ビット CPU の場合　⇒　$2^{16} - 1$ = 65536 - 1 = 65535
　　32 ビット CPU の場合　⇒　$2^{32} - 1$ = 4294967296 - 1 = 4294967295
　　64 ビット CPU の場合　⇒　$2^{64} - 1$ = 18446744073709551616 - 1 = 18446744073709551615

■　符号つき整数

符号つき整数には，符号つき絶対値表現（符号ビット＋絶対値表現），1の補数表現，2の補数表現などがあるが，ここでは，2の補数表現について例をあげる。

○2の補数表現の求め方　⇒　①各ビットを反転させ，②1を加える

例）　　01001101 (2)　　= $77_{(10)}$
　　①10110010 (2)
　　②10110011 (2)　　= $-77_{(10)}$

> 2の補数表現を用いると，引き算を足し算におき換えることができ，加算のための回路とビット反転（論理否定）の回路だけを用意すればよいので，演算装置を単純化できる。

例）　　168　　　　　168　　　　　　10101000 (2)
　　　-) 77　　　　+) -77　　　　　+) 10110011 (2)
　　　―――　　　　――――　　　　―――――――――
　　　　91　　　　　　91　　　　　　01011011 (2)　　※桁あふれは無視する

## 資料4　画像表現（第1章関連）

画像の表現にはラスタ方式とベクタ方式がある（第15章注26参照）。ここでは，ラスタ方式の例を掲げる。

原寸大（100%） 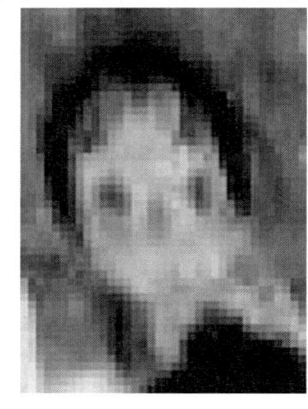　　　　拡大（400%） 　　　　拡大（2000%）

※画像解像度　72 ピクセル（pixel, 画素）

## 資料5　音声サンプリングのイメージ（第1章関連）

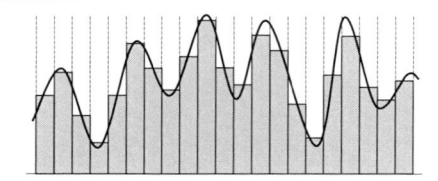

※音声サンプリングでは，単位時間あたりの値を近似値として数値化する。音楽用 CD などで実際に用いられるレートは，44.1KHz（キロヘルツ）で，1秒間を44100に細かく分けて採録するので，人間の耳にはほぼ原音のとおりに聞こえる。

**資料6** パソコン仕様書の例（第1章関連）

| | | |
|---|---|---|
| OS | | Windows® 7 Home Premium 64bit 正規版　(SP1) |
| CPU | | インテル® Core™ i7-2600 プロセッサ |
| チップセット ※1 | | インテル® H61 Express チップセット |
| BIOS ※2 | | AMI BIOS |
| メインメモリ/スロット | | 2.0GB～8.0GB（PC3-10600 DDR3 1333MHz SDRAM）から選択<br>DIMM スロット（240 ピン）×2 |
| ビデオコントローラ ※3 | | インテル® HD グラフィックス 2000（CPU 内蔵 3D グラフィックス） |
| ビデオメモリ | | メインメモリ 2.0GB 時最大 784MB，メインメモリ 4.0GB 以上最大 1696MB<br>（いずれもメインメモリから 64MB 占有，メインメモリと共有になる。） |
| 表示解像度 | | 800×600，1024×768，1280×720，1280×768，1280×1024，1360×768，1366×768，1440×900，1600×1200，1680×1050，1920×1080，1920×1200（約 1,677 万色） |
| HDD/SSD | | 3.5 型 HDD　250GB～1TB（シリアル ATA 300MB/s，2 基内蔵可能<br>Standby Rescue Multi 4.0 キット，SSD（MLC）：80GB・160GB（シリアル ATA 300MB/s）インテル製から選択 |
| 光ディスクドライブ | | なし（OS の再インストールには光ディスクドライブが必要になるので注意），DVD-ROM ドライブ，スーパーマルチドライブ（DVD±R 2 層書込）から選択 |
| IEEE1394 ※4 | | なし（オプションボードを搭載可能） |
| サウンド機能 | | インテル® ハイ・デフィニション・オーディオ<br>動作確認用モノラルスピーカー内蔵（音楽鑑賞用ではない） |
| ネットワーク機能 | | 1000Base-T/100Base-TX/10Base-T（インテル® 製 82579V コントローラ） |
| 無線 LAN ※5 | | なし（オプションの無線 LAN USB アダプタ選択可能） |
| キーボード/マウス | | オプションから選択 |
| インターフェース | USB | 2.0×6（前面×2，背面×4） |
| | IEEE1394 | なし |
| | LAN | RJ-45×1 |
| | サウンド | 前面：ヘッドホン出力×1，マイク入力×1　背面：ライン入力×1，ライン出力×1 |
| | ディスプレー出力 | VGA：ミニ D-SUB 15 ピン，デジタル：DVI-D 24 ピン（2 台のディスプレーを接続した際に同じ表示ができる） |
| | キーボード | PS/2 互換　ミニ DIN×1 |
| | マウス | PS/2 互換　ミニ DIN×1 |
| | シリアル | D-SUB　9 ピン×1 ポート |
| | パラレル | D-SUB　25 ピン×1 ポート |
| ドライブベイ ※6 | | 3.5 型×2 (1)，5.25 型×1 (なし)　() 内は空き数 |
| 拡張スロット ※7 | | PCI + PCI Express x4 拡張ユニット［PCI：1（ボード長 178mm まで），PCI Express x4：1（ボード長 178mm まで）］，PCI + PCI 拡張ユニット［PCI：2（ボード長 178mm まで）］から選択 |
| マルチカードリーダ | | なし（オプションのマルチカードリーダを内蔵可能） |
| セキュリティ機能 | | セキュリティチップ（TPM）TCG 準拠 v1.2 搭載，セキュリティロックスロット |
| 主な付属品 | | リカバリー DVD，リカバリーツール CD，ドライバー類（HDD の消去禁止領域に保存/各種デバイスドライバー，マカフィー・PC セキュリティセンター 90 日期間限定版，Adobe(r) Reader(tm)，i-フィルター(r) 6.0 1ヶ月試用版含む），マニュアル類，縦置きスタンド，横置き用ゴム足，サービスコンセント付き電源コード |
| 外形寸法 | | （幅×奥行き×高さ）99×383×310mm（スタンド・突起部を除く） |
| 質量 | | 約 6.8Kg（基本構成時） |
| 電源 | | AC100V±10%（50/60Hz）（入力波形は正弦波のみをサポート）　容量：250W |
| 消費電力 ※8 | | 最大定格出力時 305W（理論値）／最大構成時 173W／通常時 23.2W／スタンバイ時 1.4W／電源 OFF 時 0.9W |
| 待機時動作音 ※9 | | 約 24.5dB |

| 関連規格 | 国際エネルギースタープログラム適合，高調波電流規格適合，VCCI クラス B 適合，PC グリーンラベル適合（2011 年度版）※15，J-Moss グリーンマーク対応 |
|---|---|
| 動作環境 | 動作温度：10〜35℃，動作湿度：20〜80% |

※1 チップセット：電子部品を装着する基盤をマザーボードというが，チップセットは，このマザーボード上のいくつかの部品を集積回路にまとめたもの。CPU，メインメモリ，バス，AGP（Accelerated Graphics Port）などの各種ポート類，AV 機器やハードディスクとのインターフェースなどの機能が統合される。

⇒バス（bus）：コンピュータ内外の回路間でデータをやり取りするための伝送路のこと（第 1 章注 5 も参照）。内部回路同士をつなぐ内部バス，内部回路と外部回路をつなぐ外部バス，外付け周辺装置とつなぐ拡張バスがある。PCI 周辺装置とつなぐ際には，1 つの線に信号を流すシリアルバス（USB が代表的）と，複数の線を平行に結線し，一度に信号を流すパラレルバスがある。

⇒PCI（Peripheral Component Interconnect）：パソコンに不足している機能や接続端子がある場合，市販の拡張ボードなどをあとから増設するための規格。Intel 社が中心となって制定した。CPU と各回路間を結ぶバス幅が 32 ビットと 64 ビットがあり，動作周波数は最大 33MHz と 66MHz がある。現在，ほとんどのパソコンに採用されている。

⇒AGP：Intel 社が開発したグラフィックス専用回路とメインメモリ間を映像信号のみやり取りする専用バスの規格。バス幅は 32 ビット（一度に並行して 32 ビットのデータを送ることができる）で，転送速度は 266 MB/s〜2.13GB/s。3D の映像が求められる時代となり，これに対応する規格として注目される。

※2 BIOS（Basic Input Output System，バイオス）：OS の基底部に位置し，ハードウェアを直接操作してデータの入出力をおこなうプログラムの集まり。OS は通常 HD 上におかれているので，電源を入れた直後は，①ディスクの初期設定②読み出し準備③OS の起動指示をする "何か" が必要である。この "何か" にあたるのが BIOS で，通電すると動き出すよう ROM（read only memory，読み出し専用メモリ）になっている。

　①②③が BIOS の最初の仕事で，OS が動き出してからも縁の下で活動を続ける。たとえば，プラグアンドプレイ（Plug & Play，PnP）への対応処理や，コンピュータの日付や時刻の管理など。資料 6 のパソコンは，AMI 社（American Megatrends, Inc.）が設計・製造し，提供する ROM を採用していることを示している。

⇒プラグアンドプレイ：起動中のコンピュータに外付けのハードウェアを接続したときに，OS が自動的に検出して最適な設定をおこない組み入れるシステムのこと。Windows 95 で初めて採用された。

※3 ビデオコントローラ：ディスプレーに画像を表示するための装置または回路。CPU の負担を軽減する目的で，従来，パソコンに装着するカードなどに実装された。この場合，画像描画のためのコントローラ，画像を保持するメモリ，ディスプレーと接続するための端子などで構成される。ビデオディスプレーコントローラ，ビデオアダプタ，グラフィックスコントローラ，グラフィックスアダプタ，グラフィックスアクセラレータ（accelerator）などと呼ばれることもある。

　資料 6 の CPU は，このコントローラ（HD グラフィックス 2000）を CPU 内に内蔵（ワンチップに集積）しており，インテル社は，これを第 2 世代 Core プロセッサの象徴として宣伝している。
http://www.intel.com/jp/products/processor/corei7/index.htm（'12.1.31 現在参照可）。

※4 IEEE1394：デジタルカメラなどの接続に用いられるシリアルバスのインターフェース。IEEE が標準化したため IEEE1394 という。開発元は Apple 社。転送速度は 400〜800Mbps（最大 3200Mbps の規格もある）で，USB より高速，かつ，CPU に負担をかけない仕様になっている。この端子は，一般に，DV 端子として見かけるが，ソニーでは i.LINK と呼び，Apple では FireWire と呼称している。

※5 無線 LAN：心臓ペースメーカなどの医療機器からは 22 cm 以上離して使用する，また，電子レンジ付近の磁場，静電気，電波障害が発生するところでは使用しない，が求められている。環境により電波が届かない場合がある。無線 LAN ではセキュリティの設定をすることが非常に重要である。

※6 ドライブベイ（drive bay）：HD ドライブや DVD-ROM ドライブなどをパソコンの筐体内に内蔵するため設けられた取りつけ用の空間のこと。大きさに，3.5 インチと 5 インチの 2 種類がある。

※7 拡張スロット：コンピュータにさまざまな機能を追加するために，基盤に IC やメモリなどの必要な部品を装備したもの（これを拡張カードあるいは拡張ボードという）を接続するための差し込み口のこと。

※8 消費電力：仕様，構成の変更により値が変わる。資料 6 は，代表的な部品構成での測定値。表中の「通常時」とは，起動 15 分後の OS 待機状態のときの値。

※9 待機時動作音：ISO では，サーバなどの騒音を測定する環境と方法を規定しており，それを ISO7779 という。「オペレータ位置」と「傍観者位置」の 2 種類があり，「オペレータ位置」では，床上 75 cm の大きさの机を用い，キーボードから 25 cm，装置から 50 cm にマイクをおいて測定することが規定されている。

## 資料7　情報セキュリティ基本方針（第3章関連）

（総務省例文）

### 1　目的
本基本方針は，本市が保有する情報資産の機密性，完全性及び可用性を維持するため，本市が実施する情報セキュリティ対策について基本的な事項を定めることを目的とする。

### 2　定義
(1)　ネットワーク
　コンピュータ等を相互に接続するための通信網，その構成機器（ハードウェア及びソフトウェア）をいう。
(2)　情報システム
　コンピュータ，ネットワーク及び記録媒体で構成され，情報処理を行う仕組みをいう。
(3)　情報セキュリティ
　情報資産の機密性，完全性及び可用性を維持することをいう。
(4)　情報セキュリティポリシー
　本基本方針及び情報セキュリティ対策基準をいう。
(5)　機密性
　情報にアクセスすることを認められた者だけが，情報にアクセスできる状態を確保することをいう。
(6)　完全性
　情報が破壊，改ざん又は消去されていない状態を確保することをいう。
(7)　可用性
　情報にアクセスすることを認められた者が，必要なときに中断されることなく，情報にアクセスできる状態を確保することをいう。

### 3　対象とする脅威
情報資産に対する脅威として，以下の脅威を想定し，情報セキュリティ対策を実施する。
(1)　サイバー攻撃をはじめとする部外者の侵入，不正アクセス，ウイルス攻撃，サービス不能攻撃等の意図的な要因による情報資産の漏えい・破壊・改ざん・消去，重要情報の詐取，内部不正等
(2)　情報資産の無断持ち出し，無許可ソフトウェアの使用等の規定違反，設計・開発の不備，プログラム上の欠陥，操作・設定ミス，メンテナンス不備，内部・外部監査機能の不備，外部委託管理の不備，マネジメントの欠陥，機器故障等の非意図的要因による情報資産の漏えい・破壊・消去等
(3)　地震，落雷，火災等の災害によるサービス及び業務の停止等
(4)　大規模・広範囲にわたる疾病による要員不足に伴うシステム運用の機能不全等
(5)　電力供給の途絶，通信の途絶，水道供給の途絶等の提供サービスの障害からの波及等

### 4　適用範囲
(1)　行政機関の範囲
　本基本方針が適用される行政機関は，内部部局，行政委員会，議会事務局，消防本部及び地方公営企業とする。
(2)　情報資産の範囲
　本基本方針が対象とする情報資産は，次のとおりとする。
　①ネットワーク，情報システム及びこれらに関する設備，電磁的記録媒体
　②ネットワーク及び情報システムで取り扱う情報（これらを印刷した文書を含む。）
　③情報システムの仕様書及びネットワーク図等のシステム関連文書

### 5　職員等の遵守義務
職員，非常勤職員及び臨時職員（以下「職員等」という。）は，情報セキュリティの重要性について共通の認識を持ち，業務の遂行に当たって情報セキュリティポリシー及び情報セキュリティ実施手順を遵守しなければならない。

### 6　情報セキュリティ対策
上記3の脅威から情報資産を保護するために，以下の情報セキュリティ対策を講じる。
(1)　組織体制
　本市の情報資産について，情報セキュリティ対策を推進する全庁的な組織体制を確立する。
(2)　情報資産の分類と管理
　本市の保有する情報資産を機密性，完全性及び可用性に応じて分類し，当該分類に基づき情報セキュリティ対策を行う。
(3)　物理的セキュリティ
　サーバ等，情報システム室等，通信回線等及び職員等のパソコン等の管理について，物理的な対策を講じる。
(4)　人的セキュリティ
　情報セキュリティに関し，職員等が遵守すべき事項を定めるとともに，十分な教育及び啓発を行う等の人的な対策を講じる。
(5)　技術的セキュリティ
　コンピュータ等の管理，アクセス制御，不正プログラム対策，不正アクセス対策等の技術的対策を講じる。
(6)　運用
　情報システムの監視，情報セキュリティポリシーの遵守状況の確認，外部委託を行う際のセキュリティ確保等，情報セキュリティポリシーの運用面の対策を講じるものとする。また，情報資産への侵害が発生した場合等に迅速かつ適切に対応するため，緊急時対応計画を策定する。

### 7　情報セキュリティ監査及び自己点検の実施
情報セキュリティポリシーの遵守状況を検証するため，定期的又は必要に応じて情報セキュリティ監

査及び自己点検を実施する。
8 情報セキュリティポリシーの見直し
　情報セキュリティ監査及び自己点検の結果，情報セキュリティポリシーの見直しが必要となった場合及び情報セキュリティに関する状況の変化に対応するため新たに対策が必要になった場合には，情報セキュリティポリシーを見直す。
9 情報セキュリティ対策基準の策定
　上記6，7及び8に規定する対策等を実施するために，具体的な遵守事項及び判断基準等を定める情報セキュリティ対策基準を策定する。
10 情報セキュリティ実施手順の策定
　情報セキュリティ対策基準に基づき，情報セキュリティ対策を実施するための具体的な手順を定めた情報セキュリティ実施手順を策定するものとする。
　なお，情報セキュリティ実施手順は，公にすることにより本市の行政運営に重大な支障を及ぼすおそれがあることから非公開とする。

出典：総務省『情報セキュリティーポリシーに関するガイドライン』（平成22年11月版）pp,17-19.
http://www.soumu.go.jp/denshijiti/jyouhou_policy/pdf/100712_1.pdf（'12.1.31 現在参照可）。　なお，引用例文は「規程文」形式だが，ほかに「宣言文」形式の例文もあげられている。また，詳細な『情報セキュリティー対策基準』の例文も33ページにわたって掲げられている。

### 資料8　国立国会図書館 JAPAN/MARC 2009年フォーマット（第4章関連）

■JAPAN/MARC2009 フォーマット

| フィールド名 | FD ID | SUBFLD | ID | | データ |
|---|---|---|---|---|---|
| レコードラベル | | | | | 00945NAM 0600229 I 45 # |
| ディレクトリ | | | | | 001000900000 005001700009 010002000026 020002300046 100004200069 101001000111 102000900121 251010300130 265001700233 270005500250 275002700305 0001500332 551010100347 685001300448 770014900461 801008000610 905002500690# |
| レコード識別番号 | 001 | | | | 209 79937# |
| レコード更新情報 | 005 | | | | 20060227143031.0# |
| 国際標準図書番号 | 010 | $A | 013 | 1 | 4－902198－82－7# |
| 全国書誌番号 | 020 | $A | 002 | 1 | JP |
| | | $B | 008 | 1 | 209 79937# |
| 一般的処理データ | 100 | $A | 035 | 1 | 20060227 2005 0JPN 1312 # |
| 著作の言語 | 101 | $A | 003 | 1 | JPN# |
| 出版国または製作した国 | 102 | $A | 002 | 1 | JP# |
| タイトルと責任表示に関する事項 | 251 | $A | 018 | 2 | 介護保険制度とは… |
| | | $B | 020 | 2 | 制度を理解するために |
| | | $F | 016 | 2 | 藤井賢一郎/ /監修 |
| | | $F | 024 | 2 | 東京都社会福祉協議会/ /編# |
| 版に関する事項 | 265 | $A | 010 | 2 | 改訂第8版# |
| 出版・頒布等に関する事項 | 270 | $A | 004 | 2 | 東京 |
| | | $B | 020 | 2 | 東京都社会福祉協議会 |
| | | $D | 012 | 2 | |
| 形態に関する事項 | 275 | $A | 006 | 2 | 31p |
| | | $B | 008 | 2 | 30cm# |
| 装丁と定価に関する注記 | 360 | $C | 008 | 2 | 381 円# |
| タイトル標目 | 551 | $A | 028 | 2 | カィゴ　ホケン　セイド　トワ |
| | | $X | 044 | 2 | Kaigo hoken seido towa |
| | | $B | 010 | 2 | 251A1# |
| NDLCによる分類記号 | 685 | $A | 006 | 2 | Y93# |
| 出版者のよみ | 770 | $A | 044 | 2 | トウキョウトシャカイフクシキョウギカイ |
| | | $X | 066 | 2 | Toukyouto syakai hukusi kyougikai |
| | | $B | 020 | 2 | 東京都社会福祉協議会# |
| レコード作成機関 | 801 | $A | 002 | 1 | JP |
| | | $B | 028 | 1 | National Diet Library, JAPAN |
| | | $C | 008 | 1 | 20070312 |

■出力例（現行 NDL-OPAC での表示）

| | |
|---|---|
| 所蔵確認／各種申込⇒ | 全ての資料を表示する |
| 　－所蔵場所ごと | 東京：本館書庫 Library Info |
| 資料種別 | 図書 |
| 請求記号 | Y93-H2700 |
| タイトル | 介護保険制度とは…：制度を理解するために ／ |
| タイトルよみ | カイゴ ホケン セイド トワ． |
| 責任表示 | 藤井賢一郎 監修 ; 東京都社会福祉協議会 編． |
| 版表示 | 改訂第8版． |
| 出版事項 | 東京：東京都社会福祉協議会, 2005.9. |
| 形態／付属資料 | 31p ; 30cm. |
| ISBN | 4-902198-82-7 : |
| 価格等 | 381 円 |
| 全国書誌番号 | 20979937 |
| NDLC | Y93 |
| 本文の言語 | jpn |
| 国名コード | ja |
| 書誌 ID | 000008080845 |

出典：国立国会図書館「JAPAN/MARC マニュアル 単行・逐次刊行資料編 第3版（2009 フォーマット）データ例」http://www.ndl.go.jp/jp/library/data/jmarc2009_ms_manual/12.pdf（'12.1.31 現在参照可）。

## 資料9　図書館システム要求仕様書例（第6章関連）

明星大学日野校図書館システム導入検討委員会作業委員会
目次
第1章　総論
第2章　ソフトウェア仕様
　1．業務システム
　2．図書管理システム
　　2.1 包括的要件　　2.5 支払い
　　2.2 選書　　　　　2.6 帳票類
　　2.3 発注　　　　　2.7 その他
　　2.4 受入
　3．雑誌管理システム
　　3.1 発注・契約　　3.4 製本
　　3.2 受入　　　　　3.5 帳票
　　3.3 支払・精算
　4．予算管理システム
　5．目録管理システム
　6．閲覧管理システム
　　6.1 利用者管理
　　6.2 貸出・返却
　7．相互利用管理システム
　8．蔵書管理システム
　9．利用者サービスシステム
　　9.1 OPAC（Online Public Access Catalog）
　　9.2 その他
第3章　ハードウェア仕様
　1．基本要件
　2．サーバシステム一式
　3．業務端末
　4．利用者用検索端末
　5．業務用プリンタ
　6．ハンディターミナル
　7．大規模メディアストレージシステム
　8．視聴覚ブース
　9．ブックディテクションシステム
　10．その他
第4章　ソフトウェア仕様
　1．基本要件
　2．データベース
　3．ユーティリティ
　4．日本語処理システム
　5．業務用端末ソフトウェア
　6．閲覧カウンター業務端末用ソフトウェア
　7．WEB-OPAC 用端末ソフトウェア
第5章　システム管理・保守・将来のシステム更改
　1．システム管理
　2．バージョンアップ
　3．保守・支援体制
　　3.1 保守
　　3.2 支援体制
　4．将来の移行業務
第6章　システム構成
　　　　館内ネットワークイメージ図
第7章　ソフトウェア構成

図書館システム要求仕様書例

## 第1章 総論

　図書館システムは，本学図書館で行う図書館資料の受入業務，目録データの作成，閲覧業務，蔵書検索サービスなどすべての業務を対象とする。
　最も能力の高い最新の機器をプラットフォームとし，将来性・発展性・柔軟性・拡張性に富み，ネットワークを意識した質の高いサービスが提供できるものとする。
　日野校舎に導入すべきシステムはパッケージソフトを採用し，他大学において納入実績があり，現在において最も高い能力を有し，以下の要件を満たすものとする。

1) 最新のシステムで提供される処理能力を有し，円滑なサービスが実施できること。
2) 図書館業務全般をサポートするシステムであること。
3) 学内LAN及びインターネットに接続でき，図書館から各種サービスや情報の提供及び発信が学内外に行え，ネットワーク上の情報資源を利用することができること。
4) NACSIS-CAT，NACSIS-ILL等，国立情報学研究所のサービスが学内LANを通じて利用できること。
5) システム更改の際には，他メーカの他システムに全ての既存データが移行できること。
6) 提供されるソフトウェアの本学への摘要については，十分なサポートを行うこと。
7) ハードウェア及びソフトウェアの運用，保守，障害時の迅速な修復方法を明示し，かつ納入業者の支援体制が迅速・協力的であること。
8) システム構成はクライアント・サーバ方式とし，サーバのオペレーティングシステムとしてUNIXあるいはWindowsサーバ最新版を採用すること。
9) 信頼性のあるリレーショナルデータベース管理システム（RDBMS）で多言語による豊富な文字列検索機能を有すること。また使用ユーザ数が事実上無制限であること。
10) 100万冊のデータに十分対応でき，日常業務で発生するデータを保存できる十分な記憶容量を持つこと。
11) 図書館業務・利用者サービスについてネットワークを十分に活用出来ること。
12) システムとして，業務レベルにおいて日本語処理に優れ，操作性がよく，管理運用が容易であること。
13) 各種パラメータの変更により，プログラムの修正なしにユーザが自由に画面表示や出力帳票を変更できること。
14) 次期図書館システムへのデータ移行に必要な全ての情報を提供すること。

## 第2章 図書館システム基本仕様

### 1．業務システム
　図書館パッケージソフトウェアを必要に応じて日野校舎仕様に修正の上，提供すること。最新のシステムの機能と性能を有すること。

1) JIS第一，第二水準文字，及国立情報学研究所のEXC文字（ドイツ語やフランス語等に現れるウムラウト，アクサン等を独自の拡張文字セット）表示及び入出力する機能を有し，現在，あるいは将来的にUCSコードに対応できるものであること。
2) マルチウィンド及びマルチタスク処理機能を有すること。
3) 文字列の検索においては，仮名（ひらがな・カタカナ），漢字（新字・旧字）英字（半角・全角・大文字・小文字）の区別を検索時任意に指定できること。長音や促音，拗音や記号，濁点などへの検索時の要求は，基本的に国立情報学研究所の検索方式に合わせること。
4) 自動バックアップ機能を備え，日常のバックアップはバッチ処理で行えること。
5) 図書番号は9桁とし，下6桁での運用が出来ること。
6) 本学事務局で管理・蓄積されている学籍データの取込みが容易に行われること。提供されるデータはCD-ROM等の媒体により，一括登録・更新ができること。また，E-mailのアドレスも取り込めるものとする。外字データは全学共通なものを反映させる。
7) 利用者IDについては，本学の現行体系及び規格（別紙添付資料参照）に対応できること。またチェックディジットを持つものについては，チェックディジットチェックを行うこと。利用者IDは本学で発行する学生証により確認する。また，学生証の持つ磁気IDで読みとれるものとする。
8) NACSIS-CATとの接続について，業務モード・教育モードの切り替えが必要に応じてできること。
9) NACSIS-CAT，NACSIS-ILLが利用できること。
10) 一括ダウンロード・アップロードができること。

### 2．図書管理システム
　図書（選書・発注・受入・支払）管理システムの機能に関する以下の要件をみたすものとする。

#### 2.1 包括的要件
　処理の進捗状況に対応した処理段階の管理機能を有すること。書誌情報は，本学書誌レコード及びNACSIS-CAT書誌レコードから入力できること。発注・受入及び支払処理が，重複調査・資料番号付与とともにスムーズに行えること。

#### 2.2 選書
1) NACSIS-CATからデータの取込みができること。
2) 選書で作成した情報を発注・受入で流用できるこ

と。
3) 発注中及び所蔵図書を対象とした重複調査ができること。
4) 選定済みデータの一括発注処理ができること。
5) E-mail 及び WWW 画面から購入依頼を受けられること。この時に，依頼者が確認容易となるように依頼情報を表示する機能を有すること。ただし，購入依頼がただちに発注業務につながるものではなく，一定の時間蓄積し，図書館内で検討を経た後に発注するものとする。

2.3 発注
1) NACSIS-CAT からデータの取込みができること。
2) 発注中及び所蔵データに対する重複チェックができること。
3) 自動的にオリジナル書誌のデータ作成が出来，発注に利用できること。
4) 継続図書の発注処理が行えること。又継続図書のデータ管理が複数年度にわたって行えること。
5) 発注状態をオンライン画面から変更できること。
6) 購入希望者を利用者データベースに登録した利用者番号で指定できること。
7) 自動的に「割引率」「税率」「レート」の処理ができること。また発注単位毎にも設定が行えること。
8) 発注番号を自動付与して発注データの管理ができること。発注番号の手入力も可能なこと。
9) 絶版など，納入不可のデータ管理ができること。
10) 書店システムなどに仮発注・発注したデータを未発注・発注済みデータとして一括取込みができること。
11) 発注ごとに未着チェックの猶予日数を登録できること。
12) 発注に必要なデータを入力する際，コードテーブルを持つものについて，その内容を選択して取り込めること。（和洋区分，資料種別等）。また受入後所蔵に反映する各種コード（所在，貸出区分等）を発注時に設定できること。
13) 使用する文字に関係なく，和洋区分の指定が出来ること。
14) 複本の発注時，既存の書誌を流用できること。書誌は書名，書誌 ID，ISBN で検索できること。
15) 学内 LAN 経由で購入依頼のあったレコードは，自動的に選書準備レコードとして，取込まれること。

2.4 受入
1) 発注データを取込み，受入データを作成できること。
2) NACSIS-CAT からデータを取り込めること。またローカルデータベースからも取込めること。
3) 発注を経由せずに，受入処理ができること。
4) 継続図書，全集・叢書類の受入処理が行えること。
5) 寄贈図書の受入処理が行えること。
6) 資料番号は，受入レコード作成段階に於いても自動/手動付与とも可能なこと。
7) 受入のみの処理と，受入と支払いを同時に行う処理を選択できること。
8) 受入番号を自動付与して，発注データの管理ができること。受入番号の手入力も可能なこと。
9) 継続図書や全集・叢書類の受入時に，同じ発注ですでに受入れている所蔵情報を見られること。
10) 発注冊数を超えて受入ができること。
11) 受入に必要なデータを入力する際，コードテーブルを持つものについて，その内容を選択して取り込めること。（和洋区分，資料種別等）

2.5 支払い
1) 支払保留・解除が受入データ 1 件毎に設定できること。
2) 支払状態をオンライン画面から変更できること。
3) 支払段階で資料番号の自動採番が可能なこと。
4) 未払いデータのうちで，特定データのみを一時的に支払対象外とすることができること。また支払保留解除ができること。
5) 発注を経由しない受入データ（例えば，教員が立て替え払いをした図書など）に支払処理が行えること。

2.6 帳票類
1) 発注データをもとに発注リストが出力できること。資料番号はバーコード対応となっていること。
2) 発注データをもとに，未納品リストが出力できること。リストは単行図書と，継続図書の 2 種類が印刷できること。
3) 受入データをもとに受入リストが出力できること。
4) 支払いデータをもとに，支払リストが出力できること。
5) 継続図書の発注・受入状況が把握可能な帳票が出力できること。
6) 帳票類の形式が変更できること。

2.7 その他
1) 発注受入情報から所蔵情報を一括処理で自動的に作成できること。
2) 整理終了後，利用者に E-mail で通知や予約が行えること。
3) どの処理段階のデータについても，データの修正・削除が行えること。
4) 指定した条件で任意のデータを抽出し，テキストデータに変換して記憶媒体に出力できること。
5) 必要とするデータを任意の条件で抽出し，データベースアクセスインターフェースを通して PC に出力し，PC の表計算ソフト等により，統計を作成できる環境を提供すること。（CSV 形式）

3．雑誌管理システム
雑誌（発注・契約・受入・精算・製本）管理システムの機能に関する以下の要件を満たすものとする。

3.1 発注・契約
1) 発注中データ及び所蔵データに対する重複チェッ

2) NACSIS-CATからデータを取込み発注に利用できること。
3) オリジナル書誌のデータ作成が自動的にでき、発注に利用できること。
4) 契約・精算状態をオンライン画面から変更できること。
5) 購入希望者を利用者データベースに登録済みの利用者番号で指定できること。
6) 自動的に「割引率」「税率」「レート」「手数料」の処理ができること。また、発注単位毎にも設定が行えること。
7) 同一画面上で前年度・次年度の発注契約情報を呼び出せること。
8) 発注画面から該当データの受入画面を呼び出せること。
9) 発注画面から該当データの書誌修正画面を呼び出せること。
10) 発注情報の削除がオンラインで行えること。
11) 本年度の契約情報を元に、次年度の契約情報を1件単位で一括作成できること。
12) 新規及び中止雑誌の登録・修正・削除が随時できること。
13) 外国雑誌の一括契約・精算等の処理が行えること。
14) 誌名変遷処理が行えること。
15) 他の契約情報を複製することによる、契約情報の流用作成が可能なこと。
16) テキストファイルから契約情報を一括で取り込めること。
17) 前金払・後金払の契約方法を処理できること。
18) 発注に必要なデータを入力する際、コードテーブルを持つものについて、その内容を選択して取り込めること。(和洋区分、納入者等)
19) 契約情報のメンテナンスができること。

3.2 受入
1) 入力の際に次号の予測巻号値が設定されること。
2) 次号の受入予定日を刊行頻度・前号受入日等から自動生成すること。
3) 受入画面から該当データの発注契約画面を呼び出せること。
4) 受入画面から該当データの書誌修正画面が呼び出せること。
5) 複本契約の場合は、複本一覧が画面に表示され、一括受入ができること。
6) 受入情報の削除がオンラインから行えること。
7) 増刊号等の不定期な受入が行えること。合併号の受入が行えること。
8) 寄贈雑誌の受入処理が行えること。
9) 受入雑誌の一覧(誌名順、予算別、納入者別)を出力できること。
10) 業者の提供するFDによる自動チェックインが可能なこと。
11) 雑誌に印刷されている、ANSI/ISO Z39.50に準拠したバーコードをバーコードリーダで読み込み、自動受入処理が行えること。
12) 受入処理で配架場所を表示できること。また、製本中の場合はその旨必ず表示されること。
13) 受入データから雑誌目録の所蔵項目を自動編集し、OPACに反映できること。
14) 欠号督促処理ができること。
15) 受入画面で前年度以前の巻号データとの継続が確認できること。
16) 受入注記欄として、業務注記と利用者注記が用意されていること。
17) 受入を行う際、件数が増えてもレスポンスが遅くならないこと。

3.3 支払・精算
1) 支払保留・解除が発注データ1件毎に設定できること。
2) 支払状態をオンライン画面から変更できること。
3) 前金・後金・精算の処理が可能なこと。
4) 支払整理番号を自動付与して、支払処理を行えること。支払整理番号の手入力も可能なこと。
5) 受入データから支払準備リストが作成できること。
6) 欠号分が到着した場合、支払対象になること。
7) 精算後納入された前金払い契約雑誌の支払い処理が、処理年度に関係なく行えること。

3.4 製本
1) 製本準備、発注・受入・支払処理ができること。
2) 雑誌受入情報を流用して、製本発注準備ができること。
3) 雑誌受入データが無い場合も、手入力により製本データが生成できること。
4) 製本仕様パターンを登録し、発注処理で利用できること。
5) 製本情報から所蔵情報を一括処理にて自動的に作成できること。作成した所蔵情報は閲覧管理で扱えること。
6) 製本情報の登録処理を行い、OPACに反映すること。

3.5 帳票
1) 各種統計調査に使用するため、和洋別・受入区分別の受入雑誌の統計を作成できること。
2) 受入巻号のチェック用リストを作成できること。
3) 契約データのリストを作成できること。
4) 未着・欠号データのリストを作成できること。
5) その他、必要とするデータを任意の条件で抽出して、データベースアクセスインターフェース(以下、DBAI)を通してPCに出力し、PCの表計算ソフト等により、統計を作成できる環境を提供すること。

4. 予算管理システム
予算管理システムの機能に関する以下の要件を満たすものとする。

1) 予算情報を予算コードにより管理する予算テーブ

ルを持ち，図書受入・雑誌受入等の各業務処理との間で整合性を持ったデータ入出力を行うこと。
2) 予算コード及び予算額の設定・修正が1件ごとにできること。
3) 予算の執行状況及び予算残高の照会・出力が行えること。
4) 図書等の支払い時に，自動的に減算できること。
5) 支出額の手入力時に，自動的に減算できること。
6) 予算管理機能を使用するにあたっては，認証によるセキュリティーチェックを行い，情報保護に配慮できること。
7) 予算テーブルのプルーフ・リストが印刷できること。
8) 予算がつかない場合についても，動作に支障ないようにすること。

5．目録管理システム
　目録管理システムの機能に関する以下の要件を満たすものとする。
1) 国立情報学研究所総合目録データベース(NACSIS-CAT)を利用した目録作成業務が可能であること。
2) 国立情報学研究所の定める目録規則に準拠していること。
3) NACSIS-CATから書誌・所蔵・典拠データを取込み，ローカルデータベース形成に利用できること。その際，データに欠落が生じないこと
4) NACSIS-CAT書誌データにより本学図書館書誌データの生成・上書きが可能であること。この時，リンク関係にある書誌も同時に生成・上書きし，整合性をとること。
　また，リンクする典拠レコードを本学図書館書誌レコードに格納すること。
5) ローカルシステム独自の目録作成及びデータの修正・削除を行えること。
6) 目録データ作成において，重複が生じないように考慮されていること。
7) レベルに応じた書誌階層の管理ができること。
8) 図書受入情報から引き継いだ支払額・納入者・検収日を含む会計情報を格納できること。
9) 「目録作成中」及び「目録作成済」からなる目録処理段階を持つこと。
10) 書名典拠・著者名典拠および件名典拠の管理ができること。
11) 多様な抽出条件を指定して，CD-ROM等の媒体へ出力できること。
12) 所蔵データから自動的に請求記号ラベル等を出力できること。
13) CATPプロトコルを利用して，図書及び雑誌の書誌データをNACSIS-CATから一括ダウンロードし，所蔵データを一括アップロードできること。
14) 書誌を統合する処理ができること。
15) 書誌と所蔵間のリンクの付け替えが可能であること。
16) 目録画面から受入処理ができること。
17) 所蔵ごとに紛失と除籍の処理を行えること。紛失および除籍の資料はOPACに表示されず，貸出や返却時に警告が表示されること。紛失及び除籍を解除するとOPACに表示されること。
18) 雑誌の書誌で巻号・刊行頻度・最新号等を管理できること。
19) 雑誌の書誌で変遷誌名を管理できること。
20) 雑誌の所蔵と受入データに対して，同時に所在の変更処理が行えること。また，受入区分の変更に対応できること。
21) 雑誌の巻号に特集名を入力し，OPACで検索・表示が可能なこと。
22) 紛失日の範囲及び資料番号の入力で除籍処理を行えること。
23) 所蔵データからバーコードラベルを出力できること。
24) 資料の背ラベルとして用いるため，指定資料の分類記号・著者記号・巻次記号・資料番号をタックシール用紙に印刷できること。また，用紙の印字開始位置を指定できること。オーバレイ等を使用し，文字サイズやフォントサイズ等の変更が容易にできること。
25) 各種の帳票（紛失一覧・除籍一覧・冊子体目録等）を印刷できること。
26) 各種のMARC(JP/MARC, MARC21等)を参照できること。
27) OPACへの更新処理は自動更新で行うこと。
28) OPACへ表示させたくない資料の指定が容易にできること。その場合，学内に限定して表示できるようにすること。
29) その他，必要とするデータを任意の条件で抽出して，DBAIを通してPCに出力し，PCの表計算ソフト等により，統計等を作成できる環境を提供すること。
30) ローカル目録データベースの書誌・所蔵データを任意の条件で抽出して，DBAIを通してPCに出力でき，PCの表計算ソフト等により，資料を限定した蔵書リストを作成できる環境を提供すること。
31) 所蔵資料の目録カードを必要な区分で印字出力ができること。
32) 「資料種別」のフィールドを有し，視聴覚資料もその他の形態の資料を管理できること。

6．閲覧管理システム
　閲覧管理システムの機能に関する以下の要件を満たすものとする。
6.1　利用者管理
1) 利用者管理機能を使用するにあたっては，セキュリティチェックを行い，個人情報の保護に配慮すること。
2) 利用者情報の登録・修正・削除が行えること。
3) 利用者ID・氏名・電話番号から貸出状況照会，

予約解除が行えること。貸出状況照会は，貸出区分別に確認できること。
4）利用者 ID の取込みについては，業務システム 9) の要件を満たすこと。なお利用者データの一括登録ができること。

6.2　貸出・返却
1）利用者 ID・資料番号入力にバーコードリーダ，磁気カード読取りスキャナーが利用できること。
2）貸出条件テーブルの設定が柔軟かつ容易にできること。
3）貸出日はシステムで自動設定することを原則とするが，手動設定もできること。
4）貸出期間の更新処理ができること。予約図書の場合は更新不可とし，メッセージを画面に表示すること。
5）所在変更処理による，研究室等への長期貸出処理ができること。
6）開館日・休館日・長期休暇の設定をカレンダーにできること。
7）返却期限日を自動及び手動で設定できること。また設定されたカレンダー情報に影響されない返却期限日を設定できること。
8）未登録資料の貸出ができること。
9）強制貸出機能を有すること。
10）氏名等で利用者を特定し，貸出処理が行えること。
11）予約がかかった資料が返却された場合は，画面にメッセージが表示されること。この際，予約した本人に，自動的にメールが発信されること。
12）利用者に対する連絡を貸出画面から確認できること。
13）返却処理は資料番号のみで行えること。
14）「利用者区分」「所在区分」「貸出区分」「貸出種別」等の条件を組み合わせることで，貸出冊数，貸出可否等の貸出規定が自由に設定できること。
15）延滞者に対して，新規貸出停止等の罰則を与える機能を有すること。及び延滞図書が全て返却された時点で，貸出停止が解除されること。また，貸出停止の状態であっても，一時的に手動で貸出停止の解除ができること。
16）「利用者 ID」「利用者区分」「所在」等の条件を組み合わせることで，貸出状況が自由に検索できる機能を有すること。また貸出返却等の履歴データは，削除指定をするまで事実上無制限に蓄積できること。個人情報の保護を考え，データの表示は簡単にできないようになっていること。
17）資料番号入力により，その資料の書誌事項・所在事項・貸出状況・予約状況等を表示できること。
18）業務サーバにアクセス出来ない時であっても，クライアント単位で貸出処理（オフライン処理）ができること。業務サーバが復旧した時点で，オフライン貸出処理の結果がデータベースに登録され，エラーデータが生じた場合は，印刷できること。
19）貸出・返却・予約などの状況はリアルタイムで OPAC に反映されること。
20）当日行った貸出処理及び返却処理の履歴が一覧表示できること。
21）貸出返却用端末から目録検索が行えること。
22）書誌単位及び所蔵単位の両方に対して，複数の予約処理がかけられること。
23）利用者が OPAC 画面から貸出中の資料に対して，予約がかけられること。既に予約済みの資料に対しては予約待ちの順番を表示した上で，予約処理がかけられること。また OPAC 画面から利用者自身が貸出中・予約中の資料を確認でき，また，本人が行った予約を自ら解除することができること。（この時，本人による操作であることを認証できる機能を有すること。）
24）未登録資料に対する予約は，所蔵単位にかけられること。
25）研究室貸出分については，予約対象外に設定できること。
26）予約や予約者に対して，取り消しや優先順位の変更ができること。
27）利用者の予約を行う際に，認証によるセキュリティチェックを行うこと。
28）貸出中資料の紛失処理を，貸出画面から行えること。
29）OPAC からの予約申込が WEB 画面から行えること。
30）氏名順，ID 順利用者リストが印刷できること。
31）予約図書保管リストが印刷できること。
32）貸出者数統計・冊数統計が印刷できること。
33）延滞督促リスト（事務用・掲示用）が印刷できること。
34）延滞督促が官製葉書形式で印刷できること。
35）E-mail による督促がシステムから自動的に行えること。
36）その他，必要とするデータを任意の条件で抽出して，DBAI 通して PC に出力し，PC の表計算ソフト等により統計等を作成できる環境を提供すること。

7．相互利用管理システム
相互利用管理システムの機能に関する以下の要件を満たすものとする。
1）NACSIS-ILL を利用した依頼・受付業務が行えること。また NACSIS-ILL に参加していない図書館に対する NACSIS-ILL を経由しない依頼・受付業務が行えること。
2）NACSIS-ILL からデータをダウンロードして，ローカル ILL データを作成できること。
3）ILL の依頼の際，学内 OPAC 検索及び NACSIS - ILL 検索ができること。
4）ローカル側の参加組織データ，利用者データをメンテナンスできること。なお，利用者データは閲覧管理と共用できること。

5) 図書館間相互管理で必要とする帳票，統計リストを印刷できること。
6) その他，必要とするデータを任意の条件で抽出して，DBAIを通してPCに出力し，PCの表計算ソフト等により統計等を作成できる環境を提供すること。

## 8. 蔵書管理システム

蔵書管理システムの機能に関する以下の要件を満たすものとする。

1) 図書の利用可能状況（除籍，調査中等）に関するデータ管理及びリスト出力ができること。
2) 調査中，除籍候補についてはOPACに表示される，されないを，任意に選択できること。
3) 資料番号の入力により所在変更ができること。また資料番号をバーコード読取装置から入力できること。
4) 資料番号・所在場所等を指定することによって，該当する所蔵データの所在場所を指定した場所に変更できること。なお，資料番号については1件ごと及び複数件一括の指定ができること。
5) ハンディターミナルを用いた蔵書点検が可能なこと。データを業務用クライアントに蓄積できること。
6) 上記で蓄積されたデータを所蔵テーブル・貸出テーブル等と照合して，該当所蔵データに点検日及び点検結果を記録できること。
7) 除籍復籍処理により，廃棄等の除籍対象データを所蔵データベースより除外しないこと。また除外したデータは，検索対象からも除外すること。復籍したデータには新たな図書番号を付し，帳外受入という受入区分で登録できること。
8) 所在と請求記号の範囲により，点検範囲を指定できること。
9) 指定した回数以上，連続して紛失になった資料を一括して除籍できること。

## 9. 利用者サービスシステム

利用者サービスシステムの機能に関する以下の要件を満たすものとする。ユーザ認証が必要な場合は，利用者IDとパスワードによる認証を行うこと。

### 9.1 OPAC (Online Public Access Catalog)

1) データベース更新時を除き，24時間運転できること。
2) 学内LANを経由して，学内及び学外からの利用が可能であること。
3) WWWサーバを介し，ブラウザソフトによる利用ができること。
4) オンラインヘルプ等の機能により，分かりやすい使用法の説明等が参照できること。
5) 海外からのアクセス，留学生等に対応するために書誌情報以外の表示事項について，英語表示ができること。
6) 検索条件の指定が容易なこと。
7) フリーキーワードによる検索ができること。
8) キーワードの入力については，大文字・小文字・全角・半角が区別されることなく，正規化されて利用できること。またカタカナ表記の違い（「バイオリン」と「ヴァイオリン」等），漢字の新字・旧字等にも正規化されて利用できること。この設定は検索時任意に指定できること。また，シソーラスを参照することによって，同義語展開ができること（「電子計算機」と「コンピュータ」等）。
9) 和書については漢字，カナにより検索できること。
10) タイトルとして，「本書名」「副書名」「別書名」「内容細目」など書名に関する項目を指定せず，複数の項目を同時に検索できること。この設定を検索時任意に指定できること。
11) 編著者名として，目録データベースの責任表示，著者標目など著者に関する項目を指定せず，複数の項目を同時に検索できること。この設定を検索時任意に指定できること。
12) 雑誌の特集名から検索できること。
13) 1つの検索入力欄をもつ簡易検索画面と，項目ごとの検索入力欄をもつ詳細画面の両方を備えること。
14) 検索語間の柔軟な論理演算（AND, OR検索およびNOT検索）ができること。
15) 文字列による検索が行えること。文字列全体での「前方一致」「後方一致」「部分一致」「完全一致」検索が行えること。
16) 単語による検索が行えること。単語単位での「前方一致」「後方一致」「部分一致」「完全一致」検索が行えること。
17) 検索履歴を管理できること。過去の検索条件・結果が表示できること。また表示される履歴の件数を画面から指定できること。
18) 新しい検索条件を指定して，過去の任意の検索結果を絞り込む検索が行えること。
19) 検索結果の画面表示は，一覧表示とその詳細表示ができること。
20) 検索結果の一覧表示件数を画面から指定できること。
21) 検索結果の一覧を書名順，著者名順などに指定して表示できること。
22) 検索結果の一覧画面で，表示された資料をマークする機能があること。異なる検索条件のマークを後でまとめて表示・印刷できること。
23) プライバシー保護のため，検索終了ボタン及び操作のタイムアウトにより検索履歴を消去すること。
24) 検索結果の詳細表示で，シリーズ名・著者名・件名のリンクからそれぞれ同じシリーズ・著者・件名の資料一覧を表示できること。
25) 書誌や所蔵について図書館独自のコードや項目を表示できること。
26) 検索結果に「発注中」「貸出中」「予約保留中」「製本中」などの状態を表示し，貸出中の資料については，返却予定日を表示すること。

27) 雑誌については，書誌・所蔵データの他に受付状況を表示すること。
28) 所在場所については，国立情報学研究所に登録した配置コードに対する本学のコードを日本語文字列で表示し，対応表の内容をツールを用いて自由に追加，修正，削除できること。
29) 検索結果を外部記憶媒体等にダウンロードできること。
30) 利用者が自分の借りている資料をOPACから参照できること。そのためのプライバシー保護のセキュリティ機能を有すること。
31) 利用者自身が貸出中の図書に対する予約及び予約取消を行えること。その際には利用者の認証がとれること。
32) 利用統計がとれること。
33) OPACに図書館案内を表示できること。
34) OPACに新着図書案内を表示できること。また，OPAC中の新着図書データをHTML形式で自動出力できる機能を有すること。
35) OPACに利用頻度の高い図書案内を表示できること。
36) OPACに図書館カレンダーを表示できること。

9.2 その他
1) 利用者がWWWから文献複写依頼・貸借依頼を申し込めること。この時，本人による操作であることを認証できる機能を有すること。
2) 利用者がWWWから図書購入依頼ができること。この時本人による操作であることを認証できる機能を有すること。

## 第3章 ハードウェア仕様

図書館業務システム，図書館情報サービスシステム等の構築を行う上で必要なサーバ類，無停電装置やデータバックアップ装置，端末装置，プリンタ装等を含むこと。24時間滞り無く稼動すること。

1．基本要件
1) スペースや所用電力，発熱量，省資源に十分配慮されたものであること。
2) 導入時点で最新の機種を準備すること。高速確実なバックアップ機能を備え，障害時には短時間で復旧できること。
3) サーバマシンには無停電電源装置を備えること。
4) プリンタの印字速度及び台数は，業務を遂行するために十分なものであること。
5) ハンディターミナルを用いた蔵書点検が可能なこと。

2．サーバシステム
1) 設置場所は，日野校図書館とする。
2) 補助記憶装置の容量に応じたテープライブラリなどのバックアップ装置を備え，業務に支障なくかつ自動的にデータのバックアップが行えること。
3) 停電時に無瞬断で本体へ10分以上電源が供給できるとともに，停電である旨を通知する機能を有する無停電電源装置を有すること。
4) 障害検知システムを有し，障害発生時に適切な対応ができること。また，障害の記録が採取できること。
5) 日本語に対応していること。
6) 無人自動運転が可能なこと。
7) システム運用管理のユーティリティが豊富で操作が容易なこと。
8) セキュリティ機能を備えていること。
9) ハンディターミナルとのインターフェースを備えること。

3．業務端末
1) 17インチ以上で，最大表示時に1280×1024ドット以上の解像度を持つカラーディスプレーを装備すること。
2) JISキーボード及びマウスを装備すること。
3) 10/100/1000Mbps自動認識のネットワークインターフェースを有すること。
4) ハンディターミナルからのデータ転送を受ける光通信アダプタ等を有すること。
5) OCR-Bフォントが読み取りできるハンドリーダを装備すること。
6) データ交換のため，FDドライブ，MOドライブ，CD±RW，DVD±Rドライブ，および，USBポートを装備していること。

4．利用者用検索ブース
1) WWWブラウザによる閲覧等がストレスなく実行できる能力を有すること。
2) CD-ROMおよびDVD-ROMドライブ，および，USBポートを装備していること。
3) 電子メールを発信するための適切なソフトウェアを搭載していること。
4) 利用者用端末10台に1台の割合でA4・B4対応のレーザープリンタを用意すること。
5) ブースとして必要な机・椅子などを準備すること。

5．業務用プリンタ
1) 1200dpi以上の解像度を有すること。
2) 印字速度は20枚/分以上であること。
3) 用紙は官製ハガキ相当，B5，A4，B4，A3の単票用紙に対応し，一度に500枚以上セットできること。
4) プリンタは，10/100/1000Mbps自動認識のネットワークインターフェースを有すること。
5) 背ラベル・バーコード印刷用専用プリンタを有すること。
6) 目録カード印刷用専用プリンタを有すること。
7) 研究情報提供用，ホームページ製作用に，カラーレーザープリンタを有すること。

6．ハンディターミナル
3社以上の性能比較表（下記）を示し，推奨品を挙

げること。また，その理由も説明すること。
　　　読み取りフォント
　　　記憶容量
　　　ディスプレー仕様
　　　キーボード仕様
　　　稼働時間
　　　充電形態
　　　外部出力インターフェース（光通信等）
　　　価格
　　　準拠する規格
　　　その他
7．大規模メディアストレージシステム
1）100枚以上のCD-ROM，DVD-ROMを混在して装着できるチェンジャーを有すること。
2）LAN対応にすること。従って，契約上，学内に限定して流せるもの，館内に限定して流せるものが区分けできる機能を有すること。
8．視聴覚ブース
1）視聴覚ブースを設置し，ビデオ，レーザーディスク，CD，DVD-video等の作品を視聴できること。
2）1つの視聴覚ブースは，同時に2名まで視聴できるようにすること。
3）視聴は，ヘッドホンにて行うこと。音漏れがしないような構成にすること。
4）プライバシーに配慮し，背後に立ったときに利用者が何を視聴しているか見えないようにすること。
5）LANに接続され，VODによって提供される学習プログラムが視聴できること。
6）筆記のできるスペースを用意すること。
7）長時間の学習や視聴に適する什器を整えること。
9．ブックディテクションシステム
1）性能のよいBDSを有すること。
2）BDSは学生証により入館ゲートがオープンし，同時に，入館統計が容易に行えること。
3）このデータはLANを通じてサーバに転送され，統計処理に利用できること。
10．その他
1）サーバシステム，端末装置，OPAC端末，プリンタは，全てネットワーク接続を行うこと。
2）ネットワークへの接続に必要な全ての機材（Hub等），ケーブル類は，納入業者が用意すること。

第4章　ソフトウェア仕様

1．基本要件
1）大学図書館において十分な使用実績があり，かつ使用する機器や機能に最適なものであること。
2）ソフトウェアの導入とチューニング及び，それらの修正や保守は納入業者が提供すること。またその作業に当たっては，本学の日常業務に大きな支障を与えないこと。
3）国立情報学研究所にインターネットで接続し，同研究所の提供する各種サービス（NACSIS-CAT，NACSIS-ILL等）が利用できること。
4）学内LAN及び学術情報ネットワークなどの通信プロトコルはTCP/IPとする。
5）検索等は各種クライアント環境からWWWインターフェースで利用できること。
6）入出力文字種については，業務を遂行するために十分なものであること。
7）検索画面等に表示される図書館用語をカスタマイズし，初心者に分かりやすい言葉にできること。
8）業務に使用する辞書や特殊文字等は納入業者が提供し，文字の追加等メンテナンスが容易であること。国立情報学研究所のUCSコードに対応できること。
9）システム更改の際に，他メーカ他システムに，現行システムのデータ容易に移行ができること。
10）画面上に複数業務のウィンドウを同時に表示し，並行処理ができること。
11）データベース更新を伴う処理を実行する場合は，画面に通知を行うこと。また，更新キャンセルが選択できること。
12）利用者カスタマイズツールが豊富で，EUC環境が整備されていること。
13）各作業毎に管理権限が設定されていること。また，システム管理者がこの権限を容易に変更できること。
14）ハンディターミナルを用いた蔵書点検に対応すること。

2．データベース
1）リレーショナルデータベース（RDBMS）であること。
2）複数の同時アクセスが行え，アクセス効率が良いこと。
3）日本語処理に優れていて，データはEUCコード，JISコード，シフトJISコードに変換する機能を有すること。
4）SQLによりデータを操作する機能を有すること。またそれに必要なデータベース構造を明示すること。
5）検索用データベース，業務用データベース，OPAC検索のそれぞれの負荷が業務に影響を与えないこと。
6）同時アクセスユーザ数が事実上無制限であること。
7）日本語文字列検索機能（全文検索機能）を有すること。
8）指定した所蔵冊数に十分対応できるデータベースの構築が可能なこと。

3．ユーティリティ
1）画面，帳票，ファイル等の定義・作成用のユーティリティを備えていること。
2）帳票データをテキスト形式でファイル出力できること。
3）ファイルやデータを表計算ソフトウェアで使用できるファイル形式で出力できること。

4．日本語処理システム

1) 日本語の利用が可能であり，プリンタ出力もできること。
2) JIS 第一，第二水準及び国立情報学研究所拡張文字セットを有すること。また，現在，あるいは，将来において UCS コードに対応できること。

### 5．業務用端末ソフトウェア
1) OS は日本語対応の Windows 現行版以上であることが望ましい。
2) TCP/IP をサポートすること。
3) WWW ブラウザを有すること。
4) 日本語電子メールソフトを有すること。

### 6．閲覧カウンター業務端末用ソフトウェア
1) TCP/IP をサポートすること。
2) 日本語電子メールソフトを有すること。
3) サーバのシステムダウン時に独立して，貸出し返却処理が行えるモジュールを用意すること。また，そのデータを蓄積し，サーバ復旧時に一括して転送できる機能を有すること。

### 7．WEB-OPAC 用端末ソフトウェア
1) OS は日本語対応の Windows 現行版以上であること。
2) WWW ブラウザは日本語対応の，導入時最新版の Internet Explorer または相当品が望ましい。
3) 電子メールの発信が行えること。

## 第5章　システム管理・保守・将来のシステム更改

### 1．システム管理
1) システム及びデータベースの維持・管理，システムの分析・評価，開発等が容易であること。
2) データベースの修正・再編成・バックアップが容易であること。
3) 簡単に操作できるデータ操作ツール及び，システム開発支援ツールをインストールすること。
4) アクセス時にパスワード等を用いて，ユーザを識別・認証する機能を有すること。
5) OPAC 等の利用者向けシステム以外に，利用者が図書館システムに入ることが出来ないように，システム管理者が容易に機密保護の設定・管理をする機能を有すること。
6) 利用者が学内 LAN を通じて図書館システムに接続した場合，図書館側が設定した時間を超えて応答しない時には，システムが接続を自動的に切断する機能を有すること。
7) システム管理業務で必要とする帳票・統計リストを印刷できること。

### 2．バージョンアップ
1) 図書館のシステムにバージョンアップがあった場合は，速やかに連絡をし，本学と協議をした上で，必要とされる場合はバージョンアップを行うこと。
2) システム導入後，システム開発元に改善があった場合は，納入業者は本学と協議し，必要であればバージョンアップを行うこと。
3) 1)，2) ともに費用は保守費用に含まれること。

### 3．保守・支援体制
#### 3.1 保守
1) システムが常に良好な状態であるよう定期的に保守を行うこと。
2) ハードウェア及びソフトウェアに起因する障害の常時検知や復旧業務は納入業者が行い，本学業務への影響が最小となるよう迅速に対応すること。
　その際に必要な機器や維持のための費用等は納入業者が負担すること。
3) 障害が発生した場合，データや業務の継続性を完全に保証すること。
4) 障害が発生した場合は，直ちに復旧にあたること。
5) 定期保守等の作業後は，その内容を文書で報告すること。
6) 障害解決に 2 日以上を要する場合は，納入業者は同機種か同機種と同等の機能を有する機器等を，本学の事前の承諾を得て代替設置すること。
7) 障害発生の際の対応窓口（連絡先）を明示すること。

#### 3.2 支援体制
1) ハードウェア及びソフトウェアについて，システム全体の設定・構成等日本語による基本マニュアルを 5 部以上提供すること。
2) 検索端末用の操作マニュアルを 10 部以上提供すること。
3) システム導入の際，運用・端末操作等の教育，講習会を行うこと。またその際に，業務単位ごとに簡易マニュアルを用意すること。説明会・講習会の内容については，事前に本学と協議をすること。
4) システムの改訂がある場合，連絡と操作方法の教育は直ちに行い，改訂されたマニュアルは速やかに提出すること。
5) システムの運用等すべての事項について，導入期間中は必要に応じて連絡会を持つこと。
6) システムの利用や拡張の際に本学が行う各種質問等には，速やかに対応すること。
7) システムの運用に必要な情報を提供し，電話・FAX・E-mail による質問・問い合わせ等を受け付けるための対応窓口を用意すること。
8) サポート体制について特色があれば評価する。また，具体的な事例を有する場合は，参考資料として提出することが出来る。

### 4．将来の移行業務
1) システム更改の際には，現行システムの全ての移行が行えること。
2) 各種管理コード（納入者コード，所属コード，予算コード等）を全て移行できること。
3) 現行システムからのデータ移行の方法及びファイル形式を明示すること。
4) データ移行は納入者の責任においてスケジュー

ルを明示し，その通りに完了すること。
5) 移行にともなう問題が発生した時には本学と協議の上，納入業者の責任において解決すること。
6) 移行においては，本学の日常業務に支障を与えないこと。

### 第6章　システム構成

1．ネットワーク機器
　　サーバマシン……………………………………1台
　　無停電電源装置…………………………………1台
　　データバックアップ装置（MT 等）……………1台
　　【以下，略】
5．情報コンセント
　　2F 第2閲覧室 …………………………………8個
　　【以下，略】

### 第7章　ソフトウェア構成

1．ソフトウェア
　　図書館システムパッケージ……………………一式
　　基本ソフトウェア
　　【以下，略】
2．図書館ホームページ＜コンテンツ＞の制作
　　お知らせ（臨時閉館，各種注意事項など）
　　OPAC（利用案内）
　　新着図書情報
　　図書館の利用方法（入館，貸出など）
　　開館カレンダー
　　館内図
　　サービス案内
　　図書館で行っているサービスの紹介（ILL, 文献複写依頼等）
　　E-mail 申込案内など
　　電子図書館サービス
　　　電子ジャーナル
　　　ネットワーク対応 CD-ROM
　　利用できる CD・ROM や DB の紹介
　　学外者へのお知らせ（来館条件，利用条件など）
　　通信教育生へのお知らせ（紹介状発行条件など）
　　リンク集
　　その他

**資料 10**　記録メディアの種類と特徴（第8章関連）

(1) 磁気記録方式
■磁気テープ
　磁気テープは，ベースフィルムを土台に，鉄，γ-酸化鉄，コバルト被着酸化鉄などからなる磁性粉を，バインダと呼ばれる合成樹脂で接着する構造になっている。

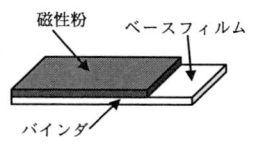

磁性粉に記録された信号は，たとえば，酸化鉄の場合，数千年の安定性をもつといわれる。ベースフィルムはポリエステル製がほとんどで，水，紫外線，薬品に強く，数百年以上もつ安定した素材という。バインダは，常温常湿（15～25℃，40～60％）で 30 年以上の保存実績があり，テープを収めるカセットシェルも樹脂製で，40 年以上の保存実績がある。
（出典：一般社団法人日本記録メディア工業会
http://www.jria.org/personal/av/index.html　'12.1.31 現在参照可）

写真左が通常のカセットテープ，右がデータカートリッジ 4mm 幅，20GB

■フロッピーディスク
　FD は，フィルムを円形にして磁性粉を塗布し，磁気ヘッドが接触して情報を読み書きする。

写真：左から順に 8 インチ，5 インチ，3.5 インチ

■ハードディスク
　HD は，ディスク（円盤）をガラスやアルミニウムといった硬い素材に磁性粉を塗布または蒸着させてつくる。ディスクはモーターで高速回転させるので，機械的な摩擦が生じ，耐久性を下げる。軸受けにオイルを充満させるタイプとベアリングを用いるタイプがある。情報を読み書きする磁気ヘッドも機械的な動作をともなうので同様である。磁気ヘッドは，ディスクの高速回転により気流によってわずかに空中に浮揚するので，基本的には非接触型である。ただし，回転の開始と終了時に接触しているタイプのものがある。接触したまま強い衝撃が加わると，ディスクの表面を傷つけ，情報の読み書きができなくなるので，ディスクが停止している間，所定の位置にヘッドを待避させる機構をもつものもある（この機構をリトラクトという）。
　とくに，携帯音楽プレーヤーやハードディスク内臓

のカーナビでは，リトラクト機構をもつものが一般的である。ディスクは密閉された金属の筐体に収められ，埃や外部からの磁力線や気圧の変化を受けにくくしている。ディスク面は潤滑油で満たされ，磁気ヘッドがディスクの表面に接触しても滑るようになっている。潤滑油が劣化するとディスクとの衝突でヘッドが損傷する（クラッシュという）。

ハードディスク内部。4枚のディスクがあるのがみえる。

■リムーバブルハードディスク

ZipやJAZが知られていた。ともに，米国アイオメガ社が開発したリムーバブルタイプの磁気ディスク。Zipは，1994年末に登場し，すでに販売が終了している。JAZは，1995年に市場に送り出され，2002年に製造ラインが停止した。前者がフロッピーディスク技術，後者がハードディスク技術を元にしている点が異なる。

写真左：ZipドライブUSB接続。メディア容量750MB。（出典：http://www.shop-iomega.com/products/zip/zip.htm）。
写真右：JazディスクドライブUltra SCSI接続。2GB

(2) 光磁気方式

■MOディスク（Magneto-Optical disc）

光磁気記録方式は，磁気記憶方式に光学技術を併用した書き換え可能な記録方式。あらかじめレーザー光を照射し加熱してから，媒体を磁性化してデータを書き込む。読み取りはレーザー光で磁界の変化を感知する方式。高密度化が可能で，1988年より実用生産された。MOディスクは，128MBから2.3GBの記憶容量がある。

MOの利点は，カートリッジに収められているため傷や埃による影響が少ない，ディスクの表面を厚い保護層（ポリカーボネート製）で覆っているので傷に対して強い，CDやDVDと比べ，200〜300℃の低温レーザー光で書き込むため，ディスクに対するダメージが少ない，加熱によって磁性化する方式なので，常温では磁気の影響を受けない，FDやHDと違い，磁石を近づけただけで記録が消滅することはない，CD-RやDVD-Rとは違い，紫外線の影響はほとんど受けない，FDとは違い，ヘッドが非接触型なので，摩耗による情報の減失はない，といった特徴がある。欠点は，レーザーの反射にプリズムを使うため，タバコの煙や埃に弱い，レーザーで加熱して記録するので冷却時間が必要であり，温度の高い環境で使用すると書き込み速度が落ちるなど。

※前掲，日本記録メディア工業会

MOドライブの製造販売が相次いで中止されている。各社のHPで確認すると，オリンパスが2005（平成17）年下半期に生産を中止，翌年3月にMO事業そのものから撤退した。2010（平成22）年9月にはコニカミノルタが，2011年5月にアイ・オー・データ機器が，6月にバッファローが販売を終了した。富士通は，2012年3月をもってドライブの修理受付とサポートを終了すると発表した。現在，ロジテックのみが残っている

（出典：「ご要望にお応えして登場，最後のMOドライブ」http://www.pro.logitec.co.jp/pro/g/gLMO-PBBU2W/ '12.1.31現在参照可）

一方，媒体自体は，2009（平成21）年中に日立マクセルと三菱化学メディアが販売を終了し，アイ・オー・データ機器は2011年10月に生産を終了した。現在，ソニーが生産販売を続けている。

写真左は，現在（2012年初頭）も入手可能な5.25インチMOディスク（容量9.1GB）。シャッターを開いたところ。写真右は，同じく，Hiミニディスク（容量1GB）。音楽用ミニディスクと同じ大きさ。

(3) 光記録方式

■LD（Laser Disc）

直径30cmの光ディスク。1978年に初めて製品化された。もっぱら映像ソフトの頒布用であったが，DVDによって完全に駆逐された。ゲーム機の記憶媒体として用いられたことがある。

■CD，DVDディスク

CDとDVDの記録方式は基本的に同じである。書き込み可能型はレーザー光を照射して色素を変化させることにより情報を記録する。

周知のように，DVDには＋R，−R，＋RW，−RW，

-RAM，-Video などのさまざまなフォーマットがあり，別に DL という 2 層タイプがある。1 層タイプは片面 4.7GB 両面 9.4GB，2 層タイプは片面 8.5GB 両面 17GB を記憶できる。

次世代 DVD として，HD DVD と BD（Blue Ray Disic）の主導権争いがあった。2008（平成 20）年，米映画会社のワーナー・ブラザーズが BD 規格の指示を表明したため，BD が主流となった。

■HD DVD（High-Definition Digital Versatile Disc）

2002 年に正式に規格化された。BD と同じように，青紫色半導体レーザーを使用する。CD や DVD と同形の直径 12cm（8cm もある），厚さ 1.2mm のプラスチック製の円盤に記録する。12cm ディスクの容量は 1 層 15GB，2 層 30GB。

■BD（Blue Ray Disic）

記憶容量は，単層 25GB，2 層 50GB，3 層 100GB，4 層 128GB がある。メーカ各社は，多層化技術を高度化させ，転送速度を高めたより大容量の製品開発を進めている。

(4) 半導体記録方式

不揮発性のフラッシュメモリを用いるものが主流。

フラッシュメモリは，絶縁体の間に電荷を貯めておくことにより，電源を切っても情報を記憶しておくことができる。情報を書き換えるときは，高い電圧をかけて絶縁体を透過させて電子を送り込むため，必然的に，絶縁体の劣化が進む。

FD や MO，CD，DVD のように専用のドライブ（駆動装置）を必要としないため手軽であり，小型で可搬性に優れている。また，モーターが不用なので衝撃に強いというメリットがある。

■USB メモリ

USB ポートに差し込むだけで簡単に利用できるため，わが国では，2004 年（平成 16 年）頃から急激に普及するようになり，それまで個人用のデータ保存に一般的であった FD や MO を駆逐した。

■SD メモリカード

1999（平成 11）年，サンディスク，松下電器産業，東芝が共同開発した規格。miniSD カード，microSD カードがある。容量制限があり最大 2 GB まで。2006（平成 18）年に規格化された SDHC は 32GB。SD メモリーカードは，すべて，著作権保護機能の CPRM を標準装備している。

■メモリスティック

ソニーによって提唱された規格。最大容量 32GB。スタンダードサイズとモバイル機器向けの Duo サイズがある。メモリスティック PRO は，ソニーとサンディスクにより共同開発された規格で，大容量，高速転送が可能。PRO フォーマットをさらに拡張した PRO-HG もある。

■xd ピクチャーカード

2002 年にオリンパス，富士写真フィルム（当時），東芝が共同開発した規格。現在はオリンパス，富士フィルムのデジタルカメラのみに使用されている。

■コンパクトフラッシュ

1 枚のカードにフラッシュメモリと外部入出力を司るコントローラが実装されたもの。外部との入出力は，内蔵 HD と同じ ATA 規格を採用しているので，同じ感覚で用いることができる。そのため，起動用 HD の代わりに用いることもある。簡単な変換アダプタを介することで PC カードスロットに装着することができるのも特徴である。現在の最大記憶容量は 256GB。ちなみに，コンパクトフラッシュは，開発元の SanDisk 社の商品名。

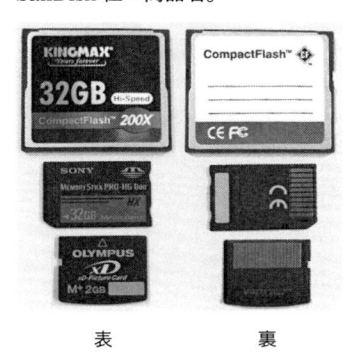

写真：上からコンパクトフラッシュ，メモリースティック，xd ピクチャーカード

表　　裏

(5) その他の方式

■ビデオディスク

VHD（Video High Density Disc）は，直径 26cm の円盤に画像が記録され，レコードのように"針"で読み込む接触型の記憶媒体。そのため，ケースに入れたままローディングさせる方式であった。カラオケ用に普及したが，まもなく，レーザーディスクに駆逐された。パソコン用の外部記憶媒体として VHDpc INTER ACTION という規格もあった。

### 資料 11　電磁的複製にかかわる法律の抜粋（第 8 章関連）

■著作権法（抜粋）

（昭和 45 年 5 月 6 日法律第 48 号）

（図書館等における複製）

第 31 条　国立国会図書館及び図書，記録その他の資料を公衆の利用に供することを目的とする図書館その他の施設で政令で定めるもの（以下この項において「図書館等」という。）においては，次に掲げる場合には，その営利を目的としない事業として，図書館等の図書，記録その他の資料（以下この条において「図書館資料」という。）を用いて著作物を複製することができる。

一　図書館等の利用者の求めに応じ，その調査研究

の用に供するために，公表された著作物の一部分（発行後相当期間を経過した定期刊行物に掲載された個々の著作物にあつては，その全部）の複製物を一人につき一部提供する場合
二　図書館資料の保存のため必要がある場合
三　他の図書館等の求めに応じ，絶版その他これに準ずる理由により一般に入手することが困難な図書館資料の複製物を提供する場合

2　前項各号に掲げる場合のほか，国立国会図書館においては，図書館資料の原本を公衆の利用に供することによるその滅失，損傷又は汚損を避けるため，当該原本に代えて公衆の利用に供するための電磁的記録（電子的方式，磁気的方式その他人の知覚によつては認識することができない方式で作られる記録であつて，電子計算機による情報処理の用に供されるものをいう。第33条の2第4項において同じ。）を作成する場合には，必要と認められる限度において，当該図書館資料に係る著作物を記録媒体に記録することができる。

■国立国会図書館法（抜粋）
（昭和23年2月9日法律第5号）
第11章の2　国，地方公共団体，独立行政法人等のインターネット資料の記録
第25条の3　館長は，公用に供するため，第24条※及び第24条の2※※に規定する者が公衆に利用可能とし，又は当該者がインターネットを通じて提供する役務により公衆に利用可能とされたインターネット資料（電子的方法，磁気的方法その他の人の知覚によっては認識することができない方法により記録された文字，映像，音又はプログラムであつて，インターネットを通じて公衆に利用可能とされたものをいう。以下同じ。）を国立国会図書館の使用に係る記録媒体に記録することにより収集することができる。

2　第24条及び第24条の2に規定する者は，自らが公衆に利用可能とし，又は自らがインターネットを通じて提供する役務により公衆に利用可能とされているインターネット資料（その性質及び公衆に利用可能とされた目的にかんがみ，前項の目的の達成に支障がないと認められるものとして館長の定めるものを除く。次項において同じ。）について，館長の定めるところにより，館長が前項の記録を適切に行うために必要な手段を講じなければならない。

3　館長は，第24条及び第24条の2に規定する者に対し，当該者が公衆に利用可能とし，又は当該者がインターネットを通じて提供する役務により公衆に利用可能とされたインターネット資料のうち，第1項の目的を達成するため特に必要があるものとして館長が定めるものに該当するものについて，国立国会図書館に提供するよう求めることができる。この場合において，当該者は，正当な理由がある場合を除き，その求めに応じなければならない。

※国の諸機関，および，国の諸機関のために出版物を発行する機関のこと。
※※地方公共団体の諸機関，および地方公共団体の諸機関のために出版物を発行する機関のこと。

**資料12**　　パスファインダーの例（第5・9章関連）

「卒研パスファインダー」
★パスファインダー（Pathfinder）は「道しるべ」という意味です。特定の題目や既存の分野，学問領域において主題に関する資料や情報を収集する際，私たちを導いてくれる主題書誌のことをいいます。
★過去の卒研生の成功体験を元に，調べ方の例をつくってみました。皆さんが卒業研究をするとき，「探索テーマ」を自分の研究テーマにおきかえ，ここに掲げられた資料探索や文献検索をまねしてやってみてください。きっとよい成果が得られますよ。

探索テーマ：　ラジオの文化史
**第1段階：下調べ**
★本学の図書館（以下，図書館）で資料を探す
　　自分の大学の図書館を探すのが一番手早くすみます。大学図書館を利用しましょう。
★なお，図書に付されている□は次の意味です。

| 所在 | 請求記号 | 資料番号 |
| --- | --- | --- |

また，雑誌の場合は次の意味です。

| 所在 | 請求記号 | 所蔵年 |
| --- | --- | --- |

★レファレンス資料を利用して探しましょう。1階の参考図書コーナーに調べるためのさまざまな資料があります。レファレンス資料とは書誌，索引，抄録，データベースなどを指します。
★どんなテーマについて調べるときもそうですが，初めての人はまず百科事典や主題別専門事典などを調べるとよいようです。
① 百科事典で概要を知る
★その主題の範囲はどこまでか，どのような中身なのかといった概要を知ることができます。百科事典の記述量はそう多くありませんので，すぐに読めて，大枠の知識が得られてとても便利です。
★図書館で所蔵している百科事典は次のものです。なお，百科事典などの資料は館内利用のみです。
○平凡社『世界大百科事典』

| 日野・1階参考図書 | 031／Se22 | 804981387 |
| --- | --- | --- |

○小学館『大日本百科事典』

| 日野・1階参考図書 | 031／D25 | 800596725 |
| --- | --- | --- |

○Wikipedia
　http://ja.wikipedia.org/wiki/
概要を知るためだけに用いるなら，Wikipediaも便利です。ただし，書かれている内容を100%信じたり，これを引用したり，ましてや自分で書いたかのように文章中に貼りつけたりしては絶対にいけません。

② 専門事典でやや詳しい内容を知る
○南利明編『放送史事典』学友会センター，1992

| 日野・資・参考閉架 | 699／H92 | 800779629 |

○郵政省通信総合研究所編『通信の百科事典：通信・放送・郵便のすべて』丸善，1998

| 日野・1階参考図書 | 547／Ts91 | 800450325 |

第2段階：キーワードの書き出し
★本格的な文献探索や資料検索には，探索や検索のための適切なキーワードが必要です。
キーワード：ラジオ，radio，無線放送，放送，放送局，番組，マスメディア，AM・FM

第3段階：文献検索
★まずは，図書館の OPAC を使って，文献検索をしてみましょう。
http://limeref.hlib.meisei-u.ac.jp/mylimedio/search/search-input.do?mode=simp&nqid=1
★件名に先ほどのキーワードを入れて検索します。場合によっては，複数のキーワードを組み合わせることも考えます。
★件名とは，主題を表す言葉のことです。
★文献には，大きく分けて専門書・学術書と入門書・啓蒙書があります。啓蒙書とは，一般の人に向けてわかりやすく書かれた図書です。
★専門書・学術書と入門書・啓蒙書を区別して検索はできません。とりつきやすいものから読み，研究の中心は専門書・学術書でという順に進みましょう。

入門書・啓蒙書
○清水勝彦『ラジオ記者，走る』新潮社，2006

| 日野・2階エリアC | SS／158 | 804939419 |

新書です。ラジオ放送を作る側から番組や放送局の成り立ちが理解できます。
○吉見俊哉『メディア文化論』有斐閣，2004

| 日野・地下1階開架 | 361.453／Y91 | 214003 |

大学のテキストにも採用されています。わかりやすくラジオの歴史が読めます。
○坂本慎一『ラジオの戦争責任』PHP研究所，2008

| 青梅校・育星会 | 育星会／081／P56 | 243864 |

5人の人物を紹介することで，昭和初期の日本人がどれだけラジオの影響を受けていたかをよくつかめます。手軽に読めて目からウロコの一冊。

専門書・学術書
○放送文化基金編『これからの放送文化を考える』放送文化基金，2005

| 日野・1階開架 | 699.21／H93 | 804191206 |

フォーラム「これからの"放送文化"を考える〜より豊かな展開を求めて」の報告書です。
○鷲田精一『「聴く」ことの力―臨床哲学試論』阪急コミュニケーションズ，1999

| 日野・自動化書庫 | 104／W42 | 430861 |

哲学書です。むずかしいですが，勉強になります。
○吉見俊哉『「声」の資本主義：電話・ラジオ・蓄音機の社会史』講談社，1995

| 日野・自動化書庫 | 692.1／Y91 | 119265 |

しっかりとした論考。欧米や日本，無線電話からの発展や，当時のラジオ論など細かくわかります。

第4段階：雑誌論文を集める
★図書はその分野で十分に研究され，体系的にまとめられる段階になってから出版されます。その分野全体を学習するにはよいですが，最先端の研究を知るには，雑誌論文をみるのが一番です。これにも，一般向けの雑誌と学術雑誌があります。
○NHK放送文化研究所『放送研究と調査』

| 日野・本館：和雑誌閉架 | P69-エ | 1992-継続中 |

専門誌です。資料が豊富。
○日本放送出版協会『放送文化』

| 日野・本館：和雑誌閉架 | P69-H01a2 | 1994-2002 |

一般誌ですが，現在のラジオ放送をめぐる情報が身近な視点から理解できます。ラジオのパーソナリティへのインタビューや制作者の記事が多い。
○三才ブックス『ラジオライフ：magazine for listeners』

| 青梅・書庫B | P547/R | 1995-2004 |

一般誌です。ラジオの無線電波としての文化が垣間見られます。
　ちなみに，本学では2004年の第25巻1号までしか所蔵していませんが，東京農工大学小金井図書館で最新号が見られます。

第5段階：他の図書館の資料を探す
★身近な大学図書館に探している資料がおいてない場合，他の図書館から借りることができます。
①どのような資料があるかを知る
○国立国会図書館 NDL-OPAC
　https://ndlopac.ndl.go.jp/
○国立情報学研究所論文情報ナビゲータ CiNii
　http://ci.nii.ac.jp/
②どの図書館がもっているかを知る
○国立国会図書館サーチ　http://iss.ndl.go.jp/
○国立情報学研究所論文総合目録データベース
　http://webcatplus.nii.ac.jp/

第6段階：有用なサイト
★ネット上にも有用な情報資源がたくさんあります。
○NHK放送文化研究所
　http://www.nhk.or.jp/bunken/
○日本コミュニティ放送協会　http://www.jcba.jp/
○コミュニティFM最新開局情報
　http://www2s.biglobe.ne.jp/~unit973/
○ラジオセンター（リンク集）http://radios.jp/
○日本の放送局リンク集
　http://max.s12.xrea.com/BROADCASTING/
○社会法人日本民間放送連盟
　http://nab.or.jp/index.php
○ラジオ日本オンライン（英文）
　http://www3.nhk.or.jp/nhkworld/english/radio/program/index.html

**資料 13**　図書館における RFID 導入のためのガイドライン

2010 年 7 月 14 日
国公私立大学図書館協力委員会
(社)全国学校図書館協議会
全国公共図書館協議会
専門図書館協議会
(社)日本図書館協会

＜前文＞
　このガイドラインは，RFID の導入に際し，図書館が留意すべき点を示すものである。ガイドライン本文として基本的な考え方を示し，実務上の具体的留意点については，添付の解説に示す。なお，個人情報保護については，法令および各機関の定める規則に則って適切に行われていることを前提とする。

1）記録する情報についての考え方
　RFID は次世代バーコードなどとも呼称されるように，個体識別コードとしての役割がその主たる用途である。
　RFID における個体識別がバーコードと異なり，一自治体や一機関の内部における識別性にとどまらず，国内，あるいはそれを超えて世界での個体識別に至る水準であること，RFID が図書館資料のみならず生活全般に普及する可能性を有することを考慮すると，関係国際規格，国内規格の動向を注視し，これらに則する配慮が欠かせない。
　また，記憶容量が大きいタグについては，個体識別コード以外の付加的な情報を記録することも可能であるが，RFID の使用および標準化の進展により IC タグの読み取りが容易になると，その記録内容を知りうる人は多くなる。それゆえ，今後 RFID の導入を考える図書館は，資料の内容に容易に結びつく情報を IC タグに記録することは避けるべきである。

2）プライバシー保護についての考え方
　図書館資料の利用によって生じるさまざまな情報は，利用者の思想信条や病歴の推定などに結びつく可能性もある高度にセンシティブなプライバシー情報を含むものである。これまでも図書館では，「図書館の自由に関する宣言」にみられるような基本姿勢の下，利用者と資料の結びつきが第三者の知りうるものとならないよう配慮を重ねてきた。
　RFID はバーコードと異なり，本人の認識なしに第三者によって読み取られる可能性があり，プライバシーの侵害が危惧されている。このため，導入図書館はタグに記録する情報，保護手段，システムの安全性などについて十分な対策をとる責務を負う。

3）運用についての考え方
　RFID を導入した図書館は，RFID を使用していることを図書館内の掲示などの手段により利用者に周知しなければならない。また，健康への影響について十分配慮し，RFID に関する正確な情報を利用者に提供することが望ましい。

■図書館における RFID 導入のためのガイドライン解説

2010 年 7 月 14 日

＜前文＞
用語について
　RFID（Radio Frequency IDentification）は，無線を用いた識別技術を示す。一般的な用語としては「IC タグ」が使われ，官庁用語としては「電子タグ」が使用されている。本ガイドラインでは，仕組みを指す場合「RFID」を，個々に貼付される IC タグを指す場合は「タグ」を用いる。

電子タグに関するプライバシー保護
　2004 年 6 月 8 日，総務省と経済産業省が共同で「電子タグに関するプライバシー保護ガイドライン」を策定した。
（http://www.meti.go.jp/policy/it_policy/tag/privacy-gaid.pdf）
これは RFID の活用と消費者のプライバシーの保護について，業種間に共通する基本的事項を明らかにしたものである。
主な内容は，
①タグが装着されていることを消費者にきちんと知らせること
②消費者にタグの読み取りをできないようにするための方法を知らせること
③消費者にタグの読み取りをできないようにすることによって生じる不利益を知らせること
④タグに記録された情報とコンピュータに保存されている情報を容易に連携して用いることができ，特定の個人を識別できる時には，RFID 上の情報は個人情報保護法上の個人情報として扱うことである。
　「電子タグに関するプライバシー保護ガイドライン」では，タグが装着された物品の所有者（消費者）が携帯者となる場面を前提としている。しかし，図書館では，タグが装着された物品の所有者（図書館）と携帯者（利用者）が異なるため，②のように利用者にタグの読み取りを防止する方法を知らせることは，必ずしも望ましくない。このような事情を鑑み，図書館における導入ガイドラインの策定を行う次第である。

1）記録する情報についての考え方
個体識別コードについて
　現在，図書館資料の個体識別コードとして考えられるものは，次の 3 種である。
① 各電算システム内で一意である，バーコード等で表現されていた ID
② 上記 ID に機関コードを加えて機関外での一意性を担保したコード
③ RFID のメーカが記録したチップ自体の個体コード（UID，TID などと呼称）
　これらについては図書館システムが適切に保護されていれば，ほとんど問題を発生させない。

その他の情報について

　タイトル，著者名，出版社，分類，ISBN（国際標準図書番号）等の書誌情報を記録している場合は，適切な保護手段を考慮する必要がある。一方で，個人情報や携帯者との結びつきがない情報，たとえば，図書館内での所在位置を示す棚情報，貸出回数，最終利用年月日などは通常プライバシーに関わることがないので，それほど神経質に考える必要はない。

保護手段について

　保護手段とは，情報の読み取りを，許可されないリーダが行えないもしくは行いにくい仕組みをいう。現時点で考えられる技術的保護手段には，暗号化，読み取りロック（読み取りパスワードを知っているリーダでしか読めない），通信距離制限（一定の処理を行うことによって一時的に通信可能距離を極端に短くし読み取りしづらくする）などである。

　しかし現時点では，強固な暗号化の仕組みは高価なチップにしか搭載されておらず，また読み取りロックと通信距離制限は特定のチップに限定されており，これらのチップを使ったタグが図書館で広く採用されている訳ではない。

　なお，現状では，特定メーカのタグの記録内容を読むためには特定のリーダが必要な場合もあり，情報の漏洩を防止するという点では一定の効果がある。

通信距離について

　RFIDの通信距離は周波数により異なる。図書館で現在一般的に用いられている13.56MHz帯のRFIDの場合50cm程度であり，UHF帯のRFIDは数メートルである。UHF帯のRFIDの中には大幅な通信距離制限を行う機能を有しているものもある。

　通信距離はタグの機能にも依存するが，リーダの出力にも左右される。きわめて強力なリーダを用いれば上記の距離を超えてタグに記録された情報を読み取ることも可能である。しかし，こうしたものを登録した基地局以外の場所で使用することは電波法に違反する。明らかな違法行為は法によって対処されるべきであり，このガイドラインで対処法について言及することはしない。

規格について

　規格に則ることにより，たとえばILL（図書館間相互協力）などの場面で，RFIDがもつ機能を生かした相互運用の可能性が高まることや，広く社会においてRFIDによる物品の識別が可能になった際の混乱を回避するといったメリットが生じる。それゆえ，現在，図書館関係の諸団体および国立国会図書館が集まり，図書館におけるRFID使用の規格を検討しており，出版界も日本出版インフラセンターが図書館も含めた出版関連業界における規格を検討している。しかし，いずれも国際規格との関係でいまだ結論には至っていない。

　RFID導入館がまだ少数であり，ILLの仕組みに組み込まれていないという状況であり，各館が独自のルールでRFIDを用いても特段の不都合が生じていないため，現時点では規格確定の必要性が強く要望されるという状況には至っていない。

　一方で，タグと同じ機能をもつ，スポーツクラブの会員カードが導入図書館のゲートで図書館側の意図に反して感知されるといった問題が発生していることも事実である。今後RFIDが普及した時期に識別規格が整っていないと，このような問題が頻発するのではないかと懸念されている。その際に図書館が非正当な使用，無理な使用を非難されないよう，関係規格の動向に十分配慮し，かつ図書館界としての標準化を推進すべきである。

2）プライバシー保護についての考え方

RFIDの特性

　RFIDのシステムはタグ上に記録された情報を電磁的に読み取るため，バーコードとは異なり，情報を読み取られてもタグが装着された物品の携帯者は気がつかない。読み取りは携帯者が移動している最中であっても，また周波数帯によっては数メートル離れたところからであっても可能であり，一部の利用者がプライバシー暴露を懸念する要因となっている。それゆえ，図書館においてはこれまでのバーコードと異なる対応を考慮しなければならない。

危惧されるプライバシー問題の種類

　危惧されているプライバシー問題を区分すると，大きくコンテンツ・プライバシーとロケーション・プライバシーとに分けられる。コンテンツ・プライバシーは，タグが装着されている物品により示される思想，嗜好，価格，個人を特定できる事項等を，その携帯者と結びつけることによって得られる情報に関するものである。図書館に即していえば，ISBNやタイトル，利用者姓名などがこれに該当する。これについては，タグに記録する情報を限定したり，適切な保護手段を講じることにより問題の発生を回避できる。

　ロケーション・プライバシーは，情報の内容にかかわらず，特定のコードを追跡することによって得られる，タグの携帯者の行動範囲などの情報に関するものである。

　当ガイドラインでは，ロケーション・プライバシーについては，考慮しないこととする。なぜならこれはタグが装着された物品を市民が常に携帯している，あるいは身に付けていることが前提となるが，短期の借用資料はこの前提に該当しにくいからである。

3）運用についての考え方

RFID利用の表示

　総務省の「電子タグに関するプライバシー保護ガイドライン」では，物品に電子タグが装着されていることを掲示，説明などするよう求めている。総務省のガイドラインが想定している場面は，図書館でのRFIDの使用と必ずしも適合するものではないが，使用について周知する必要性までもがなくなるわけではない。RFIDの使用により，利用者が自らのプライバシー保

護に疑念を抱くことのないよう，図書館として適切に対応しなくてはならない。

　利用者への周知方法としては，「この館は RFID を利用した図書管理を行っています」などの告知文を利用者の目に付く場所に掲示することなどが考えられる。

健康への影響

　総務省では，各種の電波利用機器から発射される電波が植込み型医療機器へ及ぼす影響についての調査を実施しており，RFID 機器においても必ずしも安全ではないと報告している。
（http://www.tele.soumu.go.jp/j/sys/ele/medical/cyousa/index.htm）

　そして，それを受ける形で「各種電波利用機器の電波が植込み型医療機器へ及ぼす影響を防止するための指針」を定めている。
（http://www.tele.soumu.go.jp/resource/j/ele/medical/eikyowobousi.pdf）

　指針の中では各 RFID 機器と植込み型医療機器との距離について指示がなされている。一例を示すと，「植込み型医療機器の装着者は，ゲートタイプ RFID 機器が設置されている場所及び RFID ステッカが貼付されている場所では，立ち止まらずに通路の中央をまっすぐに通過すること。」などである。

　また，（社）日本自動認識システム協会は，総務省による上記の指針に対応して，「RFID 機器運用ガイドライン（医療機器等への影響に関する対応策）」を制定し，RFID 機器を取り扱う業者に対し，機器へのステッカ貼付を行うことなどを指導している。
（http://www.jaisa.jp/guideline/pdfs/medicalinst_guideline.pdf）

　図書館においては，上記の指針の改訂等に留意して最新の情報を入手し，職員に対してこの問題についての周知徹底をはかるとともに，利用者に対して注意喚起を行うべきである。

出典：日本図書館協会ホームページ
http://www.jla.or.jp/portals/0/html/RFIDguideline.pdf

**資料 14　国立国会図書館ダブリンコア・メタデータ記述例（第 10 章関連）**

DC.Title: 近代デジタルライブラリー
DC.Title.Alternative: Digital Library from the Meiji Era
DC.Creator.CorporateBodyName: 国立国会図書館関西館 電子図書館課
DC.Subject: 電子図書館
DC.Subject: 明治時代
DC.Subject: 大正時代
DC.Subject: 近代
DC.Subject: 書誌データベース
DC.Subject: 画像データベース
DC.Subject. NDC: 026
DC.Subject. NDC: 029
DC.Description: 国立国会図書館が所蔵する明治および大正期刊行図書の本文を閲覧することができる画像データベース。約 14 万 8 千冊を収録。誰でも無料で自由に利用できる。
DC.Publisher: 国立国会図書館
DC.Date.Created. W3CDTF: 2002-10-01
DC.Type. DCMIType: Dataset
DC.Type. NDLType: 電子化資料
DC.Format. IMT: text/html
DC.Format. IMT: image/jp2
DC.Format. IMT: image/jpg
DC.Format. IMT: application/pdf
DC.Identifier. URI: http://kindai.ndl.go.jp/
DC.Language. ISO639-2: jpn
DC.Relation.IsPartOf: http://www.ndl.go.jp/
DC.Rights: 国立国会図書館

# 索　引

AGP　108
Altair8800　72
amazon.com　98
Android　98
API　68
ARPA-net　14,74,78
Barnes＆Noble社　98
BD（Blue Ray Disic）　123
BDS　35,65
BIOS　108
bit　6
byte　6
CBM　90
CD　50,52,122
CD-ROM　50
CERN　76
CGM　90
Copy Control　54
CPU　8,10,72
Crawler,　84
CSS　100
DBMS（データベース管理システム）　32
DCIM　67
Desk Top Publishing（DTP）　97
DHCP　79
　　　──サーバ　18,79
DNSサーバ　18
Dos攻撃　22
DRAM　11
DRM　99,100
DVD　9,11,50,52
　　　──ディスク　122
DVI　10
ENIAC　44
EPUB　100
FD（Floppy Disc）　50
Firefox　77
Florida Atlantic University（FAU）　44
ftp　75
GIF　60
Google　85
　　　──八分　86
Google社　98
HD DVD　52,123
HDD　9

HTML　79,88
http（hyper text transfer protocol）　80
httpd　80
HUB　10
IC　10
　　　──カード　65
　　　──タグ　34,48,64
IEEE　19
　　　──1394　108
ILL　47
intel4004　72
Internet Explorer　77
Internet librarian　96
IP　16
　　　──アドレス　17,78
　　　　　　──の枯渇　19,81
IPv6　81
ISBD　46
JAPAN/MARC　33,47
　　　──2009年フォーマット　110
　　　──フォーマット　28
J-BISC　33
Jerry's Guide to the World Wide Web　84
JISX02011　105
JPEG　60
　　　──2000　60
jpドメイン　79
J-STAGE　67
Kindle　98
L2ハブ　17
LAN（Local Area Network）　11
LC/MARC　37
LD（Laser Disc）　122
Library2.0　90,94
MACアドレス　16,17
MARC21　37
MARC Ⅰ　33
MARC Ⅱ　46
MARCデータ　46
MD（Mini Disc）　50
memex　71,80
MO　50,52
　　　──ディスク　122
MOSAIC　77
NACSIS-CAT（目録所在情報サービス）　34

NacsisWebcat 47
NAT 18
NCSA 77
NDL 30
Netscape Navigator 77
NII（National Information Infrastructure） 80
　　　——論文情報ナビゲータ（GiNii） 47
Nook 98
Nupedia 89
OA フロア風 41
OCLC 46,92
OCR 34,57
OPAC（Online Public Access Catalog,オンライン利用者目録） 33,35
Openating system 7
OpenURL 67,68
OS 7
OSI（Open Systems Interconnection） 14
　　　——7層モデル 78
　　　——基本参照モデル 14
PCI 108
PDA 96
PDF 60
Peer to Peer（P2P）方式 18
PNG 60
Project Shizuku 68
protocol 14
PS/2 10
QR コード 96
RFID 65
RGB 信号 10
RJ-45 9
RSS フィード 91
S.F.X 68
Safari 77
SD メモリ（Secure Digital memory）カード 11,52,123
Shift-JIS 105
SINET 47
SMTP 15
SNS 90
SO 86
SOPAC 94
Spider 84
SSD 9
TCP 16
TCP/IP 14,74,78
telnet 75
TIFF 60
trail 71

TRC マーク 33
UNIMARC 46
URL（Uniform Resouurce Locator） 80,89
US/MARC 37
USB 9
　　——メモリ 11
Virtual Private Network 13
WAN 12
web OPAC 26,34,64
Web2.0 89
Windows7 13
WorldCat 92
WWW 79,88
　　——サーバ 18,34,79,88
　　——を理解する4つの柱 76
xd ピクチャーカード 123
Yahoo! 84
　　——八分 86
Z39.50 37

|あ|

青空文庫 57
アカウント 23,40
アクセス権限 23,39
アクセス制御 23
アップルⅡ 72
アドレスバス 13
アナーバー図書館 92
アナログコンピュータ 71
アバター 58
アプリケーション 7
　　　——層 15,17
アメリカンメモリー 59
アリアドネ 56
有田川町立図書館 100
アルビン・トフラー 70
イーサネット（Ethernet） 9,74
イミディエイト DB 30
イメージ（画像）データ 61
インクリメンタルサーチ 85
印刷カード 46
インターネット元年 97
インターネット資料収集保存事業（Web Archiving Project） 59
インターネットの大衆化 76,88
インターネットの「超」大衆化 88,89
インターフェース 13,76
インデクシングロボット 84
イントラネット 12,40
インハウス DB 30

ヴァンネヴァー・ブッシュ　70,80
ウィキ　89,91
ウィキペディア　89
ウェールズ，ジミー　88
エミュレーション　54
演算装置　10
エンドユーザー　31
欧州原子核研究所　76
大阪屋マーク　33
オープンアクセス　67
オープンDB　30
オープンソース　47
　　　──ソフトウェア　81
オープンフォーマット　99
オリジナルカタロギング　34,47
音声サンプリング　106
オンラインチュートリアル　36
オンラインリクエスト　35

┃か┃

回線交換式　19
解像度　61
科学技術振興機構　30,67
課金管理　20
学術情報センター　34,47
拡張現実（Augmented Reality）　95
拡張スロット　108
ガジェット　97
仮想図書館　56
カテゴリ　84
カニンガム，ウォード　89
可変レイアウト　99
カーリル　68
館内ネットワーク　11
記憶装置　10
機関リポジトリ　39,67
記述ユニット　44
揮発性メモリ　11
基本記入方法　44
基本ソフトウェア　7
キャッシュ　13
情報手続等における情報通信の技術の利用に関する法律　22
共同目録作業　34
京都大学電子図書館　56
キーロガー　24
キーワード検索型　84
近代デジタルライブラリー　59
国別記号　78
組み合わせ出版　51

クライアント　18
クラウドソーシング　92
クロック周波数　8
グローバルIPアドレス　18
携帯情報端末　96
ケーシー，マイケル　90
ケータイ小説　97
ゲートウェイ　17
ゲーム型学習　95
検索　82
　　　──精度　85
　　　──代行者　31
　　　──と探索　82
件名目録　91
コア　13
工業社会　70
構成管理　20
構成品目　21
高度研究計画局　74
構内ネットワーク　12
国際電子出版フォーラム　100
国際標準化機構（ISO）　14
国立国会図書館サーチ　59
国立国会図書館総合目録ネットワーク　47
国立国会図書館ダブリンコア・メタデータ記述（DC-NDL）　67,128
国立国会図書館法第25条の3　124
国立情報学研究所　34,47,67
国立スーパーコンピュータ応用センター　77
個人情報の漏えい　22
コストゼロ　90
コピーカタロギング　33,47
これからの図書館像　56
コンパクトフラッシュ　123
コンピュータの5大装置　10
コンピュータウィルス　23

┃さ┃

サイバー攻撃　23
サイバースペース（cyber space）　75
サイバー犯罪　23
索引　82
　　　──語　29
　　　──ファイル　27,29
サーチエンジン（search engine）　82
　　　──最適化　86
サーチャー　31
雑誌記事索引　51
サーバ　18,40,41
　　　──／クライアント　18

サービス不能攻撃　22
サブジェクトゲートウェイ　59
サブネットマスク　18
サブネットワーク　17,41
差分バックアップ　25
サンガー，ローレンス　88
ジェスチャーコンピューティング　58
ジェスチャー操作　95
ジェリー・ヤン　84
磁気記録方式　51,121
磁気テープ　51,121
事後結合索引法　84
自己点検評価委員会　42
自炊　100
システム選定委員会　39
次世代サーチエンジン　85
事前結合索引法　84
自動貸出機　64,65
自動貸出装置　34
自動書庫　64,65
ジム・クラーク　77
集合知　90
集積回路　10
集線装置　10
集中目録作業　34
主記憶装置　8,11
授業資料ナビゲータ　58
主題組織法　91
出力装置　10,11
仕様　6
障害管理　20,24
乗車カード　65
冗長化　23
情報化社会　70
情報コンセント　40
情報弱者　48
情報スーパーハイウェイ構想　80
情報セキュリティ基本方針　109
情報流出　22
商用データベース（DB）　26,30
商用プロバイダ　77,88
商用マーク　33
触覚ディスプレー　48
所在記号（請求記号）　47
書誌コントロール　45,91
書誌同定　34
書誌ユーティリティ　46
スイッチングハブ　17
スタッフマニュアル（内規）　42
スパイウェア　24

スパムメール　23
スプートニクショック　73
スペック　7,38
制御装置　10
性能管理　20,24
性能・障害管理　24
性能諸元表　7
世界書誌調整　47
セキュリティポリシー　20,22
セキュリティ管理　20,21
セグメント　16
セッション層　15
セマンティックサーチエンジン　85
前工業社会　70
選択的収集　60
全米科学財団（NSF）　74,77
全米情報基盤　80
層　15
総合目録ネットワーク　47
操作マニュアル　42
蔵書データベース　32
蔵書ファイル　32
増分バックアップ　25
組織種別　78
ソーシャルオーパック（SOPAC）　92
ソーシャルタギング　92
ソーシャルブックマーク（SBM）　91

|た|

第3世代コンピュータ　45
第2世代コンピュータ　44
代理店　31
タグクラウド　92
タグ付け（tagging）　91
脱工業社会　70
タトルテープ　65
ダニエル・ベル　70
ダブリンコア（Dublin Core）　67
ダブリンコア・メタデータ・イニシアティブ　67
タブレットコンピュータ　95
ダリアン図書館　92
探索　83
地域資料の電子化　61
チップセット　108
チャットレファレンス　90
中央処理装置　8,10
著作権法第31条　54,123
千代田Web図書館　57
ツイストペアケーブル　10,40
ツイッター（twitter）　79,95

通信事業者　31
ディストリビュータ　30
ティム・オライリー　89
ティム・バーナーズ・リー　76
ディレクトリ型　83,84
ディレクトリ構造　84
テキストデータ化　61
デジタルアーカイブ　59
デジタル化資料（貴重書等）　59
デジタル教科書　96
デジタル著作権管理（Digital Rights Management, DRM）　57
デジタル図書館　56
データバス　13
データベース（Datebase）　26
　　──管理システム（DBMS）　26
　　──構造定義ファイル　27
　　──作成機関　27,31
　　──提供機関　31
データマイニング　102
データリンク層　15,17
デビット・ファイロ　84
デフォルトゲートウェイ　18
デーモン　80
電子アーカイブ　56
電子化資料　56
電子出版　51
電子出版制作・流通協議会　98
電子書籍　56,57,94,96,100
　　──元年　97
　　──規格　99
　　──を考える出版社の会　98
電子資料　50
電子電機技術学会　19
電子図書館　56
　　──の父　71
電子メール（E-mail）　75
電卓戦争　72
転置ファイル　29
動作周波数　8
東大文献情報センター　47
特別な支援を必要とする子どもたち　96
独立出版　51
図書館(の)機械化　33,45
図書館情報技術　44,45,94
図書館におけるRFID導入のためのガイドライン　126
図書館の自由　32
図書原簿　33
図書台帳　33

図書番号　47
ドットコムバブル　77,88
トップドメイン　78
ドメインネーム　78
　　──アドレス　78
　　──サーバ　78
ドライブベイ　108
トラックバック　89
トランスポート層　15,17

|な|
2進法　6
日販マーク　33
2の補数表現　106
日本電子書籍出版社協会　97
日本ネットワークインフォメーションセンター（JPNIC）　78
日本レジストリサービス（JPRS）　79
入力装置　10,11
猫の司書さん　69
ネット時代の検閲　86
ネットワーク　11
　　──サーバ　18
　　──トポロジ　12
　　──層　15,17
　　──情報資源　50,66
　　──の5項目　38
　　──ポリシー　20,38
ノード　11,40
ノンリフロー型　99

|は|
ハイパーテキスト　75,76
ハイパーリンク　71
ハイブリッド図書館　56
パケット　14,74
　　──交換式　14
バーコード　65
　　──リーダー　34
バス　13,108
パスファインダー　35,58,124
パーソナルコンピュータ　71
パーソナルDB　30
バーチャル図書館　56
バーチャルレファレンスライブラリアン　58
バックアップ　24,40
パッケージ型電子資料　50,51
バッチ処理　44
バッチ検索　26
ハードディスク　11,52,121

ハブ　41
パブリックネットワーク　17
パラメータ　42
半導体記録方式　52,123
光記録方式　52,122
光磁気ディスク　50
光磁気記録方式　52,122
光ディスク　9
ヒストルカルDB　30
ビット　6
　──列　6
ビデオコントローラ　108
ビデオディスク　123
微分解析機　71
ファイアーウォール　17,40
ファイル　27
ファクトDB　30
フィールド　27
フォークソノミー（Folksonomy）　91
不揮発性（フラッシュ）メモリ　11,13,52
符号つき整数　106
符号なし整数　106
不正アクセス　22
付属資料　50
物理層　15,16
不特定多数の参加と協働　90
付与索引法　91
プライベートネットワーク　17
プライベートIPアドレス　18
フラグ　32
プラグアンドプレイ　108
フラッシュメモリ　9,11,13,52,123
フラットベッドスキャナ　61
フレーム　16
ブリッジ　17,41
プリントサーバ　18
フルバックアップ　25
ブルーレイディスク（Blue Ray Disic）　52
プレゼンテーション層　15
ブログ　79,89,91
プログラム　7
付録　50,51
プロジェクトグーテンベルク　59
フロッピーディスク　121
プロデューサ　30
ブロードキャスト　17
プロトコル　14
プロバイダ　31
文献複写依頼　47
分担目録作業　34,46,47

ベクタ　99
ベーシックマスター　73
ページランク　84,85
ヘッダ　14
ベンダー　30
包括的収集（バルク収集）　60
ポール・バラン　73
保守契約　24,38
ポータルサイト　35
ポート　10
ホームページ　35,39,58,88
ホライズン・レポート（Horizon Report）　94

|ま|
マイグレーション　54
マイクロソフト社　72
マイクロフィルム　61
マイクロプロセッサ　10,72
マイケル・モールディン　85
マーク（Machine Readable Catalog,MARC,機械可読目録）　33
マーク・アンドリーセン　77
マーシャル・マクルハーン　70
マネス，ジャック　91
マルチタッチサーフェス　95
マルチメディア化　88
マルチメディアDAISY図書　48
ミッションステートメント　35
ミラーリング　25,40
民間マーク　33
ムーアの法則　71
無線LAN　40,108
明星大学稀覯書デジタル図書館　57
明星大学シェイクスピアコレクションデータベースプロジェクト　56
メインメモリ　8,44
メタデータ　57,66
メモリスティック　123
メーリングリスト　75,91
メールサーバ　18
メールレファレンス　58,90
モバイル　94

|や|
ユニオンカタログ　47
ゆにかねっと　47
ユビキタス　81
要求仕様　38
　──書　38,41,111
予測検索　85

|ら|
ライセンス番号　21
ラスタ　99
　　──方式　106
ラーニングアナリティクス　96
ランド研究所　73
リサーチ・ナビ　58
リソースシェアリング（resource sharing）　45,47
リピータ　16,41
　　──ハブ　16
リファレンスDB　30
リフロー型　99
リムーバブルディスク　122
利用者ファイル　32

リンク集　82
リンクリゾルバ　35,67
ルータ　17,40,41,74
歴史的音源　59
レコード　27
レジスタ　13
連想索引法　71
ローカルデータ　33
ロボット型　83
論文情報ナビゲータ CiNii　67

|わ|
ワールドデジタルライブラリー　59
ワールドワイドウェブ（World Wide Web，WWW）　76

<監 修>
二村　　健　明星大学教育学部教授

<編著者>
齋藤ひとみ（さいとう・ひとみ）　第1, 2, 3, 4, 8, 10章
図書館情報大学大学院図書館情報学研究科（修士課程）修了。名古屋大学大学院人間情報学研究科（博士課程）修了。博士（学術）。現在，愛知教育大学教育学部准教授。
情報検索システムの開発から人の情報探索行動に興味をもつ。図書館やWebにおける人間の情報探索行動について，心理実験やシステム開発の研究を進めている。

二村　　健（にむら・けん）　第5, 6, 7, 11, 12, 14, 15章
図書館情報大学大学院図書館情報学研究科（修士課程）修了。現在，明星大学教育学部教授。社団法人全国学校図書館協議会理事。
主な著書に，本シリーズ第1巻『図書館の基礎と展望』（学文社・単著），『新・生活のなかの図書館』（学文社・共著），『情報メディアの活用』（学文社・監修編著），『学校情報メディアの構成』（全国学校図書館協議会・編著），『図書館が大好きになる　めざせキッズ・ライブラリアン（全3巻）』（鈴木出版・監修）

<著　者>
石井　大輔（いしい・だいすけ）　第9, 13章
筑波大学大学院図書館情報メディア研究科博士前期課程修了。現在，島根県立大学短期大学部総合文化学科専任講師。
主な著書：『図書館情報学研究文献要覧 1991-1998』，『図書館情報学研究文献要覧 1999-2006』（日外アソシエーツ・共編），『諸外国の公共図書館に関する調査報告書（平成16年度文部科学省委託事業／図書館の情報拠点化に関する調査研究）』（シィー・ディー・アイ・共著）など

［ベーシック司書講座・図書館の基礎と展望2］
図書館情報技術論
2012年3月30日　第1版第1刷発行
2013年3月21日　第1版第3刷発行　　　　　監修　二村　　健
　　　　　　　　　　　　　　　　　　　編著者　齋藤ひとみ
　　　　　　　　　　　　　　　　　　　　　　　二村　　健

発行者　田中　千津子　　〒153-0064　東京都目黒区下目黒3-6-1
　　　　　　　　　　　　電話　03（3715）1501㈹
発行所　株式会社　学文社　FAX　03（3715）2012
　　　　　　　　　　　　http://www.gakubunsha.com

©Hitomi Saito, Ken Nimura 2012　　　　　　　　　　印刷　新製版

乱丁・落丁の場合は本社でお取替えします。
定価は売上カード，カバーに表示。

ISBN978-4-7620-2192-3